바퀴벌레영단어 고딩

바퀴벌레영단어

개정 2판 9쇄 ∣ 2005. 12. 1.

지은이 ∣ 조한재
펴낸이 ∣ 이영선
펴낸곳 ∣ 도서출판 서해문집

주 소 ∣ 서울시 마포구 서교동 463-23
전 화 ∣ (02) 3141-3541(대)
팩 스 ∣ (02) 3141-3543
등록일 ∣ 1989년 3월 16일(제20-5호)

ⓒ 조한재, 2002

ISBN 89-7483-090-6

_ 본서의 제목과 독창적인 내용은 특허청에 등록(제410034호)되었습니다. 저자와 출판
  사의 사전 허락 없이 무단전재 및 복사를 하는 행위는 법으로 금지되어 있습니다.
_ 잘못 만들어진 책은 바꾸어 드립니다.
_ 서해문집 홈페이지 www.booksea.co.kr

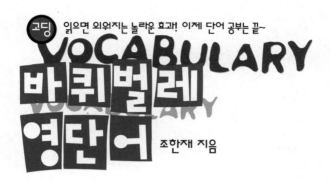

고딩 읽으면 외워지는 놀라운 효과! 이제 단어 공부는 끝~

VOCABULARY
바퀴벌레
영단어

조한재 지음

서해문집

머리말

영어 단어 학습의 **혁명**

바퀴벌레 영단어 학습법!

이 이상의 영어 단어 학습 방법은 없습니다.

_ '바퀴벌레 영단어 학습법' 의 효과는 다년간의 실험을 통해 증명되 었습니다.

이제부터는 영어 단어를 연습장에 수십 번씩 써가면서 외울 필요가 없습니다. '바퀴벌레 영단어 학습법' 은 문장을 읽는 즉시 영어 단어의 쓰임새와 뜻이 바로 뇌에 전달되는 전혀 새로운 학습법입니다. 이 학습법은 저자가 수년간 수험생을 지도하면서 개발한 것으로 실제 입시에서 그 효과가 증명되었습니다.

_ '바퀴벌레 영단어 학습법' 은 과학적이면서도 단순합니다.

acquire와 avoid를 암기한다고 합시다.

아마도 지금까지는 이 단어들을 외울 때 "acquire는 '얻다, 취득하다' , avoid는 '피하다' " 식으로 무턱대고 외웠을 것입니다. 이렇게 하면 acquire의 단순한 뜻인 '얻다, 취득하다' 라는 글자만 외우게 되어 쉽게 잊어버릴 뿐만 아니라 필요한 상황에서 그 단어가 바로 떠오르지 않게 됩니다. 당연히 영어 단어 공부는 지루하고, 성과도 안 나타나겠지요. 영어 단어 암기는 그 단어의 단순한 뜻을 머리에 떠올리는 게 아니라, 그 영어 단어가 쓰이는 상황과 뜻을 하나의 이미지로 떠올려야 합니다.

• 그는 수년간의 연구와 노력 끝에 박사학위를 acquire 했다.
• 다행히 우리는 늦게 출발해서 사고를 avoid 할 수 있었다.

앞 문장을 읽어 보면 어떤 상황인지가 머리에 그려지고, 그 속에서 acquire, avoid의 뜻을 쉽게 추측할 수 있습니다. 박사 학위를 받는 장면과 함께 acquire의 뜻이 떠오르고, 자동차 사고 광경과 avoid가 한 묶음의 이미지로 연상되기 때문이죠. 그냥 외우는 것과 비교하면, 차이가 엄청나죠.

_이처럼 상황 중심의 영어 단어 학습법은 모든 언어 학습의 핵심적 방법입니다.

우리말을 어떻게 습득했는지 생각해 봅시다. 한글을 배울 때, 입으로 여러 번 중얼거리며 외웠습니까? 아니면 수십 번씩 공책에 단어를 써가면서 외웠습니까? 우리는 우리말을 상황 속에서 익혀왔습니다. 어렸을 때부터, 생활 속에서 보고 들으면서 하나의 낱말이 어떻게 사용되는지를 익힌 것이지요. 바로 이 방법이야말로 가장 좋은 언어 학습법입니다.

실제 생활 속에서 언어의 의미를 깨닫는 방법, 이것이 바로 '바퀴벌레 영어 단어 학습법' 입니다.

_수험생 여러분!

〔영어 단어 → 한글 뜻풀이 → 뇌〕의 낡은 3단계 암기 학습법을 버리십시오! 이제 영어 단어의 쓰임새와 뜻이 뇌에 바로 흡수되는 〈바퀴벌레 영단어 학습법〉 으로 바꿔보세요.

그러면 여러분은 영어 단어 공부에 새로운 흥미와 놀라운 효과를 동시에 경험하게 될 것입니다.

자, 영어 단어를 어떻게 공부할 것인가? 어떤 책을 선택해서 공부할 것인가?

'바퀴벌레 영단어' 가 여러분의 고민을 해결해 줄 것입니다.

영어 단어, 이제 외우지 말고
그냥 읽기만 하세요.

1998년 2월
조 한 재

_영어 단어와 관련된 기타 사항은 통신아이디 uncut(하이텔, 천리안)으로 문의주시면 친절히 답변해 드리겠습니다.

차례

일러두기

1. 먼저 예문을 읽으면서 단어의 뜻을 추측해 본다.
2. 예문 바로 다음에 나오는 영어 단어의 영영 해설을 보고 위에서 추측한 것과 비교 해본다.
3. 그래도 잘 모르면 책의 아랫 부분 **훔쳐보기** 에 나오는 뜻을 본다.
4. 이 과정에서 하나의 단어에는 여러 가지 이미지가 쌓이고 우리의 뇌는 그 단어의 쓰임새와 뜻을 입체적인 그림으로 기억시켜 놓는다.

〈바퀴벌레 영단어〉는 수능대비 영어 단어를 크게 3단계로 분류해 놓았다.

1단계 필수 단어는… 현행 교과서에 나오는 단어 가운데 고등학생 수준에서 반드시 알아야 할 단어들로서 영어독해에 필수적인 단어들이다.

2단계 핵심 단어는… 수능시험에 자주 나오는 단어들로서 문제풀이에 핵심적인 역 할을 하는 단어들이다.

3단계 도전 단어는… 수능시험 외국어(영어)영역에서 만점에 도전하는 중요단어들 이다.

* 본문에 나오는 파생어·관련어를 찾아보려면 우선 〈찾아보기〉를 보고, 없으면 〈관련어 훔쳐보기〉를 보세요.

1단계

필수 단어

현행 교과서에 나오는 단어 가운데 고등학생 수준에서 반드시 알아야 할 단어들로서 영어독해에 필수적인 단어들이다.

admit [ædmít, əd-] → 몡 admission, admittance   통 통
- 그는 솔직하게 자신의 실수를 **admit** 했다.(= accept as being true ; confess)
- 이 영화관에는 만 18세 이상만 **admit** 된다.(= allow to enter)

cancel [kǽnsəl]   통
- 날씨가 좋지 않아서 휴양지에 호텔 예약한 것을 **cancel** 했다.(= give up ; call off)

forgive [fərgív]   통
- 그는 마음씨가 좋아서, 네가 그에게 사과한다면 그는 너를 **forgive** 할 것이다.(= pardon ; stop being angry with)

insert [insə́:rt]   통
- 음료수 자동판매기를 사용하려면 먼저 알맞은 금액의 동전을 **insert** 한 후에 마시고자 하는 음료수 버튼을 선택해서 누르면 된다.(= put in)
- 금속판 사이에 매우 얇은 종이 한 장을 **insert** 했다.

obey [oubéi] → 혱 obedient 몡 obedience   통
- 군인은 항상 상관의 명령에 **obey** 해야 한다.(= do what is commanded or asked)
- 모든 국민들은 법을 **obey** 해야 한다.

insult [ínsʌlt] → 통 insult   몡
- 네가 그 못생긴 강아지를 얼마나 좋아하는지 모르지만, 내가 그 강아지와 닮았다는 말은 나에 대한 **insult** 이다.(= an insulting act or remark)

confirm [kənfə́:rm] → 몡 confirmation   통
- 한 달 전에 호텔 방을 예약한 것에 대해, 오늘 호텔에 전화를 걸어 제대로 예약이 됐는지를 **confirm** 했다.(= make sure ; prove to be true)

observe [əbzə́:rv] → 몡 observance, observation   통 통
- 운전자뿐만 아니라 보행자도 교통법규를 **observe** 해야 한다.(= act in accordance with ; obey ; follow)
- 정찰병은 망원경으로 적군의 움직임을 **observe** 했다.(= see and pay

훔쳐보기

* admit	• 인정하다, 자백하다	* obey	• 따르다, 복종하다
	• 들어가는 것을 허락하다	* insult	• 모욕
* cancel	• 취소하다, 철회하다	* confirm	• 확인하다, 뒷받침하다,
* forgive	• 용서하다		입증하다
* insert	• 삽입하다, 끼워 넣다	* observe	• 지키다, 따르다

attention to; watch)

protect [prətékt] → 명 protection   동
- 그녀는 자외선으로부터 피부를 **protect** 하기 위해 크림을 피부에 발랐다.(= defend against harm or loss ; shield)

avoid [əvɔ́id] → 명 avoidance 형 avoidable   동
- 다행히 우리는 늦게 출발해서 사고를 **avoid** 할 수 있었다.(= keep away from ; elude ; evade)

improve [imprúːv] → 명 improvement   동
- 영어 실력을 **improve** 하려면 매일 꾸준히 적당한 양을 공부해야 한다.(= make or become better)

release [rilíːs] → 명 release   동 동
- 비행기 납치범들은 자신들이 요구한 연료를 받은 후에, 약속대로 인질들의 일부를 **release** 했다.(= set free; allow to go)
- 내가 좋아하는 가수의 새 앨범이 다음 주에 **released** 될 예정이다.(= make available to the public)

compare [kəmpɛ́ər] → 형 comparable, comparative 명 comparison   동 동
- 네가 번역한 것과 다른 사람이 번역한 것을 **compare** 해 보면 너의 문제점을 알 수 있을 것이다.(= examine similarities and differences)
- 그 남자는 자신의 애인을 장미에 **compare** 했다.(= describe as being the same ; liken)

select [silékt] → 명 selection   동
- 이 상품 중에서 마음에 드는 것을 **select** 하세요.(= choose; pick out)

gap [gæp]   명 명
- 문이 잠겨 있었지만, 아이들은 벽의 **gap** 을 통해 안으로 들어갔다.(= an opening or a break, as in a wall)
- 그의 말과 행동은 약간의 **gap** 이 있다.(= a wide difference or imbalance)

훔쳐보기

	• 관찰하다. 지켜보다.		• 발매하다, 개봉하다
* protect	• 보호하다, 막다	* compare	• 비교하다
* avoid	• 피하다, 회피하다		• 비유하다
* improve	• 향상시키다, 향상하다	* select	• 선택하다
* release	• 풀어주다, 놓아주다	* gap	• 틈, 빈 곳

sweat [swet] → 图 sweat 图

• 장거리를 뛰고 난 운동선수의 이마에 **sweat** 이 맺혔다.(= the liquid that comes out of your skin when you are hot or ill)

treat [tri:t] → 图 treatment 图 图

• 그녀는 우리들을 마치 어린아이처럼 **treat** 한다.(= act or behave toward)
• 이 책은 컴퓨터에 관해 상세하게 **treat** 하고 있다.(= deal with; handle)

absent [ǽbsənt] → 图 absent 图 图

• 그 학생은 몸이 아파서 오늘 학교에 **absent** 했다.(= not present)
• 식사로부터 칼슘이 **absent** 되면 뼈가 약해질 것이다.(= lacking or missing)

decide [disáid] → 图 decision 图

• 우리들은 휴일에 무엇을 할까 고민하다가 결국 영화를 보러가기로 **decide** 했다.(= choose after thinking carefully ; make up one's mind)

deliver [dilívər] → 图 delivery, deliverance 图

• 그 아주머니는 매일 아침 각 가정으로 우유를 **deliver** 한다.(= take things to a place of business or a home)

adult [ədʌ́lt, ædʌ́lt] 图

• 그 영화는 만 18세 미만은 볼 수 없다. **adult** 만 볼 수 있는 영화다.(= a person who is fully grown or of responsible age according to law)

borrow [bárou] 图

• 그는 도서관에서 책 3권을 일주일간 **borrow**했다. 일주일이 지나서 갖다 주면 연체료를 내야 한다.(= get to use something for a while by promising to return it)

appeal [əpí:l] → 图 appeal 图 图

• 정부는 교통난 해소를 위해 자가용보다는 대중교통을 이용할 것을 국민들에게 **appeal** 하고 있다.(= ask for ; plead for help)

훔쳐보기

	• 차이	* decide	• 결정하다, 결심하다
* sweat	• 땀	* deliver	• 전달하다, 배달하다
* treat	• ~을 대하다, 대우하다	* adult	• 성인
	• 다루다, 취급하다	* borrow	• 빌리다
* absent	• 결석한, 참석하지 않은	* appeal	• 호소하다, 간청하다
	• 결핍된, 없는		• 관심을 끌다

- 그 댄스 음악은 청소년들에게 **appeal** 해서 청소년들 사이에 널리 퍼졌다.(= attract or to be interesting)

erase [iréis / iréiz] 〔동〕

- 경찰은 벽에 몰래 낙서하는 소년들을 붙잡아서, 벽에 낙서해 놓은 것을 모두 **erase** 하게 했다.(= rub out; wipe clean; remove writing or recording from)

express [iksprés] → 〔명〕 expression 〔동〕

- 연설을 잘하는 사람은 자신의 생각을 명확히 **express** 할 줄 안다.(= say clearly ; show one's feelings)
- 지금 얼마나 행복한지 말로 **express** 할 수 없다.

fix [fiks] 〔동〕〔동〕

- 벽의 알맞은 위치에 못을 박아서 선반을 **fix** 했다.(= attach or fasten firmly)
- 나는 부서진 의자를 **fix** 해서 다시 사용하고 있다.(= repair)

handle [hǽndl] 〔동〕〔동〕

- 경험이 풍부한 그 선생님은 문제 학생을 **handle** 하는 법을 알고 있다.(= manage or control; deal with)
- 그 상점은 다양한 종류의 상품을 **handle** 하고 있다.(= deal in; buy or sell)

ignore [ignɔ́:r] → 〔명〕 ignorance 〔형〕 ignorant 〔동〕

- 그는 바다 깊은 곳에 들어가지 말라는 나의 경고를 **ignore** 하고, 깊은 바다에서 수영을 했다.(= pay no attention to)

limit [límit] → 〔동〕 limit 〔명〕 limitation 〔명〕

- 이 고속도로의 속도 **limit** 은 100km/h이다. 그 이상의 속도로 달리면 속도위반이 된다.(= the greatest amount, number or level of something that is either possible or allowed)
- 인내력의 **limit** 에 도달했다. 더 이상 참지 못하겠다.

훔쳐보기

* erase	• 지우다, 삭제하다	* handle	• 다루다, 통제하다
* express	• 표현하다, 나타내다		• 취급하다
* fix	• 고정시키다	* ignore	• 무시하다
	• 수리하다	* limit	• 제한, 한계

polite [pəláit] → 몡 politeness 혱

• 그는 어른들에게 항상 ***polite*** 해서 칭찬을 받는다.(= having or showing good manners; courteous)

repair [ripέər] → 몡 repair 통

• 그녀는 부서진 자동차를 ***repair*** 하는 비용이 얼마인지 그에게 물었다.(= fix; mend)

temporary [témpərèri / -rəri] 혱

• 그녀가 얻은 일자리는 유학 가기 전까지 3달 동안의 ***temporary*** 한 일자리다.(= lasting for a short time; not permanent)

vote [vout] → 몡 vote 통

• 우리 나라에서는 만 20세가 되어야 ***vote*** 할 수 있다. 20세 이상의 남녀는 대통령 선거, 국회의원 선거 등에 참여할 수 있다.(= give or cast a vote)

detect [ditékt] → 몡 detective, detection 통

• 프로그래머는 컴퓨터 프로그램에서 잘못된 곳을 ***detect*** 해서 즉시 그것을 수정했다.(= discover or notice the presence or fact of)

evident [évidənt] → 몡 evidence 혱

• 그의 지문이 범죄현장에서 발견된다면, 그가 범인이라는 것이 ***evident*** 해진다.(= clear; obvious; plain)

annoy [ənɔ́i] → 몡 annoyance 통

• 그들의 계속되는 시끄러운 대화는 도서관에서 공부하고 있는 사람들을 ***annoy*** 했다.(= anger slightly; irritate; bother)

• 그녀의 끊임없이 계속되는 이야기는 그를 ***annoy*** 하게 했다.

engage [engéidʒ] → 몡 engagement 통 숙 숙 통

• 그 회사는 최근에 50명의 신입사원을 ***engage*** 했다.(= employ; hire)

• 내 친구는 며칠 전에 그 남자와 ***be engaged to*** 했고, 내년에 결혼할 예정이다.(= promise to marry)

• 그는 무역업에 ***be engaged in*** 하고 있다.(= be occupied)

훔쳐보기

* polite	• 예의바른, 공손한	* evident	• 분명한, 명백한
* repair	• 고치다, 수리하다	* annoy	• 약간 화나게 하다,
* temporary	• 임시의, 일시적인		짜증나게 하다
* vote	• 투표하다	* engage	• 고용하다
* detect	• 발견하다, 찾아내다, 알아채다		• be ~ to 약혼하다

• 소모적인 대화에는 ***engage*** 하지 않는 게 좋아.(= participate; involve)

wander [wándər] 통
- 길 잃은 아이가 거리를 ***wander*** 하고 있다.(= go from place to place without a special purpose or destination; roam)
- 유럽에 여행을 온 그는 프랑스의 이곳저곳을 ***wander*** 했다.

lack [læk] → 명 lack 통
- 그녀는 나이가 어려서 경험이 ***lack*** 하다. 그러나 그녀는 그 일에 열정을 갖고 있다.(= be without; not have)

loose [luːs] → 통 loosen 형 형
- 그림을 고정시키는 못이 ***loose*** 해서 벽에 걸린 그림이 떨어질 것 같다.(= not firmly fixed; not tight)
- 살이 빠져서 전에 입던 바지가 ***loose*** 하다.(= not fitting tightly)

attack [ətǽk] → 명 attack 통
- 우리는 적의 본거지를 밤에 기습적으로 ***attack*** 했다.(= start a fight; battle against)

leak [liːk] → 명 leak 통
- 앗, 가스가 ***leak*** 하고 있어! 빨리 신고해!.(= let water, air, gas or other fluid in or out by accident)

advise [ædváiz, əd-] → 명 advice 통
- 나는 그에게 결정을 내리기 전에 신중히 생각하라고 ***advise*** 했다.(= give someone an opinion about what to do ; counsel; warn)

wealth [welθ] → 형 wealthy 명
- 그는 아버지로부터 상당한 ***wealth*** 를 물려받아서, 일을 하지 않아도 살 수 있을 것이다.(= a lot of money, property, etc.)

accept [æksépt] → 형 acceptable 명 acceptance 통

훔 쳐 보 기

	• be ~ in 종사하다	* attack	• 공격하다
	• 참여하다. 관련시키다.	* leak	• 새다, 누출하다
* wander	• 돌아다니다, 헤매다	* advise	• 충고하다, 경고하다
* lack	• 부족하다, 결핍하다	* wealth	• 부, 재산
* loose	• 풀린, 헐거운	* accept	• 받아들이다
	• 헐렁한		

• 당신의 도움에 대한 저의 감사의 표시입니다. 이 선물을 *accept* 해 주세요.(= take a thing that is offered)

beat [biːt] → 명 beat   동동동

• 그는 버릇없는 아이를 시퍼렇게 멍이 들도록 *beat* 했다.(= strike or hit repeatedly)

• 가슴에 귀를 갖다대면 심장이 *beat* 하는 소리를 들을 수 있다.(= move regularly)

• 90년 월드컵 결승전에서 독일은 아르헨티나를 1-0으로 *beat* 했다.(= defeat; win over)

conquer [kάŋkər] → 명 conquest   동

• 19세기초 나폴레옹은 여러 나라를 *conquer* 했다.(= get by using force)

fuel [fjúːəl]   명

• 자동차의 *fuel* 로서 휘발유가 가장 많이 사용되고 있다.(= a substance that is burned to make heat or power)

monitor [mάnitər] → 명 monitor   동

• 경찰은 교통 상황을 *monitor* 하기 위해 레이더를 이용했다.(= listen to or watch in order to check up on)

role [roul]   명명

• 그 신인 배우는 새로 제작되는 영화에서 주인공인 '로미오'의 *role* 을 맡았다.(= a part played by an actor or actress)

• 그녀는 자식에 대한 어머니로서 또한 남편에 대한 아내로서 두 가지 *role* 을 잘 수행하고 있다.(= a part performed by a person or thing)

bend [bend] → 명 bend   동

• 나는 몸을 *bend* 해서 거리에 떨어져 있는 동전을 주웠다.(= stoop ; lean over)

account [əkáunt]   명명동

• 그는 해외 여행 다녀온 *account* 를 우리에게 해주었는데, 모두 흥미 있

훔쳐보기

* beat	• 치다, 때리다, 두드리다 • 규칙적으로 움직이다 • 이기다	* monitor	• 관찰하다, 검사하다, 청취하다
		* role	• 역할 • 임무
* conquer	• 정복하다, 물리치다	* bend	• 선 자세에서 구부리다
* fuel	• 연료	* account	• 이야기

게 들었다.(= a story)
- 월급은 나의 은행 *account* 로 직접 들어간다.(= money kept in a bank for present or future use)
- 선생님은 그녀에게 어제 무단결석한 것에 대해 *account for* 하라고 했다.(= explain)

proof [pru:f] → 통 prove   명
- 그가 범인이라는 구체적인 *proof* 은 없지만, 미심쩍은 부분이 많다.(= anything that proves that something is true; evidence)

tax [tæks]   명
- 정부는 사치품의 소비를 억제하기 위하여 사치품에 부과하는 *tax* 를 높였다.(= money that people and businesses must pay to help support a government)

article [á:rtikl]   명 명
- 미국의 유명한 일간신문에 한국의 어떤 과학자에 관한 *article* 이 실렸다.(= a piece of writing on a special subject)
- 결혼 선물의 대부분은 가정 생활과 관련된 *article* 이 많다.(= a thing of a certain kind; item)

basic [béisik] → 명 base, basis   형
- 산수의 *basic* 과정은 더하기, 빼기, 곱하기, 나누기의 사칙연산이다.(= fundamental; main)

odd [ad]   형 형 형
- 잃어버린 신발의 *odd shoe*(신발)만 찾았다. 나머지 한 짝은 아직 찾지 못했다.(= being the only one left of a set or pair)
- 1, 3, 5는 *odd number* 이다.(= having one remaining when divided by two)
- 그녀가 취미로 모으고 있는 것들은 나같이 평범한 사람에게는 *odd* 한 것처럼 보인다.(= strange; unusual)

shore [ʃɔːr]   명
- 그는 헤엄쳐서 강을 건너는데 1분만에 맞은편의 *shore* 에 도달했다.(=

훔쳐보기

	• (예금)계좌		• 물건, 물품, 품목
	• ~ for 설명하다, 해명하다	* basic	• 근본적인, 기초적인
* proof	• 증거	* odd	• 한 쌍에서 떨어진 한 짝의
* tax	• 세금		• 홀(수)
* article	• 기사, 논설		• 기묘한, 이상한

land at the edge of a body of water)

blame [bleim] → 통 blame 　명

• 경찰은 교통 사고가 난 것에 대해 운전자에게 ***blame*** 이 있다고 판단했다.(= responsibility for a mistake)

advantage [ədvǽntidʒ] → 형 advantageous 　명 숙

• 그가 직장을 구할 때의 가장 큰 ***advantage*** 는 그 분야에서 박사학위를 갖고 있다는 점이다.(= superior or favored position)
• 그는 상대편의 실수를 적절히 ***take advantage of*** 하여 자신을 돋보이게 했다.(= use an opportunity)

argue [ɑ́ːrgjuː] → 명 argument 　통 통

• 어젯밤에 그 부부는 돈 문제에 관해서 큰 소리로 ***argue*** 했다.(= quarrel; disagree)
• 그의 아내는 그를 ***argue*** 해서 담배를 끊게 했다.(= persuade by giving reasons)

bite [bait] 　통

• 개가 소포를 전달하러 온 우편 배달부의 다리를 ***bite*** 했다.(= cut with the teeth)

draw [drɔː] 　통 통

• 그는 친구가 약속 장소를 찾기 쉽도록 친구에게 약도를 ***draw*** 해서 보여 주었다.(= make a picture with a pencil or pen)
• 두 마리의 말이 마차를 ***draw*** 하고 있다.(= pull)

industry [índəstri] → 형 industrial, industrious 　명

• 공장 등에서 상품을 생산하는 과정과 관련된 활동 또는 분야를 ***industry*** 라 한다. '상업'과 대조적인 의미로 쓰인다.(= any business that produces goods or services)

pleasant [plézənt] 　형

• 이 도시는 공원과 아름다운 거리로 가득차 있는 ***pleasant*** 한 곳이다.(=

훔쳐보기

* shore	• 강가, 호숫가, 바닷가		• 설득하다
* blame	• (잘못에 대한) 책임	* bite	• 물다
* advantage	• 유리, 이로움	* draw	• 연필 · 펜으로 그리다
	• take ~ of 이용하다		• 끌다, 당기다
* argue	• 말다툼하다, 논쟁하다	* industry	• 산업, 공업, 제조업

enjoyable; attractive)

access [ǽkses] 명

- 이 곳에서 그 섬으로의 유일한 **access** 는 배뿐이다.(= a way or place of approach)

provide [prəváid] 동

- 정부는 홍수로 피해를 입은 사람들에게 식량과 의류를 **provide** 했다.(= give something needed or useful)

tender [téndər] → 명 tenderness 형 형

- 그녀는 남자친구의 귀에 **tender** 한 말로 속삭였다.(= gentle; loving)
- 그 고기는 **tender** 해서 이가 좋지 않은 사람들도 먹을 수 있다.(= soft; not tough)

carry [kǽri] 동 동

- 그는 밖에 있는 가구들을 집안으로 **carry** 했다.(= take from one place to another)
- 이곳은 범죄가 자주 발생하는 지역이기 때문에 많은 현금을 **carry** 하지 않는 것이 좋다(= have or keep with one)

extend [iksténd] → 명 extension 동

- 그 나라는 영토를 **extend** 하기 위해 여러 나라를 침략했다.(= make longer in area, length, or time ; stretch out)

literature [lítərət∫ər] → 형 literary 명

- 우수성으로 인하여 그 가치가 오래 지속되는 시, 소설, 수필 등의 작품을 **literature** 라고 한다.(= written works, such as novels, poems, plays, and commentary about them)

actual [ǽkt∫uəl] 형

- 그 물건의 **actual** 가격은 예상했던 것보다 훨씬 비쌌다.(= real ; true)
- 그 나라의 **actual** 한 권력자는 왕이 아니라 왕의 삼촌이다.

훔쳐보기

* pleasant	• 기분 좋은,, 마음에 드는	* carry	• 운반하다, 나르다
* access	• 들어갈 수 있는 수단, 방법		• 휴대하다
* provide	• 제공하다, 공급하다	* extend	• 확장하다, 뻗치다
* tender	• 다정한	* literature	• 문학작품, 문학
	• 부드러운, 연한	* actual	• 실제의

bomb [bɑm]　　　　　　　　　　　　　　　　　　　　　　　　　명
- 시내 중심 가의 한 건물에서 과격분자들이 장치한 것으로 보이는 **bomb** 이 폭발해 수십 명이 사망했다.(= an explosive device)

advance [ədvǽns] → 명 advance 형 advanced　　　　　　　　　동
- 그 군대는 목표지를 향해 하루에 20km씩 **advance** 했다.(= move forward or ahead)

bud [bʌd]　　　　　　　　　　　　　　　　　　　　　　　　　명
- 봄에는 땅에서 새로운 **bud** 이 돋아난다.(= a young, not fully grown leaf or flower)

stack [stæk] → 명 stack　　　　　　　　　　　　　　　　　　동
- 그는 한쪽 구석에다 상자 4-5개를 사람 키높이 정도로 **stack** 했다.(= put something into a pile)

appearance [əpíərəns] → 동 appear　　　　　　　　　　　　　명
- 사람을 판단할 때, **appearance** 만으로 판단하지 말아라.(= the way a person or thing looks)

capital [kǽpitl]　　　　　　　　　　　　　　　　　　　　명 명
- 프랑스의 **capital** 은 파리다.(= the city in which the government is located)
- 그는 5000만원의 **capital** 로 사업을 시작했다.(= money that is put into a business)

attract [ətrǽkt] → 명 attraction　　　　　　　　　　　　　　동
- 자석은 철을 **attract** 한다.(= cause to come closer; pull toward oneself or itself)
- 어떤 청소년들은 개성 있는 옷차림으로 사람들의 주의를 **attract** 하고 싶어한다.

educate [édʒukèit] → 명 education　　　　　　　　　　　　　동
- 선생님의 임무는 학생들이 성실하고 능력 있는 사람이 되도록 그들을 **educate** 하는 것이다.(= teach; train; develop the mind of)

훔쳐보기

* bomb　　• 폭탄	* capital　　• 수도
* advance　• 전진시키다, 나아가다	• 자본
* bud　　　• 새싹	* attract　　• 끌어당기다, 주의를 끌다,
* stack　　• 쌓다, 쌓아올리다	유혹하다
* appearance • 외관, 겉모습	* educate　　• 가르치다

intend [inténd]   동

- 우리는 올해 뉴질랜드를 방문할 것을 **intend** 했다.(= plan to do something)
- 그는 이 곳을 내일 떠나기로 **intend** 했다.

prefer [prifə́:r] → 명 preference 형 preferable   동

- 그가 야구 경기장에 자주 가는 것으로 보아 그는 축구보다 야구를 **prefer** 하는 것 같다.(= like better)

bill [bil]   명 명

- 그들은 식사를 마치고 나서, 식사 값을 지불하기 위해 웨이터에게 **bill** 을 가져다 달라고 했다.(= a listing of money owed for goods or services)
- 10달러 짜리 **bill** 한 장과 동전 몇 개(= a piece of paper money)

suggest [səgdʒést] → 명 suggestion   동 동

- 회의가 너무 오랜 시간 계속되므로, 나는 회의를 여기서 끝내고 내일 다시 회의를 열자고 **suggest** 했다.(= offer or propose for consideration)
- 그녀의 얼굴 표정은 그녀가 무언가 걱정하고 있다는 것을 **suggest** 한다.(= show indirectly)

bother [báðər]   동

- 그런 사소한 일로 나를 **bother** 하지 말아라.(= annoy ; give trouble to ; disturb)

care [kɛər] → 형 careful, careless   명 명 숙

- 밤늦도록 귀가하지 않은 딸 때문에 어머니의 마음은 **care** 로 가득차 있다.(= worry ; concern ; anxiety)
- 길을 건너갈 때는 차에 치이지 않도록 **care** 해라.(= caution)
- 며칠동안 집을 떠나면, 누가 강아지를 **take care of** 하지?(= look after)

essence [ésəns] → 형 essential   명

- 문제의 **essence** 는 그가 학교에 가기 싫다는 것이다.(= the basic or most

훔쳐보기		
* intend	• ~할 작정이다, ~하려 계획하다	• 암시하다, 시사하다
		* bother • 성가시게 하다, 방해하다
* prefer	• 더 좋아하다	* care • 걱정, 근심
* bill	• 계산서, 청구서	• 조심, 주의
	• 지폐	• take ~ for 돌보다, 보살피다
* suggest	• 제안하다	* essence • 본질, 정수

important quality of something)
- 민주주의의 **essence** 는 자유와 평등이다.

judge [dʒʌdʒ] → 몡 judgment 동 몡

- 나는 그의 말이 옳은지 그른지 **judge** 할 수 없었다.(= form an opinion about)
- 책의 표지만 보고 책을 **judge** 할 수는 없다.
- 3명의 **judge** 들은 청코너의 권투선수가 승리했다고 선언했다.(= a person chosen to decide the winner in a contest)

brake [breik] 몡

- 운전기사는 속도를 줄이기 위해 **brake** 를 밟았다.(= a device for slowing or stopping motion)

burst [bəːrst] 동

- 풍선에 너무 많은 공기를 불어넣으면 풍선이 **burst** 할 것이다.(= break open suddenly because of inside pressure)

expect [ikspékt] → 몡 expectation 동

- 그는 회사의 수입이 작년보다 줄어들 것으로 **expect** 하고 있다.(= think that something will be happen ; look forward to; anticipate)

level [lévəl] → 몡 level 혱 동

- 탁자 위가 **level** 하다면 탁자 위의 공이 움직이지 않을 것이다. 그러나 탁자 위가 한 쪽으로 기울어져 있다면 그 쪽으로 공이 굴러갈 것이다.(= flat; smooth)
- 자동차가 다닐 수 있도록 울퉁불퉁한 땅을 불도저로 **level** 했다.(= make flat or smooth)

block [blɑk] 몡 동

- 기차역으로 가려면 이 쪽으로 가다가 오른쪽으로 두 **block** 더 가야 한다.(= the distance of one side of this square)
- 동굴입구를 큰 바위로 **block** 했다.(= stop movement or progress)

훔쳐보기

* judge	• 판단하다 • 심판	* level	• 평평한, 수평의 • 평평하게 하다
* brake	• 브레이크	* block	• 구획
* burst	• 터지다, 폭발하다		• 막다, 방해하다
* expect	• 예상하다, 기대하다		

• 창문 옆에 있는 나무가 햇빛을 **block** 해서, 방이 어두운 편이다.

quiet [kwáiət]   [형]

• 도서관에서는 다른 사람들의 공부를 방해하지 않도록 **quiet** 해야 한다.(= silent)

apply [əplái] → [명] application, appliance, applicant [형] applicable   [동][동][동]

• 그는 대학을 졸업하고 직장을 얻기 위해 여러 회사에 **apply** 했다.(= make a request as for employment or admission)

• 그는 학교에서 배운 지식을 그 일에 **apply** 했다.(= put into use)

• 이 법률은 예외가 없다. 즉, 모든 사람에게 **apply** 된다.(= have an effect)

tidy [táidi]   [형]

• 너의 방을 **tidy** 한 상태로 유지하면, 보기에 좋을 뿐 아니라 물건을 찾기도 쉽다.(= neat and orderly)

bind [baind]   [동]

• 전쟁에서 잡힌 포로들의 두 팔을 밧줄로 단단히 **bind** 했다.(= tie together or fasten with rope or other material)

amount [əmáunt]   [동][명]

• 그의 부채는 수백만 달러에 **amount** 한다.(= add up ; total)

• 계산서의 **amount** 는 120달러다.(= the sum ; total)

• 이곳의 음식에는 설탕이 거의 포함되어 있지 않다. 포함되어 있다 하더라도 아주 작은 **amount** 가 들어 있을 뿐이다.(= quantity)

charge [tʃɑːrdʒ]   [동][동][동]

• 그녀는 자신이 밖에 나가있는 동안 남편에게 아이들 돌보는 것을 **charge** 했다.(= give someone a responsibility)

• 호텔은 하루 객실 사용비로 100달러를 **charge** 했다.(= ask for payment)

• 그들은 그를 살인죄로 **charge** 했다.(= accuse ; blame someone for something)

훔쳐보기

* quiet	• 조용한	* amount	• ~에 달하다, ~에 이르다
* apply	• 신청하다, 지원하다		• 총액, 총수
	• 이용하다		• 양, 수량
	• 적용하다	* charge	• 맡기다, 책임을 지우다
* tidy	• 깨끗하게 정돈된		• 청구하다
* bind	• 묶다		• 고발하다, 비난하다

brain [brein]　　　　　　　　　　　　　　　　　　　　　　　　명
- 그는 자동차 사고로 **brain** 에 충격을 받아서 기억상실증에 걸렸다.(= the organ in the head used for thinking and feeling)

fame [feim] → 형 famous　　　　　　　　　　　　　　　　　명
- 퀴리 부부는 1903년에 노벨상을 수상하여 커다란 **fame** 을 얻었다.(= the condition of being well known or much talked about)

appoint [əpɔ́int] → 명 appointment　　　　　　　　　　　통 통
- 대통령은 그를 비서실장으로 **appoint** 했다.(= choose someone for a position ; designate)
- "다음에 만날 시간과 장소를 **appoint** 합시다."(= fix ; decide on)

luck [lʌk] → 형 lucky　　　　　　　　　　　　　　　　　　명
- 우리 축구팀은 내용상으로 상대 팀을 압도하는 게임을 하고도 **luck** 이 따라주질 않아서 지고 말았다.(= fortune)

regret [rigrét] → 명 regret　　　　　　　　　　　　　　　통
- 나는 친한 친구가 교통사고로 사망한 것에 대해서 **regret** 했다.(= feel sadness or disappointment about something that has happened, or about something they have done)
- 내가 돈을 빌려준 사람이 해외로 도망갔다는 사실을 듣고, 나는 그에게 돈을 빌려준 것을 **regret** 했다.

brave [breiv] → 명 bravery　　　　　　　　　　　　　　　형
- 불타고 있는 집에서 어린이를 구출해 내다니, 그 소년은 정말 **brave** 한 소년이다.(= not afraid ; possessing or showing courage)

ability [əbíləti] → 형 able　　　　　　　　　　　　　　　명
- 생각하고 말할 수 있는 인간의 **ability** 는 다른 포유동물과 구별된다.(= power or skill in mental or physical action)

trap [træp] → 통 trap　　　　　　　　　　　　　　　　　　명
- 사냥꾼은 토끼를 잡기 위해 토끼가 잘 다니는 길목에 **trap** 을 설치했

훔쳐보기

* brain	• 뇌	* regret	• 슬퍼하다, 후회하다
* fame	• 명성	* brave	• 용감한
* appoint	• 임명하다	* ability	• 능력, 힘
	• 정하다	* trap	• 덫, 함정
* luck	• 운		

다.(= a device for catching animals)

average [ǽvəridʒ] 명 형
- 10과 20의 ***average*** 는 15다.(= the number produced by adding two or more quantities and then dividing by the number of quantities added)
- 그는 공부를 특별히 잘하지도 못하지도 않는 ***average*** 한 학생이다.(= normal; ordinary)

climb [klaim] 동
- 저 높은 나무의 꼭대기에 ***climb*** 할 수 있는 사람은 거의 없다.(= go up by using the feet and often the hands)

bid [bid] → 명 bid 동
- 부장은 부하직원들에게 보고서를 제출하라고 ***bid*** 했다.(= command; order)

firm [fəːrm] 형 형
- 운동 선수의 ***firm*** 한 근육이 부럽다.(= strong; solid)
- 주위 사람들의 만류에도 불구하고, 그의 신념은 ***firm*** 하다.(= not easily moved or changed)

anxious [ǽŋkʃəs] → 명 anxiety 형 형
- 그가 너무 무리하는 것 같아 그의 건강이 ***anxious*** 된다.(= worried; uneasy in mind)
- 우리들은 네가 돌아오기를 몹시 ***anxious*** 하고 있다.(= having a strong desire)

method [méθəd] 명
- 생선을 기름에 튀기는 것은 생선을 요리하는 ***method*** 중의 하나이다.(= a way of doing anything)
- 그는 자신만의 독특한 ***method*** 로 맡겨진 일을 처리했다.

brief [briːf] 형
- 시간이 얼마 남지 않았기 때문에 선생님은 질문에 대해 ***brief*** 한 답변을

훔쳐보기

* average	• 평균	• 확고한, 굳센
	• 평범한, 보통의	* anxious • 걱정하는, 근심하는
* climb	• 올라가다	• 바라는, 열망하는
* bid	• 지시하다, 명령하다	* method • 방법
* firm	• 단단한, 고정된	* brief • 간결한, 짧은

했다.(= short in time or length)

require [rikwáiər] → 명 requirement 동동

• 식물이 잘 자라려면 충분한 햇빛과 수분을 ***require*** 한다.(= need)
• 대학교는 대학에 입학하려는 학생들에게 고등학교 때의 성적을 ***require*** 한다.(= demand; order)

attend [əténd] → 명 attendance, attention 형 attentive 동동

• 그녀는 그 회의에 ***attend*** 하기 위해 뉴욕으로 갔다.(= be present at)
• 간호원들은 환자들을 정성껏 ***attend*** 했다.(= take care of)

blind [blaind] → 명 blindness 형

• 그는 ***blind*** 해서 밖에 혼자 나갈 때는 검은 안경을 쓰고 지팡이나 강아지의 도움을 받는다.(= unable to see)

various [vέəriəs] → 명 variety 동 vary 형

• 계란 요리법으로는 ***various*** 한 방법이 있다.(= different; of many kinds)

board [bɔːrd] 명동

• 그는 명단이 적힌 종이를 핀으로 꽂아서 ***board*** 에 붙였다(= a thin, flat piece of wood)
• 그녀는 오후 2시 호주행 비행기에 ***board*** 했다. 약 6시간 후면 호주에 도착할 것이다(= get on a bus, airplane, ship, train, etc)

appear [əpíər] → 명 appearance 동동

• 그녀의 웃는 모습을 보니 행복한 것처럼 ***appear*** 했다.(= seem)
• 태양이 커다란 구름 뒤에서 갑자기 ***appear*** 해서 눈이 부셨다.(= come into sight)

weather [wéðər] 명

• 휴가 기간에는 구름 한 점 없는 쾌청한 ***weather*** 여서, 멋진 휴가를 즐길 수 있었다.(= the condition or activity of the atmosphere at any given time or place)

훔쳐보기

* require	• 필요로 하다 • 요구하다	* board	• 판자, 게시판 • 타다
* attend	• 참석하다 • 보살피다, 돌보다	* appear	• ~처럼 보인다, ~인 것 같다 • 나타나다, 보이다
* blind	• 눈먼	* weather	• 날씨
* various	• 다양한, 여러 가지의		

boil [bɔil] 퉁

- 물은 섭씨 100도에서 **boil** 한다.(= heat a liquid until it reaches temperature of 100°C)

crack [kræk] → 몡 crack 퉁

- 유리잔에 뜨거운 물을 부으면, 유리잔이 **cracked** 될지도 모른다.(= break or split; cause to break without separating into parts)

glide [glaid] 퉁

- 스케이트 선수들이 얼음 위를 **glide** 했다.(= move along in a smooth and easy way)

necessary [nésəsèri, -sisəri] → 몡 necessity 혱

- 쇼핑할 때는 그 물건이 너에게 절대적으로 **necessary** 하지 않다면 사지 말아라.(= needed; required; essential)

secret [síːkrit] 혱 몡

- 그는 아내 몰래 **secret** 한 장소에 돈을 숨겼다.(= hidden from others)
- 우리가 어디로 가는지는 말할 수 없다. 그건 **secret** 이다.(= something kept hidden; something known only to a few)

bow [bau] → 몡 bow 퉁

- 청중들이 열광적으로 환호하자, 그녀는 무대 앞쪽에 나와 청중들에게 정중히 **bow** 했다.(= bend the body, head, or knee to show respect or greeting)

deal [diːl] 퉁 퉁 퉁

- 선생님은 아이들을 **deal with** 하는 방법을 알고 있다.(= handle; treat)
- 나는 그 상점과 10년간 **deal with** 하고 있다.(= trade in)
- 이 지역은 중고차를 **deal in** 하는 상점들이 모여 있는 곳이다.(= buy or sell)

habit [hǽbit] → 혱 habitual 몡

- 손톱을 물어뜯는 것은 좋지 않은 **habit** 이다.(= a repeated behavior)
- 그는 잠을 잘 때 음악을 듣는 **habit** 이 있다.

훔쳐보기

* boil	• 끓다	* bow	• 인사의 뜻으로 머리를 숙이다
* crack	• 금이 가다, 쪼개지다	* deal	• 다루다, 취급하다
* glide	• 미끄러지듯이 움직이다		• 거래하다
* necessary	• 필요한, 필수적인		• 사고 팔다, 매매하다
* secret	• 비밀의, 남이 모르는 비밀	* habit	• 습관, 버릇

assume [əsjú:m] → 명 assumption 동동

- 그가 6시까지 나타나지 않으면 기권하는 것으로 **assume** 하겠다.(= believe or accept as a fact (without proof); suppose; take for granted)
- 그는 컴퓨터에 대해 잘 알지 못하지만, 사람들 앞에서는 잘 아는 것처럼 **assume** 했다.(= pretend to be or to have)

bubble [bʌ́bəl] 명

- 물이 끓기 시작하면, **bubble** 이 물 표면 위로 빠르게 올라온다.(= a small ball of air or gas in a liquid)

differ [dífər] → 명 difference 형 different 동

- 그는 형과 생김새가 비슷하지만 성격에 있어서는 형과 **differ** 하다.(= be unlike)

blow [blou] → 명 blow 동동

- 바람이 세차게 **blow** 하고 있다.(= move with force)
- 창문을 여니 강한 바람이 들어와 책상 위의 서류들을 **blow** 했다.(= be moved or cause to move by means of current air)

hurt [hə:rt] → 명 hurt 동

- 그는 길에서 넘어져서, 다리를 **hurt** 했다.(= cause pain or injury)

parcel [pá:rsəl] 명

- 나는 크리스마스 선물을 담은 **parcel** 을 우편으로 부모님께 보냈다.(= a package; something that is wrapped)

smooth [smu:ð] → 동 smooth 형

- 바람이 불지 않아서, 호수의 표면이 **smooth** 했다.(= having an even or level surface)
- 그녀의 피부는 비단결처럼 **smooth** 했다.

consider [kənsídər] → 형 considerable, considerate 명 consideration 동동

- 결정을 내리기 전에 그 문제에 대해 충분히 **consider** 해야 한다.(= think

훔쳐보기

* assume	• 사실로 여기다 • ~척 하다, 가장하다	* hurt	• 다치게 하다, 상처내다
* bubble	• 방울, 거품, 기포	* parcel	• 꾸러미, 소포
* differ	• 다르다	* smooth	• 잔잔한, 매끈매끈한, 반들반들한
* blow	• 강하게 움직이다 • 날리다, 날리게 하다	* consider	• 검토하다, 살펴보다 • 간주하다, 믿다

carefully about; examine)
- 학생들은 그를 훌륭한 선생님으로 **consider** 하고 있다.(= believe to be ; regard as)

function [fʌ́ŋkʃən] 명 동
- 회의에서 의장의 **function** 은 회의를 진행하고 이끌어 나가는 것이다.(= the normal or proper activity of a person or thing; purpose)
- 새로 구입한 컴퓨터가 프로그램의 이상으로 제대로 **function** 하지 않는다.(= do its work ; act)

monster [mánstər] → 형 monstrous 명
- 그 동화에는 눈이 하나고 팔이 네 개인 무시무시한 **monster** 가 등장한다.(= an imaginary creature that is huge and frightening)

rough [rʌf] 형 형
- 할머니는 평생동안 많은 일을 해서, 손이 **rough** 하다.(= not smooth; uneven)
- 자동차의 수리비용에 대해 **rough** 한 계산을 해보면 약 300만원이 나온다.(= not exact; approximate)

weep [wi:p] 동
- 그녀는 교통사고로 죽은 아들의 시신 앞에서 몹시 **weep** 했다.(= cry from grief or any strong emotion; shed tears)

crazy [kréizi] 형 형
- 그는 항상 혼자 뭐라고 중얼거리고 다닌다. **crazy** 한 사람인 것 같다.(= mentally ill ; insane)
- 아무 것도 하지 않으면서 1년동안 1억달러를 만들려고 하는 것은 **crazy** 한 생각이다.(= very foolish; mad; unwise)

glow [glou] → 명 glow 동
- 고양이의 눈이 어둠 속에서 **glow** 했다.(= give out light or(and) heat; shine)

훔쳐보기

* function	• 기능, 작용, 임무, 역할 • 작동하다, 기능하다	* weep * crazy	• 울다 • 미친
* monster	• 괴물		• 어리석은, 정신나간
* rough	• 거친, 울퉁불퉁한 • 대강의	* glow	• 빛나다, 빛(열)을 내다

neck [nek] 명

- 동물 중에서 **neck** 이 가장 긴 동물은 기린이다.(= the part of the body that connects the head with the shoulders)

seek [si:k] 동

- 경찰은 사건의 목격자로서, 키가 크고 금발인 20대 중반의 여성을 **seek** 하고 있다.(= look for; try to find or get)

debt [det] 명

- 나는 친구에게 1000달러의 **debt** 이 있다. 적금을 타서 곧 갚을 예정이다.(= something that is owed)

hang [hæŋ] 동 동

- 그녀는 옷걸이에 코트를 **hang** 했다.(= fasten to a nail, hook, rope, etc.)
- 그는 살인죄로 교수대에서 **hanged** 되었다.(= put or be put to death by swinging from a rope around the neck)

offer [ɔ́(:)fər] 동

그는 그의 집을 방문한 손님들에게 음료와 과일을 **offer** 했다.(= present something that may be accepted or not)

shy [ʃai] 형

- 그는 **shy** 해서 그녀에게 말 한마디 제대로 하지 못했다.(= not at ease with other people; not bold)

author [ɔ́:θər] 명

- 소설 《돈키호테》의 **author** 는 세르반테스다.(= a person who writes a novel, poem, play, etc)

direct [dirékt, dai-] → 명 direction 동 동 동 형 형

- 가장 가까운 지하철역으로 가는 길을 **direct** 해 주시겠습니까?(= tell someone the way to a place)
- 사령관은 군인들에게 적군을 향하여 공격하라고 **direct** 했다.(= command; order)

훔쳐보기

* neck	• 목, 목부분	* offer	• 제공하다, 제안하다
* seek	• 찾다, 추구하다	* shy	• 수줍은, 부끄러워하는
* debt	• 빚, 부채	* author	• 작가, 저자
* hang	• 매달다, 걸다	* direct	• 가르쳐주다, 안내하다
	• 교수형 시키다(되다)		• 명령하다, 지시하다

- 그 영화는 스필버그가 ***direct*** 한 첫번째 작품이다.(= manage; be in charge of)
- 이것이 시내로 들어가는 길 중에서 가장 ***direct*** 한 길이다.(= straight; by the shortest way)
- 그는 그 회사의 간부와 만나지 않고 사장과 ***direct*** 한 접촉을 했다.(= not through some other person or thing; immediate)

idle [áidl] → 통 idle 형 형

- 공장이 문을 닫는 바람에 수백 명의 근로자들이 ***idle*** 한 상태가 되었다.(= not working or being used; not busy)
- ***idle*** 한 학생은 숙제를 정해진 시간 내에 좀처럼 하지 않는다.(= lazy)

pardon [páːrdn] → 명 pardon 통 통

- 그 일에 대해서 사과 드립니다. 그런 나쁜 짓을 한 제 자식을 ***pardon*** 해 주십시오.(= forgive; excuse)
- 대통령은 국경일에 행실이 좋은 몇 명의 죄수들을 ***pardon*** 했다.(= free from punishment)

society [səsáiəti] → 형 social 명

- 학교는 학생들이 ***society*** 에서 필요한 사람이 되도록 학생들을 가르치는 곳이다.(= a large group of people who shares some of the same background and culture)

drop [drɑp] → 명 drop 통

- 사과나무에서 사과가 땅으로 ***drop*** 했다.(= fall or let fall)
- 비행기는 폭탄을 목표지점에 ***drop*** 했다.

infect [infékt] → 명 infection 통

- 상처 부위가 ***infected*** 되지 않도록 소독해야 한다.(= give someone a sickness or disease; cause disease in)

plow [plau] 통

- 농부들은 봄에 땅을 ***plow*** 해서 씨앗을 심는다.(= turn over earth)

훔쳐보기

	• 감독하다		• 사면하다
	• 똑바른, 곧은, 거리가 짧은	* society	• 사회
	• 직접적인	* drop	• 떨어지다, 떨어뜨리다
* idle	• 일하지 않는, 놀고 있는	* infect	• 감염시키다, 오염시키다
	• 게으른	* plow	• 땅을 갈다
* pardon	• 용서하다		

stare [stɛər] → 명 stare   통

- 그는 나의 질문에 대답하지 않고, 단지 창문 밖을 ***stare*** 하고 있었다.(= look long and steadily with wide-opened eyes)

effect [ifékt] → 형 effective   숙 명

- 새로운 규정이 적용되기 전까지 그 규정은 ***in effect*** 하다.(= active; operative)
- 공기를 맑게 하기 위하여 자동차와 공장의 매연을 단속하는 법이 만들어졌지만, 아무런 ***effect*** 가 없었다.(= an influence)

interest [íntərist] → 형 interested, interesting 통 interest   명 명 명

- 그의 흥미 있는 소설은 독자의 ***interest*** 를 불러 일으켰다.(= a feeling of wanting to give special attention to something)
- 학교에서 좋은 시험 점수를 얻는 것이 너에게 ***interest*** 가 될 것이다.(= advantage; benefit)
- 그는 은행에서 5%의 ***interest*** 로 돈을 빌렸다.(= regular payments for use of money borrowed)

present [prézənt]   명 형 명

- 과거, 미래보다도 ***present*** 가 더 중요하다.(= not fast or future)
- 회의에 ***present*** 하는 사람이 모두 몇 명인지 알려주세요.(= not absent)
- 나는 생일 ***present*** 로 재즈 CD를 받았다.(= gift)

sum [sʌm]   명

- 5와 4의 ***sum*** 은 9다.(= the result of operation of addition)

event [ivént]   명

- 아프리카 여행은 그의 청소년기의 커다란 ***event*** 였다.(= that which happens, especially a happening of importance)
- 지역신문에는 사고, 생일, 결혼 등 그 지역의 ***event*** 를 싣는다.

kid [kid]   명

- 그는 주말에 아내와 ***kid*** 들을 데리고 공원에 갔다.(= a child or young

훔쳐보기

* stare	• 응시하다, 쳐다보다	* present	• 현재, 현재의
* effect	• 유효한		• 참석한
	• 효과, 효능		• 선물
* interest	• 관심, 흥미, 호기심	* sum	• 합, 총합
	• 이익, 이로움	* event	• 사건, 경험, 행사
	• 이자	* kid	• 아이, 어린이

person)

propose [prəpóuz] → 몡 proposal   통
- 회의가 오랫동안 계속되자, 그는 10분 동안 휴식할 것을 사람들에게 ***propose*** 했다.(= suggest; present to others for consideration)

temperature [témpərətʃər]   명
- 내일 날씨를 보면 일부 지역에서 ***temperature*** 가 영하로 내려간다고 한다.(= the degree of heat or cold)

bury [béri] → 몡 burial   통
- 그들은 장례식을 치르면서 시체를 땅에 ***bury*** 했다.(= hide something in the ground)

expensive [ikspénsiv] → 명 expense   형
- 한쪽에 진열되어 있는 고급 물건들은 너무 ***expensive*** 해서 일반인이 구입하기에는 벅차다.(= very high-priced)

library [láibrèri, -brəri]   명
- 우리 학교의 ***library*** 에는 상당히 많은 양의 책이 소장되어 있다.(= a room or building where a collection of books is kept)

quit [kwit]   통
- 의사는 환자에게 건강을 회복하기 위해서는 담배 피는 것을 ***quit*** 해야 한다고 충고했다.(= stop doing something; cease)

tight [tait]   형
- 매듭이 매우 ***tight*** 하게 묶여 있어서 도저히 풀 수 없었다.(= not easily moved; secure)

cheap [tʃiːp]   형
- 그 할인점은 다른 상점보다 ***cheap*** 하기 때문에 사람들이 많이 찾는다.(= low in price; inexpensive)

fasten [fǽsn]   통 통
- 그는 벽에다 선반을 ***fasten*** 했다.(= attach firmly)

훔쳐보기

* propose	• 제안하다, 제시하다	* library	• 도서관
* temperature	• 온도	* quit	• 중단하다, 멈추다
* bury	• 묻다, 매장하다	* tight	• 꽉 조인, 꽉 고정된
* expensive	• 값비싼	* cheap	• 값이 싼

• 그녀는 날씨가 추워지자 코트의 단추를 *fasten* 했다.(= fix firmly ; close)

main [mein]　　　　　　　　　　　　　　　　　　　　　　　　　　형

• 사업을 하는 데 있어서 그의 *main* 문제는 돈이 부족하다는 것이다.(= most important; chief)

• 내가 그를 좋아하지 않는 *main* 이유는 그가 게으르다는 것이다.

regular [régjələr]　　　　　　　　　　　　　　　　　　　　　　　형

• 그 음악 동아리(클럽)는 매달 한 번씩 *regular* 모임을 갖는다.(= happening always at the same time)

• 한 끼도 거르지 말고 *regular* 한 식사를 하는 것이 바람직하다.

trick [trik]　　　　　　　　　　　　　　　　　　　　　　　　　명 명

• 조그만 돌멩이를 경비원의 앞쪽에 던진 것은 경비원의 주의를 그 쪽으로 돌리기 위한 *trick* 이다.(= something done to cheat or make someone look stupid)

• 그는 그녀에게 병마개를 쉽게 따는 *trick* 을 알려주었다.(= a clever method or technique; a special skill)

collect [kəlékt] → 명 collection　　　　　　　　　　　　　　　　동

• 사람들은 화재 구경을 하려고 불이 난 장소로 삼삼오오 *collect* 했다.(= bring or gather together)

flow [flou] → 명 flow　　　　　　　　　　　　　　　　　　　　　동

• 강물이 바다로 *flow* 하고 있다.(= move like a liquid ; stream)

• 화산에서 뿜어져 나온 용암이 산 허리 쪽으로 *flow* 하고 있다.

mild [maild]　　　　　　　　　　　　　　　　　　　　　　　　형 형

• 그 살인 강도는 예상했던 것 보다 *mild* 한 처벌을 받아서 피해자의 가족들은 매우 분통했다.(= not hard or severe)

• 성격이 *mild* 한 사람은 화를 낼 만한 상황에서도 화를 내지 않는다.(= gentle and calm)

훔쳐보기

* fasten	• 부착하다, 단단히 붙이다		• 비결, 요령
	• 고정하다, 매다, 잠그다	* collect	• 모으다, 모이다
* main	• 가장 중요한, 주된	* flow	• 흐르다, 흘러 넘치다
* regular	• 정기적인, 규칙적인	* mild	• 심하지 않은, 가벼운
* trick	• 책략, 계략, 속임수, 장난		• 온화한, 상냥한

resort [rizɔ́:rt] 통 명

- 목적을 달성하기 위해 폭력에 **resort to** 하는 것은 나쁜 것이다.(= go to for help)
- 그곳은 겨울에 스키와 레저를 즐길 수 있는 **resort** 로 각광받고 있다.(= a place where people go for rest or recreation)

vegetable [védʒətəbəl] 명

- 고기를 먹을 때는 **vegetable** 과 함께 먹는 것이 좋다.(= a plant grown for food)

exact [igzǽkt] 형

- 인공위성에서 찍은 사진을 보면, 무기가 숨겨진 곳의 **exact** 한 위치를 알 수 있다.(= accurate; precise; correct; without error)

knock [nɑk] → 명 knock 통 통

- 그는 해머로 벽을 **knock** 했다.(= hit with the fist or blows)
- 나는 누군가가 문을 **knock** 하는 것을 들었다.(= hit lightly)

proud [praud] → 명 pride 형 형

- 그는 너무 **proud** 해서 어려운 상황일 때에도 다른 사람들에게 도움을 요청하지 않는다.(= having self-respect)
- 그녀는 그녀의 딸이 대학에 수석 입학한 것을 매우 **proud** 하고 있다.(= pleased; feeling pride in)

temple [témpəl] 명

- 그는 신에게 기도하려고 **temple** 로 들어갔다.(= a building used for worship)

calm [kɑːm] → 통 calm 형

- 나는 사소한 일에도 흥분하는 편이지만, 누나는 언제나 **calm** 하고 조심스럽다.(= quiet; peaceful)

explain [ikspléin] → 명 explanation 통

- 화학 선생님은 학생들에게 원자의 구조에 대해 **explain** 했다.(= make

훔쳐보기

* resort	• 호소하다, 의존하다		• 두드리다
	• 휴양지	* proud	• 자존심이 있다
* vegetable	• 야채, 채소		• 자랑하는, 만족하는
* exact	• 정확한, 틀림없는	* temple	• 신전, 사원
* knock	• 주먹 또는 단단한 것으로 치다	* calm	• 평온한, 조용한

clear ; give information about)

lick [lik] 　　　　　　　　　　　　　　　　　　　　　　　　　　　 동

- 내가 강아지에게 손을 내밀자 강아지는 나의 손을 혀로 **lick** 했다.(= pass the tongue over)

raise [reiz] 　　　　　　　　　　　　　　　　　　　　　　　 동 동 동

- 수업중에 질문이 있으면 손을 **raise** 하세요.(= lift)
- 아버지가 일찍 돌아가셨기 때문에 어머니는 혼자서 4명의 자녀를 **raise** 했다.(= bring up)
- 그는 올해 일을 성공적으로 수행했기 때문에, 내년에 월급이 많이 **raise** 될 것이다.(= increase)

tiny [táini] 　　　　　　　　　　　　　　　　　　　　　　　　　　 형

- 그 물질은 매우 **tiny** 해서 눈으로는 잘 보이지 않는다. 현미경이 필요할 것이다.(= very small; minute)

check [tʃek] 　　　　　　　　　　　　　　　　　　　　　　　　 동 동

- 시험 문제를 풀고 난 후에 시간이 남으면 네가 쓴 답을 반드시 **check** 해야 한다.(= examine; test; compare)
- 범죄가 증가하는 것을 **check** 하기 위해 경찰의 수를 늘렸다.(= stop; control; hold back)

fault [fɔːlt] 　　　　　　　　　　　　　　　　　　　　　　　　 명 명

- 그녀의 가장 큰 **fault** 는 너무 말이 많다는 것이다.(= a mistake ; defect; imperfection)
- 우리가 늦은 것은 나의 **fault** 다. 내가 늦게 나오는 바람에 정시에 출발하지 못했다.(= responsibility; blame)

march [maːrtʃ] 　　　　　　　　　　　　　　　　　　　　　　　　 동

- 군인들이 2열로 줄을 맞추어서 길을 따라 **march** 했다.(= walk with regular, steady steps)

훔쳐보기

* explain	• 설명하다	* check	• 검사하다, 확인하다
* lick	• 핥다		• 막다, 억제하다
* raise	• 올리다	* fault	• 결점, 흠, 결함
	• 기르다		• 책임
	• (크기, 정도) 오르다	* march	• 행진하다, 행군하다
* tiny	• 매우 작은, 미세한		

relax [rilǽks] → 명 relaxation   동
- 가벼운 운동과 마사지를 통하여 뭉친 근육을 **relax** 했다.(= make or become less firm, stiff or tight)

trip [trip]   동 명
- 그는 친구가 걸어갈 때 친구 앞에 몰래 발을 내밀어서 친구를 **trip** 했다.(= strike the foot against something and stumble; cause to stumble)
- 그는 이번 휴가 동안 유럽으로의 **trip** 을 계획하고 있다.(= a movement from one place to another; a journey, especially a short one)

colony [kάləni] → 형 colonial   명
- 18-19세기에 아프리카의 많은 나라들이 영국과 프랑스의 **colony** 였다.(= a land that is ruled or controlled by a foreign power)

fluent [flú:ənt] → 명 fluency   형
- 그는 프랑스어에 **fluent**하다. 그는 프랑스인과 대화하는 데 아무런 문제가 없다.(= able to speak or write a language easily and accurately)

mine [main] → 동 mine   명
- 그 **mine** 은 석탄이 풍부하다. 앞으로 25년 동안 그 **mine** 에서 석탄을 채굴할 수 있다.(= a man- made hole in the earth from which minerals such as coal, iron, or gold can be taken)

respect [rispékt] → 형 respectful, respectable 동 respect   명
- 그는 70세가 될 때까지 줄곧 정직하게 살아왔기 때문에 마을 사람들로부터 **respect** 를 받고 있다.(= a feeling of honor or esteem)

version [və́:rʒən, -ʃən]   명 명
- 이 책의 한국어 **version** 을 갖고 있습니까?(= translation)
- 그 사고에 관한 너의 **version** 은 다른 목격자들의 그것과 다르다.(= one person' s account or description)

훔쳐보기

* relax	• 긴장을 풀다, 완화하다	* fluent	• 유창한
* trip	• 발이 걸려 넘어지다, 넘어지게 하다	* mine	• 광산
		* respect	• 존경, 경의
	• 여행	* version	• 번역판
* colony	• 식민지		• 설명, 견해

constant [kánstənt]   형

- 새벽까지 **constant** 되는 소음으로 잠을 잘 수가 없었다.
  (= continuous; happening all the time)

furious [fjúəriəs] → 명 fury   형

- 그가 오늘도 집에 늦게 들어간다면, 그의 아내는 **furious** 할 것이다.(= full of wild anger ; very angry)

mood [mu:d]   명

- 나는 지금 농담할 **mood** 가 아니다.(= a person' s state of mind)
- 그녀는 요즘 행복한 **mood** 에 있다.

rub [rʌb]   동

- 그는 창문을 부드러운 천으로 **rub** 했다.(= press something against a surface and move it back and forth)

wheel [*h*wi:l]   명

- 자동차는 4개의 **wheel** 을 갖고 있고, 자전거는 두 개의 **wheel** 을 갖고 있다.(= a round frame which turns on a central point)

create [kriéit] → 명 creature · 형 creative 명 creation   동

- 그들은 사막 위에 도시를 **create** 했다.(= make; bring into being)
- 최초의 정착민들은 황무지에 집과 농장을 **create** 했다.

goods [gudz]   명

- 백화점에서는 모든 **goods** 에 대해서 10%에서 20%까지 세일을 하고 있다.(= things offered for sale)

neighbor [néibər] → 명 neighborhood   명

- 밤에 내가 틀어놓은 음악소리가 너무 커서 몇몇 **neighbor** 가 잠을 잘 수가 없다고 항의했다.(= a person who lives nearby)

serious [síəriəs]   형 형

- 그녀의 **serious** 한 얼굴 표정은 열심히 배우겠다는 것을 의미한다.(=

훔쳐보기

* constant	· 계속되는, 끊임없는	* create	· 창조하다, 만들다
* furious	· 몹시 화가 난	* goods	· 상품, 물건
* mood	· 기분	* neighbor	· 이웃
* rub	· 닦다, 문지르다	* serious	· 진지한, 엄숙한, 심각한
* wheel	· 바퀴		· 심한, 중대한

thoughtful; solemn; grave)
- 너의 **serious** 한 얼굴 표정을 보니, 뭔가 나쁜 소식이 있는 것 같다.
- 그는 **serious** 한 자동차 사고를 당했다. 사망할 지도 모른다.(= causing worry; dangerous)

defend [difénd] → 명 defense   동
- 그녀는 치한의 공격으로부터 자신을 **defend** 하기 위해 호신술을 배웠다.(= protect; keep safe)

harm [hɑːrm] → 형 harmful, harmless   명 동
- 메뚜기는 농작물에 커다란 **harm** 을 줄 수 있다.(= damage; hurt)
- 술 한잔 정도는 너에게 **harm** 이 되지 않을 것이다.
- 표백제는 너의 피부를 **harm** 할 수 있다.(= hurt; damage)

opinion [əpínjən]   명
- 그 문제를 객관적인 시각으로 보려면 다른 사람들의 **opinion** 도 들어봐야 한다.(= a belief based on what one thinks or feels)

silence [sáiləns] → 형 silent   명
- 도서관에서는 **silence** 를 유지해야 한다. 시끄럽게 떠들면 안된다.(= absence of any sound or noise; complete quietness)

discuss [diskʌ́s] → 명 discussion   동
- 그 문제에 대해서 결정을 내리기 전에 부모님과 **discuss** 하는 것이 좋겠다.(= talk about)

illustrate [íləstrèit, ilʌ́streit] → 명 illustration   동 동
- 선생님은 학생들에게 인구 도표를 이용하여 그 도시의 인구 증가를 **illustrate** 했다.(= explain by examples, pictures, stories, etc)
- 그 역사 책은 많은 지도와 사진으로 **illustrated** 되어 있다.(= provide with pictures, drawings, etc)

path [pæθ]   명 명
- 사람, 동물이 자주 다녀서 생긴 작은 길을 **path** 라고 한다.(= a narrow

훔쳐보기

* defend	· 방어하다, 막다	* discuss	· 의논하다, 토론하다
* harm	· 해, 손해, 손상	* illustrate	· 관련 예, 도표 등을 이용하여
	· 상하게 하다, 손상을 입히다		설명하다
* opinion	· 의견, 견해, 생각		· 그림, 삽화 등을 넣다
* silence	· 조용함, 고요	* path	· 오솔길

way made by the walking of animals or people)

• 경찰은 군중들 사이로 대통령이 지나갈 수 있는 ***path*** 를 만들었다.(= an open space made to allow forward movement)

solid [sálid / sɔ́l-]　　　　　　　　　　　　　　　　　　　　　형
• 액체 상태의 물이 얼어서 ***solid*** 상태의 얼음이 되었다.(= not liquid or gas)

drug [drʌg]　　　　　　　　　　　　　　　　　　　　　　　명 명
• 의사는 환자를 치료하고 난 후에 환자에게 2일분의 ***drug*** 을 주었다.(= anything used as a medicine to treat a disease or in making medicines)

• 코카인은 ***drug*** 의 한 종류다.(= a narcotic; extremely harmful substance that affects the nervous system)

inform [infɔ́ːrm] → 명 information　　　　　　　　　　　　　통
• "도착하는 시간을 나에게 ***inform*** 해주세요. 마중 나가겠습니다."(= tell about something; give information to)

poem [póuim] → 명 poet　　　　　　　　　　　　　　　　　명
• 그는 김소월의 '진달래꽃' 이라는 ***poem*** 을 암송하고 있었다.(= a piece of writing, often arranged in short lines which rhyme)

steady [stédi]　　　　　　　　　　　　　　　　　　　　　형 형
• 그 의자는 항상 삐걱거려서 불안했는데, 수리한 다음부터는 ***steady*** 해졌다.(= firm; stable)

• 그녀는 고속도로에서 시속 100km의 속도를 ***steady*** 하게 유지했다.(= staying the same; not changing)

effort [éfərt]　　　　　　　　　　　　　　　　　　　　　　명
• 진흙 속에 빠진 차를 끌어내는 데 상당한 ***effort*** 이 필요했다.(= the use of physical or mental energy to do something; struggle)

interior [intíəriər]　　　　　　　　　　　　　　　　　　　명
• 밖의 날씨가 매우 덥지만, 우리 집의 ***interior*** 는 냉방 시설이 잘 되어 있

훔쳐보기

	• 통로	* poem	• 시(詩)
* solid	• 고체의	* steady	• 튼튼한, 단단한
* drug	• 약		• 변하지 않는
	• 마약	* effort	• 노력, 힘, 수고
* inform	• 알리다, 통보하다	* interior	• 내부, 안쪽

어서 시원하다.(= the inside)

press [pres] → 몡 pressure   통
- 대문 옆에 있는 벨을 **press** 하면 '딩동' 소리가 날 것이다.(= push steady
  against)

supply [səplái] → 몡 supply   통
- 회사는 근로자들에게 작업복을 **supply** 했다.(= give or provide something
  needed)

delay [diléi] → 몡 delay   통
- 그는 갑작스런 일이 생겨서 휴가를 다음 주로 **delay** 하기로 결정했
  다.(= decide to do at a later time)

haste [heist] → 웽 hasty 통 hasten   몡
- 그는 늦게 일어났기 때문에 시간이 없었다. 그래서 그는 **haste** 하게 공
  항으로 출발했다.(= a hurry ; the act of hurrying)

oppose [əpóuz] → 몡 opposition 웽 opposite   통
- 환경 단체들은 그 산을 통과하는 새로운 도로 건설에 **oppose** 했다.(=
  act or be against; resist)

sin [sin]   몡
- 그는 주말에 성당에 가서 자신이 저지른 **sin** 을 신부에게 고백했다.(= an
  act that breaks a religious law; any wrong act)

display [displéi] → 몡 display   통
- 그 상점에서는 사람들의 눈에 잘 띄는 창가 쪽에 상품을 **display** 했
  다.(= exhibit; spread out)

imagine [imǽdʒin] → 몡 imagination 웽 imaginary, imaginative   통통
- 나는 전화로 그녀의 목소리를 듣고, 그녀를 젊고 예쁜 아가씨로
  imagine 했다. 그러나 실제로는 그렇지 않았다.(= make up a picture or
  idea in the mind)
- 그에게 무슨 일이 있었는지 도저히 **imagine** 할 수 없다.(= make a guess;

훔쳐보기

* press	• 누르다	* oppose	• 반대하다, 대항하다
* supply	• 공급하다, 지급하다	* sin	• 죄, 죄악, 위배, 나쁜 행동
* delay	• 연기하다	* display	• 전시하다, 진열하다
* haste	• 서두름, 신속	* imagine	• 상상하다, 마음속에 그리다

think)

perfect [pɔ́:rfikt] → 통 perfect 형 형

• 우리가 해변에서 휴가를 즐길 때의 날씨는 **perfect** 했다. 우리는 4일 동안 멋지게 보낼 수 있었다.(= most excellent)
• 그 댄서의 동작은 **perfect** 했다. 정말 놀라운 실력이다.(= complete; having no faults or errors)

solve [salv / sɔlv] → 명 solution 통

• 그는 어려운 수학문제를 다른 사람의 도움 없이 혼자서 모두 **solve** 했다.(= find the solution or answer)

dull [dʌl] 형 형 형

• 이 칼은 너무 **dull** 해서 물건을 자를 수가 없다.(= not sharp)
• 그의 이야기는 **dull** 해서 우리는 계속 졸았다.(= boring; uninteresting)
• 그 사람은 **dull** 해서 한 가지를 이해하는 데 상당한 시간이 걸린다.(= slow to understand)

information [ìnfərméiʃən] → 통 inform 명

• 우리는 신문을 통해 다양한 **information** 을 얻고 있다.(= knowledge; facts)

popular [pápjələr] → 명 popularity 형 형

• 유럽에서 가장 **popular** 한 스포츠는 축구다.(= well liked)
• 외국에서 들어온 피자, 햄버거, 콜라는 이제 국내에서도 **popular** 한 음식이다.(= liked by many people)

steal [sti:l] 통

• 도둑은 그의 서랍에서 돈을 **steal** 했다.(= take away unlawfully)

elect [ilékt] → 명 election 통

• 그들은 투표를 통하여 브라운을 의장으로 **elect** 했다.(= choose by vote)

훔쳐보기

* perfect	• 추측하다, 상상하다 • 최상의 • 완벽한	* information * popular	• 둔한, 우둔한 • 정보 지식 • 인기있는
* solve * dull	• 해결하다, 풀다 • 무딘, 잘 들지 않는 • 지루한, 재미없는	* steal * elect	• 대중적인 • 훔치다 • 선출하다, 뽑다

introduce [ìntrədjú:s] → 명 introduction 〔통〕

- 나는 그에게 여자 한 명을 **introduce** 했는데 그 둘은 1년 후에 결혼했다.(= make known by name)

pride [praid] → 통 pride 〔명〕〔명〕

- 그녀는 그녀의 아들이 올림픽에서 금메달을 딴 것을 사람들에게 **take pride in** 하고 다닌다.(= feel pleased and proud about something good that someone has done)
- 그는 **pride** 가 강해서 어려운 상황에서도 친구들에게 도움을 요청하지 않는다.(= self- respect)

support [səpɔ́:rt] → 명 support 〔통〕〔통〕

- 커다란 기둥 4개가 지붕을 **support** 하고 있다.(= hold up; bear the weight of)
- 그는 자신의 주장을 **support** 하기 위하여 몇 가지 예를 들었다.(= show to be true; back up)

examine [igzǽmin] → 명 examination 〔통〕

- 나는 현미경으로 식물 세포를 **examine** 했다.(= look at carefully)
- 보일러 수리공은 보일러가 제대로 작동하는지를 **examine** 했다.

labor [léibər] 〔명〕〔통〕

- 그는 여름방학 동안 아르바이트로 건축공사장에서 **labor** 를 했다.(= hard work)
- 창고를 청소하는 것은 3명이 3일 동안 해야 하는 **labor** 다.
- 요즘 그 부서의 사람들은 새벽부터 밤늦게까지 **labor** 한다.(= work hard)

prove [pru:v] → 명 proof 〔통〕

- 범죄 현장에 남겨진 그의 지문은 그가 범인이라는 것을 **prove** 해주었다.(= show to be true or real)

tend [tend] → 명 tendency 〔통〕

- 그녀는 화가 나면 말을 많이 하는 **tend to** 가 있다.(= be likely to;

훔쳐보기

* introduce	• 소개하다	* examine	• 조사하다, 검사하다
* pride	• take ~ in 자랑하다	* labor	• 일, 힘든 일, 노동
	• 자존심		• 열심히 일하다
* support	• 지탱하다, 지지하다	* prove	• 사실임을 증명하다
	• 뒷받침하다	* tend	• ~하는 경향이 있다

incline)

careful [kέərfəl] → 통 care   형
- 날카로운 칼에 손을 베이지 않도록 ***careful*** 해야 할 것이다.(= cautious ; taking care)

export [ikspɔ́ːrt] → 명 export   통
- 일본은 많은 전자 제품과 자동차를 세계 여러 나라에 ***export*** 하고 있다.(= send goods to another country for sale)

link [liŋk] → 통 link   명
- 많은 의학자들이 흡연과 폐암 사이에 ***link*** 가 있다고 얘기했다.(= something that joins or connects)

rank [ræŋk]   명 통
- 군대에서 대장은 원수 다음으로 높은 ***rank*** 다.(= a position or grade in the society, armed forces, etc.)
- 그 축구 잡지에서는 한국을 30위로 ***rank*** 했다.(= place in a certain rank)

tired [taiərd]   형 형
- 그는 밤을 새워서 일을 했기 때문에 매우 ***tired*** 했다.(= exhausted; fatigued)
- 나는 이 게임에 금방 ***tired*** 해졌다. 다른 게임을 하고 싶다.(= annoyed; bored)

chew [tʃuː]   통
- 음식물을 완전히 ***chew***한 다음 삼키는 것이 좋다.(= bite and grind up with the teeth)

favor [féivər] → 명 favor 형 favorable, favorite   통 통
- 대부분의 사람들은 세금을 낮추는 새로운 법안에 ***favor*** 하고 있다.(= support; approve)
- 부모는 자식들 중 어느 한 명을 ***favor*** 해서는 안된다.(= show preference to)

훔쳐보기

* careful	• 조심성 있는		위치를 차지하다
* export	• 수출하다	* tired	• 피곤한, 지친
* link	• 연결, 관련, 유대		• 싫증난, 짜증난
* rank	• 계급, 계층, 지위	* chew	• (이로) 씹다
	• 순위를 매기다,	* favor	• 찬성하다, 지지하다

master [mǽstər] 명 동

- 강아지는 꼬리를 흔들면서 그의 **master** 에게 달려갔다.(= the owner of a slave or an animal)
- 초보자가 외국어를 **master** 하려면 적어도 몇 년은 걸린다.(= become expert in)

religion [rilíʤən] → 형 religious 명

- 세계에는 기독교, 불교, 이슬람교, 힌두교 등 여러 종류의 **religion** 이 있다.(= a system of beliefs in a god or philosophy of life)

tune [tjuːn] → 동 tune 명

- 그녀는 피아노로 우리가 귀에 익은 **tune** 을 연주했다.(= a series of musical tones with a regular rhythm; melody)

column [káləm] 명 명

- 그 사원의 지붕은 네 개의 커다란 **column** 에 의해 지탱되고 있다.(= an upright support or decoration for a building)
- 그는 매주 그 신문에 정치에 관한 **column** 을 쓰고 있다.(= an article in a newspaper or magazine written regularly by a writer(columnist))

fog [fɔ(ː)g, fɑg] 명

- 공항의 짙은 **fog** 때문에 비행기의 이착륙이 금지되었다.(= a heavy gray vapor near the ground)

mineral [mínərəl] 명

- 지구에 자연적으로 땅에 묻혀있는 구리, 철, 흑연, 석탄 등의 물질을 **mineral** 이라고 한다.

respond [rispánd] → 명 response 동

- 그는 한 달 전에 내가 보낸 편지에 아직 **respond** 하지 않고 있다.(= reply ; answer)

훔쳐보기

* master	• 편애하다, 좋아하다 • 주인, 소유자 • 전문가가 되다, 숙달하다		• 신문 또는 잡지에 실리는 기고란, 칼럼
* religion	• 종교	* fog	• 안개
* tune	• 곡조, 음조, 선율	* mineral	• 광물
* column	• 기둥	* respond	• 대답하다, 응답하다

vice [vais] → 형 vicious ⬜명

- 흔히 대도시에는 마약, 폭력 등의 **vice** 가 존재한다.(= evil; sin; crime)

consume [kənsúːm] → 명 consumption, consumer ⬜동

- 쓸데없는 논쟁으로 많은 시간을 **consume** 했다.(= use up)

gain [gein] → 명 gain ⬜동⬜동

- 나는 그 일을 통해서 좋은 경험을 **gain** 했다.(=obtain; earn; win)
- 그는 두 달 동안 운동을 하지 않고 먹기만 해서 몸무게를 **gain** 했다.(= get or add as an increase)

mount [maunt] ⬜동⬜동

- 그 노인은 힘겹게 계단을 **mount** 했다.(= go up; climb)
- 태양이 강하게 내리쬐자 온도가 **mount** 했다.(= increase; rise)

rule [ruːl] ⬜명⬜동

- 학생들은 학교의 **rule** 을 지켜야 한다.(= an official statement that controls behavior or action)
- 왕은 20년간 그 나라를 **rule** 했다.(= govern; control)

wound [wuːnd] → 동 wound ⬜명

- 칼에 베어서 **wound** 가 생겼는데, 그곳에서 계속 피가 흘러 나오고 있다.(= an injury to part of your body)

crime [kraim] → 명 criminal ⬜명

- 최근에 살인, 강도 등의 청소년 **crime** 이 증가하고 있다.(= a serious, illegal act)

government [gʌ́vərnmənt] → 동 govern ⬜명

- 입법부, 행정부, 사법부의 세 기관을 포함한, 한 나라의 통치 기구의 총칭을 **government** 라고 한다.(= the system or form of rule by which a country, city, etc. is governed)

훔쳐보기

* vice	• 악덕, 타락	* rule	• 규칙, 규정
* consume	• 소비하다, 소모하다		• 통치하다, 지배하다
* gain	• 얻다, 획득하다	* wound	• 상처
	• 증가시키다, 늘리다	* crime	• 범죄
* mount	• 올라가다	* government	• 정부, 통치 조직
	• 증가하다		

nest [nest] 명

- 뻐꾸기는 다른 새의 **nest** 에 알을 낳는 것으로 유명하다.(= the place built by a bird for laying its eggs and caring for its young)

settle [sétl] → 명 settlement 동 동 동

- 자동차 전문가는 내가 어떤 차를 구입할 것인지를 **settle** 하는 데 많은 도움을 주었다.(= decide; agree upon)
- 친구들과 나는 올해 여름에 유럽 여행을 가기로 **settle** 했다.
- 이 약은 너의 흥분된 신경을 **settle** 할 것이다.(= calm; quiet)
- 두 사람은 소송을 하지 않고 화해함으로써 분쟁을 **settle** 했다.(= put in order; arrange)

chief [tʃiːf] 형 명

- 아프리카 보츠와나 국가의 **chief** 한 수출 품목은 다이아몬드다.(= most important)
- 그 부족의 **chief** 은 가장 나이가 많은 사람이다.(= the head or leader of some group)

fear [fiər] → 형 fearful 동 fear 명

- 강도가 칼을 들고 다가오자, 그는 **fear** 를 느꼈다.(= a feeling one has when danger, trouble, or harm is near)

match [mætʃ] → 명 match 동 동

- 커튼의 색깔은 벽지 색깔과 잘 **match** 되었다.(= go well with)
- 포도주에 관해서는 프랑스에 **match** 할 만한 나라는 없다.(= be equal to)

remain [riméin] 동 동

- 우리가 점심 식사하러 밖에 나가 있는 동안, 사무실에 걸려 오는 중요한 전화를 받으려면 적어도 한 사람은 사무실에 **remain** 해야 한다.(= stay after others go away)
- 그가 쓴 영어책은 인기가 있어서, 몇 년 동안 베스트셀러 자리에 **remain** 했다.(= continue to exist)

훔쳐보기

* nest	• 둥지	* fear	• 두려움, 공포
* settle	• 결정하다	* match	• 어울리다, 조화되다
	• 진정시키다, 평온하게 하다		• 필적하다, 상대가 되다
	• 해결하다, 처리하다	* remain	• 남아 있다
* chief	• 가장 중요한		• ~의 상태로 있다
	• 조직, 단체의 우두머리		

twist [twist] → 명 twist 동 동

- 실을 *twist* 하여 밧줄을 만들었다.(= wind together or around something)
- 뚜껑을 *twist* 하면 뚜껑이 열릴 것이다.(= turn; rotate)

comment [kámənt] → 동 comment 명

- 그 책에 대한 평론가들의 *comment* 는 긍정적이었다.(= a remark or note that explains or gives an opinion)

force [fɔːrs] → 형 forceful 명 동

- 바람의 *force* 는 창문을 깨뜨리고 나무를 넘어뜨릴 정도로 강력했다.(= strength; power; energy)
- 먹지 않으려는 아이들에게 먹으라고 *force* 해서는 안된다.(= make do something by using strength or power)

minor [máinər] → 명 minority 형 명

- 그 병이 심각한 줄 알았는데 *minor* 한 것이라니 다행이다.(= smaller in amount, size, importance, etc.)
- *minor* 들은 이 성인영화를 볼 수 없다.(= a person under the legal age)

rest [rest] → 동 rest 명 명

- 너는 무척 피곤해 보인다. *rest* 가 필요한 것 같다.(= a period of relaxing or doing nothing)
- 10 문제 중에서 하나만 어렵고 *the rest* 는 쉽다.(= the part that is left; remainder)

virtue [vɔ́ːrtʃuː] → 형 virtuous 명

- 그녀의 정직함은 *virtue* 다. 그러나 때로는 그녀의 정직이 사람들을 당황하게 만들 때도 있다.(= moral goodness)

content [kəntént] 형 명

- 그 성실한 부부는 욕심이 없어서 작은 집에서 사는 것에 *content* 한다.(= satisfied; happy)
- 당신은 현재의 월급에 *content* 합니까?

훔쳐보기

* twist	· 감다, 꼬다		· 미성년자
	· 비틀다	* rest	· 휴식
* comment	· 의견, 논평, 평가		· 나머지
* force	· 힘	* virtue	· 미덕, 선(善)
	· 강요하다, 강제로 하게 하다	* content	· 만족한
* minor	· 보다 작은, 중요하지 않은		· 내용(물)

• 경찰관은 박스 안의 **contents** 를 조사했다.(= all that is contained)

gather [ɡǽðər]   통
• '꽝' 하는 소리가 나자 사람들이 무슨 일이 일어났는가 보려고 그곳에 **gather** 했다.(= bring or come together)

mud [mʌd] → 형 muddy   명
• 비가 오면 시골길은 **mud** 로 변하여 **mud** 가 신발에 달라붙는다.(= wet, sticky, soft earth)

rumor [rʌ́mər]   명
• 회사의 사장이 곧 은퇴할 것이라는 **rumor** 가 회사 내에 돌고 있다.(= a statement or story which may or may not be true)

crowd [kraud]   명 통
• 그 국회의원 후보는 광장에 모여든 **crowd** 앞에서 연설을 했다.(= a large number of people in a group)
• 사람들이 폭발사고 현장을 보기 위해 그곳으로 **crowd** 했다.(= gather together in a large group)

grand [ɡrænd]   형
• 우리는 **grand** 한 결혼식을 원하지 않는다. 조용하고 조촐하게 치르고 싶다.(= splendid in appearance ; wonderful)

noise [nɔiz] → 형 noisy   명
• 이곳에서는 **noise** 가 너무 커서 네가 말하는 소리가 들리지 않는다.(= a loud or unpleasant sound)

sew [sou]   통
• 그녀는 바늘과 실로 떨어진 단추를 옷에 **sew** 했다.(= join or unite together with need and thread)

delight [diláit] → 형 delightful 명 delight   통
• 그녀의 친구들은 그녀에게 멋진 생일 선물을 선사함으로써 그녀를

훔쳐보기

* gather	• 모이다, 모으다	* grand	• 호화로운, 장려한
* mud	• 진흙, 진창	* noise	• 소음, 잡음
* rumor	• 소문	* sew	• 꿰매다, 수선하다
* crowd	• 군중	* delight	• 기쁘게 하다, 즐겁게 하다
	• 떼지어 모이다		

delight 했다.(= please greatly)

hate [heit] → 몡 hatred 혱 hateful 몡 hate 동
- 나는 비열하고, 탐욕스럽고 이기적인 너의 성격을 ***hate*** 한다.(= dislike strongly)

oral [ɔ́:rəl] 혱
- 우리 학교는 졸업할 때 필기 시험 뿐만 아니라 ***oral*** 테스트도 하고 있다.(= spoken; not written)

sink [siŋk] 동
- 그 배는 바닥에 구멍이 나서 물이 배 안으로 들어오기 시작했는데, 결국 그 배는 바다 밑으로 ***sink*** 했다.(= (cause to) go down below the surface)

distance [dístəns] → 혱 distant 몡
- 집에서 학교까지의 ***distance*** 는 약 1km이다.(= the amount of space between two points)

import [impɔ́:rt] → 몡 import 동
- 우리 나라는 중동으로부터 많은 양의 석유를 ***import*** 하고 있다.(= bring goods in from a foreign country)

personal [pə́:rsnəl] → 몡 personality 동 personalize 혱
- 그가 그 일에 대해서 책임이 있다는 것은 우리 모두의 의견이 아니라 나의 ***personal*** 한 견해다.(= of, relating to, or belonging to a person; private)

soul [soul] 몡
- 네가 죽는다면, 너의 육체는 땅에 묻히겠지만 너의 ***soul*** 은 천국에 갈 것이다.(= the part of a person that is not the body; the spirit)

assist [əsíst] → 몡 assistance 동
- 그녀는 동생의 숙제를 옆에서 ***assist*** 해 주었다.(= help; aid)

bake [beik] 동
- 그녀는 빵을 오븐에다 ***bake*** 했다.(= cool in an oven)

훔쳐보기

* hate	몹시 싫어하다, 증오하다	* personal	개인적인, 개인에 속하는
* oral	구두의, 구술의	* soul	영혼
* sink	가라앉다, 침몰하다	* assist	돕다
* distance	거리	* bake	굽다
* import	수입하다		

dumb [dʌm] 〔형〕

- 헬렌 켈러는 태어난 지 2년도 안되어 보지도 못하고, 듣지도 못했으며, 또한 **dumb** 했다.(= unable to speak)

initial [iníʃəl] 〔형〕〔명〕

- 그의 **initial** 시도는 실패했지만, 두 번째 시도에서 성공했다.(= first; of the beginning)
- 홍길동(Hong Kil-Dong)의 **initial** 은 H.K.D.이다.(= the first letter of a name)

position [pəzíʃən] 〔명〕〔명〕

- 네가 어디에 있는지 모른다면 이 지도를 보아라. 그러면 지금 네가 있는 **position** 을 찾을 수 있다.(= a location)
- 그녀는 사회에서 여성의 **position** 을 향상시키는 데 많은 공헌을 했다.(= a rank among others)

stick [stik] 〔통〕〔통〕〔통〕

- 그녀는 바느질을 하다가 실수로 자신의 손가락을 바늘로 **stick** 했다.(= pierce with a pointed object)
- 껌이 내 구두 바닥에 **stick** 했다.(= be and remain attached)
- 실현 가능성이 없는 계획을 계속 **stick to** 하는 것은 미련한 짓이다.(= refuse to leave or change)

emit [imít] → 〔명〕emission 〔통〕

- 화산은 처음 폭발 이후, 2주일 동안 독성 가스를 **emit** 했다.(= send out)
- 태양은 빛과 열을 **emit** 한다.

invent [invént] → 〔명〕invention 〔형〕inventive 〔통〕

- 에디슨은 19세기 말에 축음기, 백열전등, 영사기 등을 **invent** 했다.(= make up or produce for the first time)

prime [praim] 〔형〕〔명〕

- 그녀의 **prime** 한 관심사는 직장을 구하는 것이다.(= first in rank or

훔쳐보기

* dumb	• 벙어리의	
* initial	• 처음의, 최초의	• 달라붙다, 움직이지 못하다
	• 이름의 머리글자	• ~ to 고집하다, 집착하다
* position	• 위치, 장소	* emit • 방출하다, 내뿜다
	• 지위, 신분	* invent • 발명하다, 고안하다
* stick	• 찌르다	* prime • 가장 중요한, 최상의
		• 전성기

importance; main)

- 그 축구 선수는 작년에 이어 올해에도 최우수 선수로 뽑혔다. 그는 요즘 **prime** 을 맞이하고 있다.(= the best or most active period in the life of a person)

surface [sə́:rfis]　　　　　　　　　　　　　　　　　　　　　　명

- 대리석의 **surface** 는 매끈하고 반짝거린다.(= the outer face of a thing)
- 지구 **surface** 의 75%가 물이고, 25%가 육지이다.

example [igzǽmpəl]　　　　　　　　　　　　　　　　　　　　명

- 이 그림은 그 화가의 많은 작품 중에서 하나의 **example** 일 뿐이다. 이것 이외에 훌륭한 작품들이 많이 있다.(= a sample or specimen; instance)

language [lǽŋgwidʒ]　　　　　　　　　　　　　　　　　　　명

- 세계에서 가장 널리 쓰이고 있는 **language** 는 영어다.(= the speech of a particular country, nation, tribe, etc)

rate [reit]　　　　　　　　　　　　　　　　　　　　　　　　명

- 그는 시속 60km의 **rate** 로 차를 운전했다.(= speed; velocity)
- 그는 매우 빠른 **rate** 로 타이핑을 하고 있다.

tool [tu:l]　　　　　　　　　　　　　　　　　　　　　　　　명

- 이것을 수리하기 위해서는 칼, 망치 이외에 다른 **tool** 들이 더 필요하다.(= a device that is specially made to help a person do work)

empty [émpti]　　　　　　　　　　　　　　　　　　　　　　형

- 그는 **empty** 한 병에 식수를 가득 채웠다.(= containing nothing; vacant; unoccupied)
- 우리 옆집은 1년째 아무도 살지 않는 **empty** 한 집이다.

invite [inváit] → 명 invitation　　　　　　　　　　　　　　동

- 나는 나의 생일 파티에 많은 친구들을 **invite** 했다.(= ask someone to come to an event)

prison [prízn]　　　　　　　　　　　　　　　　　　　　　　명

- 그는 은행을 강탈한 죄로 **prison** 에 수감되었다.(= a place where criminals

---

훔쳐보기

* surface	• 표면	* tool	• 도구, 기구
* example	• 실례, 보기, 샘플	* empty	• 비어 있는, 텅 빈
* language	• 어떤 나라의 언어, 국어	* invite	• 초대하다, 초청하다
* rate	• 속도	* prison	• 교도소, 감옥

are kept as a punishment)

surprise [sərpráiz]   통
• 미국에 있을 것이라고 생각했던 그가 이곳에 갑작스럽게 모습을 나타내자 우리는 모두 ***surprised*** 되었다.(= come upon suddenly or unexpectedly)

excellent [éksələnt] → 명 excellence   형
• 그 피아니스트는 매우 ***excellent*** 한 연주를 해서, 연주가 끝난 후에 모든 청중들이 기립박수를 보냈다.(= better than others; very good; superior)

last [læst]   통
• 무더운 날씨가 10월까지 ***last*** 되고 있다.(= go on; continue for a time)

public [pʌ́blik] → 명 publication, publicity   통 publish   형 명
• 이곳은 ***public*** 한 장소라서 나의 개인적인 이야기를 하기에는 적당하지 않다.(= of or relating to the people or the community; not private)
• ***public*** 이 가장 좋아하는 스포츠는 프로야구다.(= people in general)
• 대통령은 ***public*** 이 무엇을 원하는지를 알고 싶었다.

thick [θik]   형
• 이 벽은 ***thick*** 해서 추운 겨울에도 바람이 집 안으로 들어오지 않는다.(= great in width or depth from one surface to the opposite surface)
• 얼음이 ***thick*** 하기 때문에 그 위에서 놀아도 안전하다.

case [keis]   명 명
• 그 자동차 사고는 운전자의 부주의로 일어난 대표적인 ***case*** 다.(= a single example or happening)
• 두 명의 여성 변호사가 그 ***case*** 를 맡았다.(= a matter to be decided by a court of law)

face [feis]   명 통
• 손목시계를 떨어뜨렸더니 시계의 ***face*** 에 금이 갔다.(= the front part or main surface of something)

훔쳐보기

* surprise	• 놀라게 하다	* thick	• 두꺼운
* excellent	• 뛰어난, 훌륭한, 우수한	* case	• 사례, 경우
* last	• 계속되다		• 소송, 사건
* public	• 공공의, 일반 국민의, 일반인을 위한	* face	• 표면, 정면
			• 맞서다, 대항하다
	• 대중, 일반		

- 그녀는 위험을 피하지 않고 용감하게 정면으로 **face** 했다.(= meet with boldness or courage)

load [loud]   명 동

- 그는 등에 무거운 **load** 를 얹고 계단을 올라갔다.(= something that is carried or to be carried at one time; burden)
- 우리는 자동차의 트렁크에 물건을 **load** 했다.(= put into a vehicle or structure for carrying)

rear [riər]   명 동

- 교실의 **rear** 에서는 앞에서 말씀하시는 선생님의 목소리가 잘 들리지 않았다.(= the back part)
- 그 아이의 부모가 교통 사고로 사망한 후에는 할머니가 그 아이를 **rear** 했다.(= help grow up; bring up)

topic [tápik]   명

- 오늘 우리가 토론할 **topic** 은 '교사와 학부모의 역할' 이다.(= a subject that you talk, write or learn about)

choose [tʃu:z] → 명 choice   동

- 영화를 보러 가든지 아이들을 돌보든지 둘 중에 하나를 **choose** 해야만 한다.(= select; make a choice)

feed [fi:d]   동 명

- 내가 어렸을 때, 오리들에게 빵 부스러기를 **feed** 하는 것을 좋아했다.(= give food to; provide as food)
- 농부는 매일 아침 소에게 **feed** 를 준다.(= food for animals)

matter [mǽtər]   명 명 동

- 놀러가기 전에 토의해야 할 중요한 **matter** 가 있다.(= a subject of interest or concern)
- 우주를 구성하고 있는 **matter** 들은 매우 다양하다.(= material; substance)
- 나는 지난 시험 성적이 좋지 않았기 때문에 이번 시험이 나에게는 매우 **matter** 하다.(= be important)

훔쳐보기

* load	· 짐, 무거운 짐 · 물건을 싣다, 적재하다	* choose * feed	· 선택하다 · 먹이를 주다, 먹이다
* rear	· 뒤, 뒤쪽 · 기르다, 양육하다		· 먹이
* topic	· 주제, 제목, 논제	* matter	· 문제, 일, 사건 · 물질, 물체

remind [rimáind]   통

- 이 노래는 나로 하여금 2년 전에 헤어진 그녀를 *remind* 하게 한다.

ugly [ʌ́gli]   형

- 화재로 인하여 그의 얼굴에 흉터가 생겼는데, 그 흉터는 보기가 *ugly* 했다. 그래서 그는 성형 수술을 받았다.(= unpleasant to see; disgusting)

common [kámən]   형 형 형

- 그들은 *common* 한 관심사를 갖고 있기 때문에 쉽게 친해질 수 있었다.(= belonging to or shared equally by everybody)
- 그는 *common* 한 이익을 위해서 개인의 이익을 희생했다.(= belonging to society as a whole)
- '마이클'이란 이름을 가진 사람이 우리 반에서만 3명이다. 정말 '마이클'은 *common* 한 이름이다.(= often seen or heard)

forget [fərgét] → 형 forgetful   통

- 그가 나에게 오후에 전화해 달라고 했는데, 내가 다른 일에 몰두하는 바람에 그것을 *forget* 했다.(= not remember)

misery [mízəri] → 형 miserable   명

- 그는 요즘 아픈 이 때문에 *misery* 를 겪고 있다.(= great unhappiness or suffering)

result [rizʌ́lt] → 통 result from, result in   명

- 그의 훌륭한 기술은 수많은 연습의 *result* 다.(= something that happens because of something else; an effect)
- 오늘 아침 신문에서 어제 프로야구 경기의 *result* 를 알았다.

vision [víʒən] → 형 visible   명 명

- 그녀는 *vision* 이 나쁘기 때문에, 안경을 끼거나 렌즈를 사용해야 한다.(= eyesight; the sense or power of sight)
- 정치 지도자는 뛰어난 *vision* 을 가진 사람이어야 한다. 그런 사람만이 미래를 예측할 수 있기 때문이다.(= the ability to imagine the future; foresight)

훔쳐보기

* remind	• 중요하다 • 생각나게 하다, 상기시키다	* forget	• 흔히 있는 • 잊어버리다, 깜박 잊다
* ugly	• 보기 흉한, 추한, 역겨운	* misery	• 불행, 고통
* common	• 공통의 • 공공의	* result * vision	• 결과 • 시력

continue [kəntínju:] → 형 continuous, continual   동
* 전쟁은 7년동안 ***continue*** 되었다.(= keep on being or doing)

general [general] → 명 generation   형 형
* 그에 대한 ***general*** 한 평판은 좋지 않다.(= common; widespread)
* 우리의 ***general*** 한 계획은 이번 토요일에 떠나는 것이다. 그러나 아직 세부적인 계획은 정해지지 않았다.(= not detailed)

muscle [mÁsəl]   명
* 적당히 걷는 것은 다리의 ***muscle*** 을 단련시킨다.(= body tissues on the bones that can tighten and relax to produce movement)

satisfy [sǽtisfài] → 명 satisfaction   형 satisfactory   동
* 그는 언제나 불평만 한다. 어떤 것도 그를 ***satisfy*** 할 수 없다.(= meets the needs or wishes of; please)

cure [kjuər] → 명 cure   동 동
* 이 약은 당신의 감기를 ***cure*** 할 수 있을 것이다.(= make well; restore to health)
* 부모들은 자식의 나쁜 습관들을 ***cure*** 하려고 노력하고 있다.(= stop or get rid of something bad)

grateful [gréitfəl] → 명 gratitude   형
* 네가 우리를 도와주었던 것에 대해 우리는 너에게 정말 ***grateful*** 하고 있다.(= thankful; appreciative)

normal [nɔ́:rməl]   형
* 인간의 ***normal*** 한 체온은 섭씨 36.5–36.9도이다.(= standard; usual; average)

shadow [ʃǽdou] → 형 shadowy   명
* 어두운 방에서 빛을 그 물체에 비추자 물체의 ***shadow*** 가 벽에 생겼다.(= a dark image when someone or something blocks the sun or other light)

훔쳐보기

	• 통찰력, 예견력	* cure	• 치료하다, 고치다
* continue	• 계속하다, 지속하다		• 고치다, 못하게 하다
* general	• 공통된, 일반의	* grateful	• 감사하는, 고마워하는
	• 대체적인, 개괄적인	* normal	• 정상의, 보통의, 평균의
* muscle	• 근육	* shadow	• 그림자
* satisfy	• 만족시키다		

depend [dipénd] → 형 dependent, 명 dependence   통 통 통
- 우리는 그가 수영 경기에서 반드시 승리할 것이라고 ***depend on*** 하고 있다.(= trust; rely on)
- 우리가 소풍을 가게 될지 못 가게 될지는 날씨에 ***depend on*** 한다.(= be controlled by)
- 생활 능력이 없는 그의 가족들은 그의 월급에 ***depend on*** 하고 있다.(= be supported by)

hide [haid]   통
- 그가 나를 찾지 못하도록 나무 뒤에 ***hide*** 했다.(= put or keep out of sight; conceal)

order [ɔ́:rdər]   명 명 통 통
- 장군은 지휘관들에게 새벽 3시에 적군을 공격하라는 ***order*** 를 내렸다.(= a command; a direction)
- 사전에 나오는 단어들은 알파벳 ***order*** 로 되어 있다.(= an arrangement of things one after another)
- 나는 카탈로그에 나와 있는 상품을 보고 통신 판매 회사에 전화를 걸어 작은 탁자 하나를 ***order*** 했다.(= ask for something one wants)
- 사령관은 군대에게 후퇴하라고 ***order*** 했다.(= give an order to; command)

skill [skil] → 형 skillful   명
- 그녀는 매우 뛰어난 음악적 ***skill*** 을 갖고 있다.(= the ability to do something well)
- 이 작업은 누구나 할 수 있다. 특별한 ***skill*** 을 필요로 하지 않는다.

divide [diváid] → 명 division   통
- 그는 과자와 캔디를 세 명의 아이들에게 똑같이 ***divide*** 해 주었다.(= separate into parts; share)

impossible [impásəbəl]   형
- 인간이 다른 은하계로 여행하는 것은 아직 ***impossible*** 하다.(= not

훔쳐보기

* depend	• 믿다, 확신하다		• 주문하다
	• 달려있다		• 명령하다, 지시하다
	• 의존하다	* skill	• 기술, 재능, 솜씨
* hide	• 숨다, 숨기다	* divide	• 나누다, 분배하다
* order	• 명령, 지시	* impossible	• 불가능한
	• 순서, 차례		

capable of happening or existing)

pet [pet]   명
• 사람들이 기르는 **pet** 중에서 강아지와 고양이가 가장 많다.(= an animal that is kept for companionship or amusement)

sow [sou]   동
• 농부는 밭에다 밀과 옥수수 씨를 **sow** 했다.(= plant or scatter seed)

dust [dʌst] → 형 dusty   명
• 한 달 동안 청소를 하지 않은 책상 위에는 **dust** 가 쌓여 있다.(= fine dry particles of earth, dirt, etc)

injure [índʒər] → 명 injury   동
• 그는 넘어져서 다리를 **injure** 했다.(= cause harm; hurt; damage)
• 칼을 잘못 다루어서 손을 **injure** 했다.

possible [pásəbəl] → 명 possibility   형
• 그 지역에서 싼 가격으로 방을 구하는 것이 아직도 **possible** 하다.(= capable of existing, happening, or being done)

stiff [stif]   형
• 새로 산 신발은 **stiff** 하다. 시간이 지나면 부드러워질 것이다.(= not easily bent)

desert [dezə:rt, dizə́:rt]   동
• 그는 아내와 자식을 **desert** 하고, 다른 여자에게 가버렸다.(= abandon; leave completely)

hobby [hábi]   명
• 그녀의 **hobby** 는 볼링과 영화 감상이다.(= an activity done in one's spare time for pleasure)

ordinary [ɔ́:rdənèri]   형
• 그는 특별히 똑똑하지도 않고, 어리석지도 않다. 그는 **ordinary** 한 학생

훔쳐보기

* pet	• 애완동물	* stiff	• 딱딱한, 잘 구부러지지 않는
* sow	• (씨를) 심다, 뿌리다	* desert	• 버리다
* dust	• 먼지, 흙먼지	* hobby	• 취미
* injure	• 다치게 하다, 해치다	* ordinary	• 평범한, 보통의
* possible	• 가능한		

이다.(= average; common)

skin [skin]　　　　　　　　　　　　　　　　　　　　　　명
- 그녀의 **skin** 은 하얀 색이었는데, 강렬한 태양에 노출되어 벌겋게 되었다.(= the natural outer covering of a human or animal body)

document [dákjəmənt] → 통 document　　　　　　　명
- 내가 그 땅을 소유하고 있다는 것을 보여주는 공식적인 **document** 가 법원에 보관되어 있다.(= an official paper that can be used to give proof or information)

incident [ínsədənt] → 형 incidental 명 incidence　　　명
- 그는 영화 분야에 종사하면서 지금까지 있었던 재미있는 **incident** 들을 자서전에 수록했다.(= something that happens in real life or in a story; an event)

physical [fízikəl]　　　　　　　　　　　　　　　　　　형
- 바둑, 체스 등은 정신적인 운동이고, 수영, 테니스 등은 **physical** 한 운동이다.(= of or relating to the body)

spend [spend]　　　　　　　　　　　　　　　　　　　통
- 네가 텔레비전 시청에 많은 시간을 **spend** 하지 않았으면 좋겠다.(= use up; consume)

earn [əːrn] → 명 earnings　　　　　　　　　　　　　통
- 그는 공장에서 일한 대가로 500달러의 돈을 **earn** 했다.(= get money by working)
- 아래층에 살고 있는 내과의사는 한 달에 얼마나 **earn** 하는가?

insect [ínsekt]　　　　　　　　　　　　　　　　　　　명
- 날개가 있고, 몸이 세 개로 구분되며, 다리가 여섯 개인 동물들, 즉 파리, 벌, 나비, 개미 등을 **insect** 라고 부른다.(= a very small animal, usually with three pair of legs and two pair of wings)

훔 쳐 보 기

* skin	• 피부, 껍질	* spend	• 써버리다, 낭비하다
* document	• 문서, 서류	* earn	• 일을 해서 돈을 받다(벌다)
* incident	• 일어난 일, 사건	* insect	• 곤충
* physical	• 신체적인, 육체적인		

post[poust]　　　　　　　　　　　　　　　　　　　　　　　명 동

- 그의 자동차는 고가도로를 지지하고 있는 콘크리트 **post** 에 충돌했다.(= a long, strong piece of wood or other material used as a support)
- 이 소포를 지금 **post** 해야 한다. 그렇지 않으면 그녀의 생일이 지나서 도착할 것이다.(= mail a letter or package)

storm[stɔːrm] → 동 storm　　　　　　　　　　　　　　　　　　명

- 그 배는 갑작스럽게 발생한 **storm** 으로 인하여 전복되었다.(= strong winds together with rain or snow)

enemy[énəmi]　　　　　　　　　　　　　　　　　　　　　　　명

- 친구 관계인 두 사람은 심한 말다툼이 있은 후에 서로 **enemy** 가 되었다.(= a person or country that hates another or fights against another)

jam[dʒæm] → 명 jam　　　　　　　　　　　　　　　　　　　동 동

- 조그만 가방에 그렇게 많은 옷을 어떻게 **jam** 할 수 있었는지 모르겠다.(= squeeze or force tightly)
- 월드컵 축구 경기를 관람하기 위해 수만 명의 사람들이 경기장의 관중석을 **jam** 했다.(= crowd or pack tightly)

problem[prábləm]　　　　　　　　　　　　　　　　　　　명 명

- 얼마 전에 구입한 세탁기에 많은 **problem** 이 있어서 새 것으로 교환했다.(= a difficult situation or person)
- 수학 선생님은 학생들에게 다섯 개의 **problem** 을 숙제로 내주었다.(= a question that you must solve)

surround[səráund]　　　　　　　　　　　　　　　　　　　　동

- 유명한 인기 가수가 거리에서 수십 명의 팬들에 의해 **surrounded** 되었다.(= be on all sides of; encircle)

except[iksépt] → 명 exception　　　　　　　　　　　　　　전

- 그녀만 **except** 하고 모두 영화 보러 갔다.(= other than; but)
- 한 곳만 **except** 하고 나머지는 모두 깨끗하다.

훔쳐보기

* post	• 기둥		• 가득 채우다
	• 우편으로 보내다	* problem	• 문제, 어려운 상황
* storm	• 폭풍우		• 문제, 과제
* enemy	• 적, 원수	* surround	• 둘러싸다, 에워싸다
* jam	• 쑤셔 넣다, 채워넣다	* except	• 제외하고

lazy [léizi] → 몡 laziness   혱
- 네가 **lazy** 했기 때문에 너의 작업량을 제 시간에 마치지 못했다.(= not eager or willing to work)
- 사장은 직원들이 **lazy** 하고 능력이 부족한 것 같다며 그들에 대해 불평했다.

pure [pjuər] → 몡 purity 몽 purify   혱
- **pure** 한 공기를 마시기 위해서는 도시를 벗어나는 것이 좋다.(= clean; not dirty)

thief [θi:f]   몡
- 내집에서 보석을 훔쳐간 **thief** 이 일주일만에 경찰에 붙잡혔다.(= one who steals; a robber)

cast [kæst]   몽 몽 몽
- 소년은 강물에 돌을 **cast** 했다.(= throw out or down)
- 어부는 강물에 그물을 힘차게 **cast** 했다.
- 감독은 그에게 로미오역을 **cast** 했다.(= give a certain part to in a play or movie; choose actors)
- 그 연극에는 모두 12명의 **cast** 가 출연했다.(= the actors in a play, film, etc.)

factor [fæktər]   몡
- 가정 불화는 그가 미국에 가기로 결정하게 된 가장 중요한 **factor**였다.(= one of several causes of a situation or condition)
- 집을 살 때 가장 먼저 고려해야 할 **factor**는 돈이다.

local [lóukəl] → 몡 local 몽 localize   혱
- 그 노래가 처음 방송된 것은 전국 방송이 아니라 **local** 방송이었다.(= having to do with one place)

reason [rí:zən] → 혱 reasonable   몡 몡
- 오늘 내가 늦은 **reason** 은 내가 탄 차가 교통 사고가 났기 때문이다.(= the cause of something happening)

홈쳐보기

* lazy	• 게으른, 일하기 싫어하는		• 배우
* pure	• 깨끗한, 맑은	* factor	• 요소, 요인
* thief	• 도둑	* local	• 지역의, 지방의
* cast	• 던지다	* reason	• 원인, 까닭, 이유
	• 배역을 맡기다, 뽑다		• 이성, 추리력

• 인간은 ***reason*** 이 있다는 점에서 동물과 다르다.(= the ability to think logically or understand)

tough [tʌf] 형 형

• 그 가죽 신발은 ***tough*** 해서 오래갈 것이다.(= strong; hard; not easily torn)
• 이 고기는 ***tough*** 해서 노인이나 아이들이 먹기가 어렵다.(= difficult to cut or chewed)

cite [sait] 동

• 그 과학자는 자신이 작성한 보고서에 다른 과학자의 논문 일부를 ***cite*** 했다.(= quote as an example)

field [fi:ld] 명 명

• 농부는 ***field*** 에서 가축을 기르고, 작물을 재배한다.(= a broad area of open land without many trees)
• 그것은 나의 ***field*** 가 아닙니다. 다른 사람에게 물어보세요.(= an area of activity, interest, or study)

mean [mi:n] 형 형 동 명

• 그런 ***mean*** 한 속임수를 쓰다니 정말 네게 실망했다.(= unkind; rude; unpleasant)
• 그들은 ***mean*** 하고 조그만 집에서 화려하고 커다란 집으로 이사했다.(= poor in appearance or of low social position; humble)
• 교통 신호등의 빨간 불은 멈춤을 ***mean*** 한다.(= be a sign of; indicate)
• 100과 80의 ***mean*** 은 90이다.(= an average amount)

remote [rimóut] 형

• 도시로부터 ***remote*** 한 지역에는 아직도 전기가 공급되지 않고 있다.(= far away; distant)

union [jú:njən] 명

• 3개의 작은 회사들의 ***union*** 에 의해서 하나의 큰 회사가 만들어졌다.(= the act of joining or the situation of being joined)

훔쳐보기

* tough	• 강한, 튼튼한		• 초라한, 천한, 보잘것없는
	• 질긴		• 의미하다
* cite	• 인용하다, 예를 들다		• 평균(값)
* field	• 들, 목초지	* remote	• 멀리 떨어진
	• 분야, 범위	* union	• 결합, 연합, 단결
* mean	• 비열한, 불친절한		

complain [kəmpléin] → 몡 complaint   통

- 그녀는 직장 상사에게 자신이 밤늦게까지 일하는 것에 대해 ***complain*** 했다.(= express pain or dissatisfaction)
- 우리들은 음식점의 주인에게 음식이 형편 없다고 ***complain*** 했다.

fortune [fɔ́ːrtʃən] → 혱 fortunate   몡 몡 몡

- 그는 그의 아버지가 사망했을 때, 막대한 ***fortune*** 을 물려받았다.(= a large amount of money; wealth)
- 점술가는 미래의 나의 ***fortune*** 에 대해서 얘기해 주었다.(= one's future; fate)
- 그곳에 머무는 동안 유명 연예인들을 많이 만날 수 있는 ***fortune*** 을 얻었다.(= luck; chance)

miss [mis]   통 통

- 그는 늦잠을 자는 바람에 서둘러서 기차역으로 달려갔으나 기차를 ***miss*** 했다.(= fail to hit, find, reach, see, etc)
- 그는 집에서 멀리 떨어진 대학을 다니고 있어서, 언제나 집에 있는 가족들을 ***miss*** 하고 있다.(= feel the absence or loss of)

reveal [rivíːl] → 몡 revelation   통

- 그는 혼자서 많은 고민을 한 후에, 친구들에게 자신의 비밀을 ***reveal*** 했다.(= make known what was hidden)

voice [vɔis]   몡

- 그가 비밀을 말할 때는 ***voice*** 를 낮추어서 조용히 얘기했다.(= sound made through the mouth)

copy [kápi] → 통 copy   몡

- 복사기로 보고서의 ***copy*** 두 벌을 만들었다.(= an imitation or likeness of an original work)

genius [dʒíːnjəs, -niəs]   몡 몡

- 선생님은 그 소년의 연주를 듣고 나서, 그 소년의 음악적 ***genius*** 를 발

훔쳐보기

* complain	• 불평하다, 불만(고통)을 표시하다		• 그리워하다, 없어서 아쉬워하다
* fortune	• 재산	* reveal	• 밝히다, 폭로하다
	• 운명, 운수	* voice	• 목소리, 음성
	• 행운, 기회	* copy	• 사본, 복사물
* miss	• 놓치다, 실패하다, 빗맞히다	* genius	• 비범한 재능

견했다.(= a special ability)

- 그는 수학 분야에서 **genius** 로 인정받고 있다.(= a person who has a special ability)
- 아인슈타인은 물리학에 **genius** 였다.

myth [miθ] 〔명〕

- 그리스 **myth** 에 나오는 제우스는 로마 **myth** 에 나오는 주피터와 동일 인물이다.(= stories from ancient cultures about history, gods, and heroes)

save [seiv] → 〔명〕 savings 〔통〕〔통〕〔통〕

- 우리 부부는 새 집을 사기 위해 한 달에 100만원씩 은행에 **save** 하고 있 다.(= keep or store up for future use)
- 비행기 여행은 기차로 여행하는 것보다 많은 시간을 **save** 할 수 있 다.(= keep from being lost or wasted)
- 한 소년이 물에 빠져 허우적거릴 때, 어떤 남자가 물에 들어가서 그 소 년을 **save** 했다.(= rescue from danger or loss)

custom [kʌ́stəm] → 〔명〕 customer 〔명〕〔명〕

- 사람을 만날 때 악수하는 것은 오래 전부터 내려온 **custom** 이다.(= something that the members of a group usually do)
- 그는 식사 후에 항상 커피를 마시는 것이 그의 **custom** 이다.(= something that a person regularly does; habit)

greet [gri:t] 〔통〕

- 고향으로 돌아오는 올림픽 금메달리스트를 **greet** 하기 위해 마을에서는 기차역으로 밴드를 보냈다.(= meet and speak to in a polite and friendly way; welcome)

notice [nóutis] → 〔형〕 noticeable 〔명〕 notice 〔통〕

- 그는 그녀의 머리 스타일이 바뀌었다는 것을 **notice** 하지 못했다.(= become aware of; observe; take note of; pay attention to)
- 나는 천장의 틈으로 비가 새고 있다는 것을 **notice** 했다.

훔쳐보기

	• 천재	* custom	• 관습, 관례
* myth	• 신화, 설화		• 습관
* save	• 저축하다	* greet	• 환영하다, 맞이하다
	• 절약하다	* notice	• 알아차리다, 주목하다
	• 구하다, 구출하다		

shape [ʃeip] 명 동

- 저 구름은 마치 토끼의 **shape** 을 하고 있다.(= the form or figure of something; outline; appearance)
- 그는 찰흙으로 그릇을 **shape** 했다.(= give form to; form)

complete [kəmplíːt] → 형 complete 명 completion 동

- 그는 저녁 식사 전에 숙제를 모두 **complete** 했다.(= finish; bring to an end)

found [faund] → 명 foundation 동

- 이 회사는 1930년에 그의 할아버지가 **found** 한 회사다.(= establish)

mistake [mistéik] 동 명

- 나는 그녀가 말한 것을 **mistake** 해서 그녀에게 엉뚱한 물건을 가져다주었다.(= misunderstand)
- 나의 충고를 무시한 것은 그의 치명적인 **mistake** 이었다. 그는 결국 엄청난 손해를 보았다.(= an error; an idea, act, etc. that is wrong)

reverse [rivə́ːrs] → 동 reverse 명 명

- 멋진 주말을 기대했는데, 그 결과는 **reverse** 가 되고 말았다.(= the opposite; contrary)
- 그 동전의 앞면에는 숫자가 써 있고, **reverse** 에는 사람의 얼굴이 있다.(= the back or rear side of anything)

warn [wɔːrn] → 명 warning 동

- 변호사는 그에게 사람들 앞에서는 어떤 말도 하지 말 것을 **warn** 했다.(= advise to be careful; tell of a danger)

correct [kərékt] 형 형 동

- 성적이 우수한 그 학생은 선생님의 질문에 대해 언제나 **correct** 한 답을 얘기했다.(= right; accurate)
- 그녀는 길에서 주은 지갑을 주인에게 돌려주었다. 그렇게 하는 것이 **correct** 한 것이라고 생각했기 때문이다.(= agreeing with what is thought to be proper)

훔쳐보기

* shape	• 형태, 모양, 형상		• 실수, 잘못
	• 형태를 만들다	* reverse	• 반대, 역(逆)
* complete	• 끝내다, 완결하다		• 뒷면, 뒤
* found	• 설립하다, 건설하다	* warn	• 경고하다, 주의하다
* mistake	• 잘못 이해하다	* correct	• 정확한

• 선생님은 학생들이 제출한 숙제에서 철자가 틀린 부분을 **correct** 했다.(= mark the errors in)

ghost [goust]   명

• 밤에 **ghost** 가 공동묘지에 가끔 나타난다고 한다.(= the spirit of a dead person)

native [néitiv]   형 형 형 명

• 한국에 잠시 머물고 있는 그 사람의 **native** 나라는 독일이다.(= having to do with the place where one was born)

• 키가 큰 삼나무는 미국 캘리포니아가 **native** 다.(= belonging naturally to a particular place or country)

• 그의 뛰어난 사교술은 배운 것이 아니라 **native** 한 능력이다.(= belonging to a person by nature; not learned; natural)

• 그 섬에 이주해 온 백인들은 섬의 **native** 들과 마찰이 잦았다.(= one of the original people living in a place, not a colonist or invader from some other place)

schedule [skédʒu(:)l]   동 명

• 그 모임은 다음 주 월요일 오후 3시에 개최하기로 **scheduled** 되어 있다.(= plan or appoint for a certain time)

• 그는 다음 주에 바쁜 **schedule** 을 갖고 있어서, 다음 주에는 그와 만나기가 힘들 것 같다.(= a list of timed, planned activities or events)

damage [dǽmidʒ] → 동 damage   명

• 폭풍우는 농작물에 커다란 **damage** 를 입혔다.(= harm; loss; hurt)

• 그 회사와 정부 사이에 일어난 뇌물 사건은 그 회사의 명성에 커다란 **damage** 를 주었다.

grind [graind]   동 동

• 곡물을 **grind** 해서 가루로 만들었다.(= crush into small bits or a fine powder)

훔쳐보기

* ghost * native	• 올바른, 알맞은 • 지적하다 • 유령, 허깨비 • 출생지의, 태어난 곳의 • 원산지의, ~에서 산출되는 • 타고난, 선천적인	* schedule * damage * grind	• 토착민, 원주민 • 예정하다 • 일정, 시간표 • 손해, 손상, 피해 • 갈다 • 날카롭게 갈다, 부드럽게 하다

• 칼이 잘 들지 않아서 **grind** 한 후에 사용했다.(= sharpen; make smooth)

numerous [njúːmərəs]　　　　　　　　　　　　　　　　　　　형

• 그녀는 일일이 언급할 수 없을 정도로 **numerous** 한 친구들이 있다.(= very many)

share [ʃɛər]　　　　　　　　　　　　　　　　　　　동 동 명

• 사장은 회사에서 벌어들인 이익을 종업원들에게 공평하게 **share** 했다.(= divide and give out in shares)

• 새로 이사한 집은 방의 수가 적었기 때문에, 누나가 방을 혼자 사용하고 나와 동생은 방을 **share** 했다.(= use or have together with another or others)

• 우리는 함께 일해서 500달러를 벌었는데, 그 중에 나의 **share** 는 150달러다.(= one's own part of something)

desire [dizaiər] → 명 desire　　　　　　　　　　　　　　　동

• 그의 부모님은 그가 원하는 대학에 들어가기를 **desire** 하고 있다.(= want very much)

honor [ánər] → 형 honorable　　　　　　　　　　　　　　명 명

• 노벨상을 받는 것은 개인으로서 커다란 **honor**다.(= glory; credit)

• 우리는 국립묘지를 방문해서 나라를 지키다 전사한 군인들에 대해 **honor** 를 표시했다.(= great respect)

owe [ou]　　　　　　　　　　　　　　　　　　　　　　동 동

• 그들이 일한 댓가로 나는 그들에게 100달러를 **owe** 해야 한다.(= have to pay; be in debt for)

• 그는 자신이 성공한 것을 그녀에게 **owe** 하고 있다.(= feel grateful for)

• 그녀는 목숨을 건진 것에 대해 그 의사에게 **owe** 하고 있다.

dot [dɑt]　　　　　　　　　　　　　　　　　　　　　　　명

• 영어의 알파벳 i와 j에는 문자 위에 **dot** 을 찍어야 한다.(= a very small round mark ; a tiny mark or spot)

훔쳐보기

* numerous	• 수많은, 다수의	* honor	• 영광, 영예
* share	• 나누어주다, 분배하다		• 존경, 경의
	• 함께 사용하다, 공유하다	* owe	• 지불해야 한다, 빚지고 있다
	• 몫, 부분		• 은혜를 입고 있다, 신세를 지다
* desire	• 바라다, 욕구하다	* dot	• 점, 반점

include [inklú:d] → 명 inclusion 〔통〕

• 카탈로그에 나와 있는 가격은 부가가치세를 ***include*** 한 가격이므로 소비자들이 실제로 지불하는 금액이다.(= contain as part of a whole)

slap [slæp] 〔통〕

• 나는 그 남자의 무례한 행동에 화가 나서, 손으로 그의 뺨을 ***slap*** 했다.(= hit or strike with the open hand or with something flat)

pile [pail] → 동 pile 〔명〕

• 지난 신문들을 상자 속에 집어넣기 좋도록 ***pile*** 로 쌓아 놓았다.(= a mass of things heaped together)

spill [spil] 〔통〕

• 그녀는 실수로 우유가 들어 있는 컵을 넘어뜨려서 우유를 바닥에 ***spill*** 했다.(= pour out from something by accident)

echo [ékou] → 동 echo 〔명〕

• 그 산의 꼭대기에서 "야호"라고 고함치면, 잠시 후에 "야호"의 ***echo*** 를 들을 수 있다.(= a sound heard a second time as a result of reflected sound waves)

insist [insíst] → 형 insistent 명 insistence 〔통〕〔통〕

• 어머니는 우리에게 자신의 방은 스스로 깨끗하게 해야 한다고 ***insist*** 했다.(= state strongly; declare firmly)

• 상대편은 우리가 틀렸다고 계속 ***insist*** 했다.(= be firm in holding an opinion)

pour [pɔ:r] 〔통〕

• 나는 커다란 우유 팩에서 우유를 컵에 ***pour*** 했다.(= (cause to) flow continuously)

stupid [stjú:pid] 〔형〕

• 그가 똑같은 실수를 여러 번 반복하는 것을 보니, 그는 ***stupid*** 한 것 같다.(= not smart; dumb; dull)

훔쳐보기

* include	• 포함하다, ~의 부류에 넣다	* insist	• 주장하다, 강조하다
* slap	• 손바닥으로 때리다		• 고집하다, 우기다
* pile	• 더미, 쌓아올린 것	* pour	• 쏟다(쏟아지다),
* spill	• 쏟다, 엎지르다		흘리다(흐르다)
* echo	• 메아리, 울림	* stupid	• 멍청한, 이해가 느린

envy [énvi] → 혱 envious 몡 envy ⟨동⟩

- 그의 친구들은 그의 새로운 장난감을 **envy** 했다.(= feel envy toward or because of)
- 직장에 다니는 친구들은 그의 사업 성공을 **envy** 했다.

jewel [dʒúːəl] ⟨명⟩

- 다이아몬드, 루비, 에메랄드는 아름다운 **jewel** 들이다.(= a precious stone; gem)

proceed [prousíːd] ⟨동⟩

- 그들은 아침 일찍 자동차로 여행을 떠났다. 오후 1시에 바닷가 근처의 식당에서 점심 식사를 한 다음, 여행을 **proceed** 했다.(= continue after stopping for a while)

survive [sərváiv] → 몡 survival ⟨동⟩

- 비행기 사고로 120명이 사망하고, 오직 3명이 **survive** 했다.(= continue to live or exist)

excite [iksáit] → 몡 excitement ⟨동⟩

- 9회 말 2사 후에 터진 극적인 동점 홈런은 홈 관중들을 **excite** 했다.(= cause strong feeling; stir up)

leave [liːv] ⟨동⟩⟨동⟩

- 그 비행기는 10분 후에 방콕을 향해 서울을 **leave** 할 예정이다.(= go away (from))
- 그녀는 커피 포트의 커피를 다 마시지 않고 조금 **leave** 해 두었다.(= allow to remain behind or in some place)

purpose [pə́ːrpəs] ⟨명⟩

- 작가가 이 책을 쓴 **purpose** 는 환경 오염의 심각성을 알리기 위함이다.(= a goal or aim; intention)

thin [θin] ⟨형⟩

- 책의 내용도 쉽고, 책의 두께도 **thin** 하기 때문에 2시간이면 다 읽을 것

훔쳐보기

* envy	• 부러워하다	* leave	• 떠나다
* jewel	• 장신구, 보석		• 남겨두다
* proceed	• 중단 후에 계속하다	* purpose	• 목적, 의도, 동기
* survive	• 살다, 살아남다	* thin	• 두께가 얇은
* excite	• 흥분시키다		

이다.(= small in width or depth from one surface to the opposite surface)

cause [kɔːz]   명 명 동

- 경찰은 화재의 **cause** 가 무엇인지 정확히 알지 못했다.(= a person or thing that brings about a result)
- 애기를 듣고 보니 그가 화를 낼 만한 충분한 **cause** 가 있다고 생각한다.(= a reason for an action)
- 도로 위의 얼음이 자동차 사고를 **cause** 했다.(= make happen; bring about)

fail [feil] → 명 failure   동 동

- 그는 운전면허 주행 시험에서 시간초과로 **fail** 했다.(= not succeed)
- 그가 자동차를 멈추려 할 때 브레이크가 **fail** 해서 사고가 났다.(= stop working; break down)

lock [lɑk] → 명 lock   동

- 그는 외출할 때 외부 사람이 들어오지 못하도록 열쇠로 문을 **lock** 했다.(= fasten with a lock)

receive [risíːv] → 명 reception, receipt   동

- 그는 친구들로부터 생일 선물로 몇 권의 책을 **receive** 했다.(= take something that is offered, given, sent, etc.)

tour [tuər] → 명 tour   동

- 그 부부는 지난 여름에 유럽의 몇 나라를 **tour** 했다.(= go on a tour; travel from place to place)

civil [sívəl]   형 형

- 10년간의 군사독재가 끝난 후, 드디어 **civil** 정부가 탄생되었다.(= of a citizen or citizens)
- 그의 태도가 호감이 가지 않더라도 계약이 이루어지기 위해서는 그에게 **civil** 해야 한다.(= polite; not rude)

훔쳐보기

* cause	• 원인	* lock	• 잠그다
	• 이유	* receive	• 받다, 수령하다
	• 일으키다	* tour	• 여행하다, 관광하다
* fail	• 떨어지다, 불합격하다	* civil	• 일반시민의
	• 고장나다, 작동하지 않다		• 예의바른

fight [fait] 통

- 그들은 침략자에 맞서서 용감히 **fight** 했다.(= struggle with, using force ; battle ; try to overcome)

melt [melt] 통

- 설탕을 물에 넣으면 설탕이 **melt** 된다.(= become liquid by heat ; dissolve)

rent [rent] → 명 rent 통 통

- 우리는 제주도를 여행하는 동안 버스를 이용하지 않고, 그곳에서 자동차 한 대를 **rent** 했다.(= use another's property in return for regular payment)
- 그는 자신이 소유하고 있는 아파트를 젊은 부부에게 2년의 전세 계약으로 **rent** 했다.(= allow the use of one's own property for regular payment)

unite [ju:náit] → 명 unity 통

- 개인으로서는 약하지만, 우리 모두가 **unite** 하면 아무리 강한 적이라도 그들을 물리칠 수 있다.(= join together into one ; join together for a purpose)

excuse [ikskjú:z] 통

- 제 아들이 무례하게 행동한 것에 대해 **excuse** 해 주십시오.(= forgive ; pardon)
- 늦게 온 것을 **excuse** 해 주세요.

lend [lend] 통

- 은행은 개인이나 기업에 돈을 **lend** 해 주고 매달 얼마씩의 이자를 받는 다.(= permit the use of for a limited time)

purse [pə:rs] 명

- 그녀의 **purse** 안에는 5만원의 돈이 들어 있다.(= a small bag for carrying money)

threat [θret] → 통 threaten 명

- 강도들이 말을 듣지 않으면 나를 죽이겠다는 **threat** 을 해서 나는 그들이 시키는 대로 했다.(= a warning of harm)

훔쳐보기

* fight	• 싸우다	* excuse	• 용서하다
* melt	• 녹다, 녹이다, 용해시키다	* lend	• 빌려주다, 대여하다
* rent	• 사용대가를 지불하고 빌리다	* purse	• 지갑
	• 임대하다, 빌려주다	* threat	• 협박
* unite	• 합치다, 결합하다, 단결하다		

certain [sə́ːrtən]
ㆍ형

- 그는 공부를 열심히 했기 때문에 시험에서 좋은 점수를 얻을 것이 **certain** 하다.(= sure; definite; without doubt)

fair [fɛər]
형 명

- 그 심판은 언제나 **fair** 한 판정을 내리기 때문에 모든 선수들로부터 존경을 받는다.(= just and honest)
- 독일의 프랑크푸르트에서 매년 도서 관련 **fair** 가 열린다.(= an event at which goods are shown and sold)

lose [luːz] → 명 loss
동 동

- 그녀는 길에다 지갑을 **lose** 해서 갖고 있는 돈이 하나도 없다. 그는 경찰에 지갑을 **lose** 한 것을 신고했다.(= miss from one's possession; become unable to find)
- 94년 미국 월드컵 때 한국은 독일과 축구게임에서 3-2로 **lose** 해서 예선 탈락했다.(= be defeated; fail to win)

recent [ríːsənt]
형

- 이 사진은 내 딸의 가장 **recent** 한 사진이다. 지난 사진들은 다른 앨범에 들어 있다.(= of a time just before now)

track [træk]
명 명 동

- 사냥꾼들은 눈 위에 남겨진 곰의 **track** 을 보고, 곰이 어디로 갔는지 알 수 있었다.(= a mark left when someone or something has passed)
- 이 **track** 을 따라가면 강에 도달한다.(= a path or rough road)
- 사냥개들은 여우의 뒤를 계속 **track** 했다.(= follow the tracks of)

classic [klǽsik]
형 명

- 올해 4개의 아카데미상을 받은 그 영화는 공상과학 분야에서 **classic** 한 작품으로 손꼽힌다.(= of the highest quality or rank)
- 마크 트웨인의 '허클베리핀의 모험'은 미국 문학의 **classic** 이다.(= a book, music, painting, etc. of the highest excellence)

훔쳐보기

* certain	ㆍ확실한, 틀림없는	* track	ㆍ발자국, 흔적
* fair	ㆍ공정한, 올바른		ㆍ오솔길
	ㆍ전시회, 전람회		ㆍ추적하다, 뒤를 쫓다
* lose	ㆍ잃어버리다	* classic	ㆍ가장 우수한, 최고의
	ㆍ게임에서 지다		ㆍ명작, 걸작
* recent	ㆍ최근의		

final [fáinəl] 형 명

- Z는 알파벳의 **final** 글자다.(= coming at the end; last)
- 오늘은 준결승 경기 두 게임이 열리고, **final** 은 내일 열린다.(= the last contest in a series)

mention [mén∫ən] → 명 mention 통

- 우리가 대화하는 동안 그의 이름이 여러 번 **mentioned** 되었다.(= speak or write about briefly)

repeat [ripí:t] → 명 repetition 통

- 같은 실수를 **repeat** 해서는 안된다.(= say, write or do again)

vacation [veikéi∫ən, və-] 명

- 우리 회사는 1년에 2주의 **vacation** 을 준다. 그 **vacation** 을 잘 이용해야 한다.(= a time period away from work or one's regular activities)

concept [kánsept] 명

- 민주주의의 **concept** 은 개인에 따라 다를 수 있다.(= a general idea)
- '아름다움' 이라는 **concept** 을 정의하기란 쉽지 않다.

frame [freim] → 통 frame 명 명

- 집의 **frame** 이 약해서 지붕을 지탱할 수가 없다.(= a structure that shapes or supports)
- 그는 사진을 플라스틱 **frame** 에 넣어 벽에 걸었다.(= a border placed around something)

modern [mádərn] 형

- 그 곳에는 옛날 건물들이 모두 사라지고 **modern** 한 건물들이 들어섰다.(= of or relating to the present; advanced)

right [rait] 명

- 우리 나라에서는 만 20세가 되어야 투표할 수 있는 **right** 을 얻는다.(= morally just or lawful claim)
- 나는 법적으로 그 돈의 1/2을 가질 **right** 이 있다.

훔쳐보기

* final	• 마지막의	* concept	• 개념, 관념
	• 결승전	* frame	• 토대, 틀, 구조
* mention	• 언급하다		• 틀, 테, 액자
* repeat	• 반복하다, 다시 (말)하다	* modern	• 현대의
* vacation	• 휴가, 방학	* right	• 권리

waste [weist] → 명 waste 동

• 그는 도박에 많은 돈을 **waste** 했다.(= spend uselessly or foolishly; make poor use of)

cost [kɔːst] 명 동

• 모스크바에서 빵 한 조각의 **cost** 는 얼마입니까?(= price; the amount of money, time, work, etc. asked or paid for something)

• 그곳까지 비행기로 여행하는 데 200달러가 **cost** 될 것이다.(= be priced at)

gift [gift] 명 명

• 그녀는 인형과 반지를 생일 **gifts** 로 받았다.(= something given ; a present)

• 모차르트는 어렸을 때부터 음악에 **gift** 가 있었다.(= a special natural ability)

natural [nǽtʃərəl] 형 형 형

• 일반적으로 지진, 홍수 등은 인간에 의한 재난이 아니라 **natural** 한 재난에 속한다.(= produced by nature; not artificial or man-made)

• 그의 음악적 재능은 배운 것이 아니라, **natural** 한 능력이다.(= belonging to a person by nature; not learned)

• 놀란 동물이 궁지에 몰렸을 때 자신을 방어하기 위해 공격하는 것은 **natural** 한 것으로서 전혀 이상한 일이 아니다.(= normal; usual)

scholar [skάlər] 명

• 그녀는 역사 분야의 뛰어난 **scholar** 로서 사람들로부터 존경받고 있다.(= a person of great learning in a particular subject)

dash [dæʃ] 동 동

• 소년은 정거장을 떠나려는 버스를 잡으려고 **dash** 했다.(= run fast)

• 강력한 폭풍우는 많은 배들을 바위에 **dash** 하게 해서 배들이 부서졌다.(= throw or knock something on or against)

훔쳐보기

* waste	• 낭비하다, 헛되이 쓰다		• 타고난, 선천적인
* cost	• 비용, 가격		• 보통의, 당연한
	• 비용이 들다	* scholar	• 학자
* gift	• 선물	* dash	• 빨리 달리다, 돌진하다
	• 재능		• 부딪히게 하다
* natural	• 자연 발생적인, 천연의		

guard [gɑ:rd] → 몡 guard　　　　　　　　　　　　　　　　　　　　　통 통
  • 대통령의 옆에서 건장한 경호원들이 대통령을 ***guard*** 했다.(= watch over;
    protect)
  • 교도소의 간수들은 죄수가 탈출하지 못하도록 죄수를 ***guard*** 하고 있
    다.(= watch over in order to prevent escape)

oblige [əbláidʒ] → 몡 obligation　　　　　　　　　　　　　　　　　　　　통
  • 험악한 날씨는 우리의 여행 계획을 다음으로 미루도록 ***oblige*** 했다.(=
    force to act in a certain way)

sharp [ʃɑ:rp]　　　　　　　　　　　　　　　　　　　　　　　　　　　　　형
  • 그녀는 질긴 고기를 자르기 위해서 ***sharp*** 한 칼을 사용했다.(= having a
    thin or fine cutting edge or point)

develop [divéləp] → 몡 development　　　　　　　　　　　　　　　　　　통
  • 빛과 수분은 식물이 ***develop*** 하는 데 필수적인 요소다.(= grow or cause
    to grow)
  • 수영을 하면 어깨 부분의 근육이 ***develop*** 된다.

horror [hɔ́:rər, hár-] → 형 horrible　　　　　　　　　　　　　　　　　　　몡
  • 아이들은 ***horror*** 영화를 본 후, 무서워서 잠을 제대로 잘 수 없었다.(=
    great fear; terror)

own [oun]　　　　　　　　　　　　　　　　　　　　　　　　　　　　통 통
  • 이 건물에 살고 있는 사람은 그들이지만, 이 건물을 실제로 ***own*** 하고
    있는 사람은 다른 사람이다.(= possess; have for oneself)
  • 사장은 자신이 잘못한 것을 솔직하게 ***own*** 했다.(= admit; confess)

slave [sleiv] → 통 slave　　　　　　　　　　　　　　　　　　　　　　　몡
  • 고대 그리스 사람들은 전쟁에서 승리했을 때, 정복한 나라의 사람들을
    자신들의 시중을 드는 ***slave*** 로 삼았다.(= a person owned by someone else)

훔쳐보기

* guard	• 지키다, 방어하다		발달하다(시키다)
	• 감시하다	* horror	• 공포, 전율, 혐오
* oblige	• ~하게 하다, 강요하다,	* own	• 소유하다
	강제하다		• 인정하다, 고백하다
* sharp	• 날카로운, 예리한	* slave	• 노예
* develop	• 성장하다(시키다)		

doubt [daut] → 혱 doubtful 몡 doubt   통
- 우리는 그 자동차가 그녀의 것인지 ***doubt*** 했다. 왜냐하면 그녀가 돈이 없다는 것을 모두가 알고 있기 때문이다.(= be uncertain about; question)

increase [inkríːs] → 몡 increase   통
- 세계의 인구는 지난 30년간 급속하게 ***increase*** 되었다. 지구는 거의 포화 상태에 이르렀다.(= make or become greater or larger)

pity [píti] → 혱 pitiful   몡 몡
- 우리에 갇혀 있는 동물을 보면 ***pity*** 를 느낀다. 그들을 자유롭게 풀어주고 싶다.(= a feeling of sorrow for another's suffering; sympathy)
- 네가 다른 일 때문에 우리와 함께 파티에 가지 못한다고 하니 ***pity*** 하다.(= a reason sorrow or regret)

spin [spin]   통
- 지구는 24시간을 주기로 일정한 축을 중심으로 하여 스스로 ***spin*** 한다.(= turn around quickly; rotate)

edge [edʒ]   몡 몡
- 칼이 잘 들지 않아서 칼의 ***edge*** 를 날카롭게 갈았다.(= a sharp, thin side of a blade or cutting tool)
- 딱딱한 종이의 ***edge*** 에 손을 베었다.(= the line where something ends or begins; border; boundary)

instance [ínstəns]   몡
- 그것은 그의 나쁜 행동의 한 ***instance*** 일 뿐이다. 다른 나쁜 행동도 많이 있다.(= an example; case; occasion)

practice [prǽktis] → 통 practice   몡 몡
- 그 야구 선수는 수비는 좋지만, 타격이 좋지 않다. 타격 ***practice*** 를 많이 해야 할 것이다.(= doing repeatedly in order to learn or become skilled)
- 저녁 식사를 일찍 하는 것이 우리 집의 ***practice*** 다.(= something done regularly or often; habit or custom)

훔쳐보기

* doubt	• 의심하다	* edge	• 칼, 연장 등의 끝(날)
* increase	• 증가하다, 증가시키다		• 가장자리, 테두리
* pity	• 동정심, 불쌍히 여김	* instance	• 실례, 보기, 경우
	• 애석한 일, 유감	* practice	• 연습
* spin	• 돌다, 회전하다		• 관례, 관행

subject [sʌ́bdʒikt] → 통 subject 형 subject ⬜명 ⬜명

- 시험에 대한 애기는 짜증이 난다. 이야기의 ***subject*** 를 바꿨으면 좋겠다.(= the person or thing discussed, examined, considered, painted, etc.)
- 과학은 내가 가장 좋아하는 ***subject*** 이다.(= a course or field of study)

equal [í:kwəl] → 명 equality ⬜형 ⬜형

- 아이들이 싸우지 않도록 케이크를 ***equal*** 한 크기로 나누었다.(= the same in amount, size, etc)
- 민주주의에서는 모든 국민은 법 앞에 ***equal*** 하다.(= having the same rights, ability, etc)

job [dʒɑb] ⬜명

- 많은 사람들이 실업 상태에 있지만, 형은 운 좋게도 ***job*** 을 가지고 있다.(= a place or kind of work; employment)

produce [prədjú:s] → 명 product, production 형 productive ⬜통

- 우리 회사는 매년 20만 개 이상의 자동차 타이어를 ***produce*** 한다.(= make; manufacture)

talent [tǽlənt] ⬜명

- 그는 그림에 뛰어난 ***talent*** 를 갖고 있다. 그의 그림은 매우 비싼 값에 팔리고 있다.(= a natural skill or ability)

drag [dræg] ⬜통

- 조그만 소년은 무거운 짐을 들지 못하고 ***drag*** 해서 간신히 옮겨다 놓았다.(= pull slowly a heavy thing; pull with difficulty)

index [índeks] ⬜명

- 그 단어가 책의 몇 페이지에 나와 있는가를 알아보려면 책 뒤에 나와 있는 ***index*** 를 찾아보면 된다.(= in a book, a list of topics in alphabetical order with page numbers)

plain [plein] ⬜형 ⬜형

- 너의 말을 이해하기가 어렵다. 좀 더 ***plain*** 한 말로 설명해라.(= clear;

훔쳐보기

* subject	• 주제, 논제	* produce	• 생산하다, 만들다
	• 과목, 학과	* talent	• 재능, 재주
* equal	• 같은, 동일한	* drag	• 끌다, 당기다
	• 평등한, 동등한, 필적하는	* index	• 색인
* job	• 직장, 일자리	* plain	• 명백한, 쉽게 이해되는

easy to understand)

• 상대방의 기분을 상하게 하더라도 때로는 상대방에게 **plain** 한 이야기를 하는 것이 좋다.(= frank; honest)

spot [spɑt]　　　　　　　　　　　　　　　　　　　　　　　　명 명

• 파란색의 **spot** 이 규칙적으로 박혀 있는 하얀 드레스(= a small part that is different, as in color, from the parts around it)

• 이곳이 대화를 하기에는 가장 조용한 **spot** 이다.(= a particular place)

edit [édit] → 명 edition, editor, editorial　　　　　　　　　　　　　동

• 편집자들은 저자의 원고를 알맞게 **edit** 해서 책을 만들었다.(= make written material ready for publication)

intellect [íntəlèkt] → 형 intellectual　　　　　　　　　　　　　　명

• 그의 글은 감성보다는 **intellect** 에 호소하고 있다.(= the ability to understand ideas and to think; understanding)

pray [prei] → 명 prayer　　　　　　　　　　　　　　　　　　　　동

• 옛날에 비가 오지 않을 때는 모두 한자리에 모여 비를 내리게 해달라고 신에게 **pray** 했다.(= make a request to a god; speak to God)

succeed [səksíːd] → 명 success, succession 형 successful, successive 　동 동

• 그는 담배를 끊으려고 수차례 노력한 끝에, 마침내 금연에 **succeed** 했다.(= manage to achieve what you want)

• 알파벳 C는 알파벳 B에 **succeed** 한다.(= come next after; follow)

error [érər]　　　　　　　　　　　　　　　　　　　　　　　　　　명

• 그 사고는 기계 때문에 일어난 것이 아니라 사람의 **error** 에 의해 일어난 것이다.(= something that is incorrect or wrong ; a mistake)

join [dʒɔin]　　　　　　　　　　　　　　　　　　　　　　　　　동 동

• 12개의 퍼즐 조각을 **join** 해서 하나의 그림을 만들었다.(= bring or come together)

• 당신들이 하고 있는 당구 게임에 **join** 해도 되겠습니까?(= go along with;

훔쳐보기

	• 솔직한, 정직한	* pray	• 기도하다
* spot	• 반점, 무늬	* succeed	• 성공하다, 성취하다, 이루다
	• 장소, 지점		• 이어지다, 뒤에 오다
* edit	• 편집하다	* error	• 잘못, 실수
* intellect	• 지성	* join	• 결합하다, 합치다

come into the company of)

promise [prámis] → 동 promise ···························· 명

- 그는 이번 주말에 나와 같이 영화보러 가기로 **promise** 를 했는데 그가 **promise** 를 지키지 않았다.(= a statement that one will or will not do something; a pledge; vow)

accident [ǽksidənt] → 형 accidental ···················· 명

- 그는 길을 건너다가 자동차 **accident** 를 당해서 다리가 부러졌다.(= a happening that causes damage or hurt)

blood [blʌd] → 동 bleed ···································· 명

- 그는 교통 사고로 너무 많은 **blood** 를 흘렸기 때문에 수혈을 해야만 했다.(= red liquid which flows through the body)

tap [tæp] → 명 tap ·· 동

- 그는 그녀에게 도착했다는 것을 알리려고, 그녀 뒤에서 그녀의 어깨를 **tap** 했다.(= strike or hit lightly)

exist [igzíst] → 명 existence ···························· 동 동

- 화성에 생명체가 **exist** 한다고 생각합니까?(= be real; have being)
- 우리는 물 없이 **exist** 할 수 없다.(= live)

lesson [lésn] ··· 명 명

- 그녀는 매일 1시간씩 피아노 **lesson** 을 받고 있다.(= something to be learned; a period of instruction)
- 그는 이번 자동차 사고에서 항상 조심해서 운전해야 한다는 **lesson** 을 얻었다.(= a useful piece of wisdom learned through experience)

puzzle [pʌ́zl] ··· 명 동

- 그녀가 그렇게 멀리 떨어진 곳에서 그곳에 나보다 빨리 도착한 것은 **puzzle** 이다.(= something that is hard to understand or explain)
- 그의 갑작스런 이상한 행동은 우리를 **puzzle** 시켰다.(= confuse; perplex)

훔쳐보기

	• ~을 함께 하다		• 살다, 살아가다
* promise	• 약속	* lesson	• 수업, 수업시간
* accident	• 사고		• 교훈
* blood	• 피	* puzzle	• 수수께끼, 이해가 가지 않는 일
* tap	• 가볍게 치다, 가볍게 두드리다		• 당황하게 하다, 혼란시키다
* exist	• 존재하다, 실재하다		

thrill [θril] → 몡 thrill   동 동

- 서커스단의 환상적인 묘기는 관중들을 **thrill** 했다.(= feel or cause to feel sudden emotion, joy or excitement)
- 그녀는 상을 받게 된 것에 너무 흥분해서 수상 소감을 말할 때 그녀의 목소리는 **thrill** 했다.(= shake; quiver; tremble)

chance [tʃæns] → 동 chance   몡 몡 몡

- 내일 경기에서 강팀과 대결하게 됐는데, 우리 팀이 이길 **chance** 가 있습니까?(= possibility; probability; prospect)
- 제발 저에게 말할 **chance** 를 주십시오.(= an opportunity)
- 많은 카드 놀이에서 실력보다는 **chance** 가 중요한 역할을 한다.(= fortune; luck)

false [fɔːls]   혭 혭

- 네가 나에게 말해줬던, 그녀에 관한 정보는 **false** 하다. 그녀는 오늘 이곳에 오지 않았다.(= not true or correct; wrong)
- 목격자는 법정에서 진실만을 말할 것을 선서했음에도 불구하고 **false** 한 증언을 했다.(= not honest; lying)

loud [laud] → 몡 loudness   혭

- 조용한 도서관에서 그렇게 **loud** 한 목소리로 말하지 말아라.(= strong in sound; not soft or quiet)

regard [rigáːrd] → 몡 regard   동

- 그가 나를 속였지만, 나는 여전히 그를 친구로 **regard** 하고 있다.(= think of; consider)

traffic [tr在fik]   몡

- 퇴근 시간의 이 도로는 **traffic** 이 원활하지 못하다.(= the movement or number of automobiles, people, ships, airplanes, etc. moving along a road or route of travel)

훔쳐보기

* thrill	• 열광시키다, 흥분시키다, 감동시키다	* false	• 잘못된, 정확하지 않은, 틀린 • 거짓의
	• 떨다, 떨리다	* loud	• 큰 소리의, 시끄러운
* chance	• 가능성	* regard	• 생각하다, 간주하다
	• 기회	* traffic	• 교통(량), 통행(량)
	• 우연, 운		

climate [kláimit]   명

- 이곳의 **climate** 은 귤을 재배하기에 적당하다.(= the general weather condition of a certain region)
- 북유럽은 비가 많고 온화한 **climate** 을 갖고 있다.

fine [fain]   형 형 명

- 날씨가 아침엔 흐렸지만, 지금은 **fine** 하다.(= bright and clear)
- 그 모래의 입자는 **fine** 해서 웬만한 여과기를 통과할 수 있다.(= having small particles or grains)
- 교통 신호 위반에 대한 **fine** 은 5만원이다.(= money paid as punishment for breaking a law or rule)

merit [mérit]   명 명

- 그 영화는 흥미는 있지만, 예술적인 **merit** 은 거의 없다.(= a high quality)
- 그 책의 **merit** 은 읽기 쉽다는 것이다.(= an advantage; good quality)

reply [riplái] → 명 reply   동

- 선생님이 그에게 보충 수업을 빠졌느냐는 질문을 했을 때, 그는 "네"라고 **reply** 했다.(= give an answer)

value [vǽlju:] → 형 valuable   명 동

- 나는 이 그림을 10년 전에 30만원에 샀지만, 지금 이 그림의 **value** 는 500만원이 훨씬 넘을 것이다.(= the worth of a thing in money)
- 감정평가사는 그 물건을 100만원으로 **value** 했다.(= estimate the value of)

connect [kənékt] → 명 connection   동

- 섬과 육지를 **connect** 하는 다리(= join together ; put together; unite)

frequent [frí:kwənt] → 부 frequently   동 형

- 이곳은 나와 내 친구들이 **frequent** 하는 술집이다. 이 술집의 사장님과도 매우 친하다.(= visit often)

훔쳐보기

* climate	• 기후	* reply	• 대답하다, 응답하다
* fine	• 맑은, 쾌청한	* value	• 금전적 가치, 값, 가격
	• 미세한		• 가격, 가치를 평가하다
	• 벌금, 과료	* connect	• 연결하다
* merit	• 가치	* frequent	• 자주 가다
	• 장점		• 빈번한, 흔한

• 이 급커브 길은 자동차 사고가 ***frequent*** 한 곳이다.(= happening often or time after time)

moist [mɔist] → 명 moisture 〔형〕
• 그곳은 마른 수건으로 잘 닦아지지 않는다. ***moist*** 한 수건으로 닦아야 한다.(= slightly wet; damp)

roar [rɔ:r] → 명 roar 〔동〕
• 성난 사자가 ***roar*** 하는 소리를 들었을 때, 나는 공포감을 느꼈다.(= make a loud, deep cry or sound)

wave [weiv] 〔동〕〔명〕
• 대통령이 자동차를 타고 거리를 지나갈 때, 사람들은 깃발을 ***wave*** 했다.(= move back and forth or up and down; flutter)
• 바다의 거센 ***wave*** 가 해안을 강타했다.(= a raised line of water moving on the surface of water(the sea))

courage [kə́:ridʒ] → 형 courageous 〔명〕
• 소년이 물에 빠진 그의 동생을 구하려고 깊은 물에 들어가기 위해서는 상당한 ***courage*** 가 필요했다.(= bravery; the ability face danger or difficulties without fear)

glare [glɛər] → 동 glare 〔명〕
• 그는 태양의 ***glare*** 때문에 운전을 하기가 어려웠다.(= strong, blinding, reflected light)

neat [ni:t] 〔형〕
• 그는 항상 자기 방을 ***neat*** 한 상태로 유지하기 때문에 부모님에게 칭찬을 받는다.(= clean and in good order)

search [sə:rtʃ] → 명 search 〔동〕
• 그녀는 잃어버린 반지를 찾기 위해 방 안을 ***search*** 했다.(= examine carefully because you are looking for something)

훔쳐보기

* moist	• 축축한, 습기 있는	* courage	• 용기, 대담
* roar	• 으르렁거리다, 요란한 소리를 내다	* glare	• 눈부심, 섬광
* wave	• 흔들다, 흔들리다	* neat	• 정돈된, 단정한
	• 파도	* search	• 조사하다, 탐색하다

deaf [def] → 명 deafness   형

- 그는 말을 할 수 있지만 **deaf** 하기 때문에 수화(sign language)를 통하여 의사 소통을 하고 있다.(= unable to hear; unable to hear well)

guess [ges] → 명 guess   동 동

- 내가 산 옷의 가격이 얼마인지 **guess** 해봐라.(= give an answer or opinion something about without many facts)
- 그는 나의 나이를 정확히 **guess** 해서 나를 놀라게 했다.(= give the correct answer when you are not sure about it)

occur [əkə́:r] → 명 occurrence   동 동

- 그 폭력 사건은 어제 밤 11시경에 **occur** 했다.(= happen; take place)
- 방금 나에게 좋은 생각이 **occur to** 했다.(= come to one's mind)

shave [ʃeiv]   동

- 나는 길게 자라서 지저분해 보이는 턱수염을 **shave** 했다.(= cut off hair with a razor)

aware [əwέər] → 명 awareness   형

- 그는 빙판길의 위험을 **aware** (**of**) 하고 있기 때문에 조심해서 운전했다.(= conscious; understanding; knowing)
- 너는 우리가 처해 있는 위험을 **aware** (**of**) 해야만 한다.

device [diváis] → 동 devise   명

- 그 병원에서는 뇌파를 측정하고 기록할 수 있는 **device** 를 새로 구입했다.(= a tool or machine designed fro a special purpose)

huge [hju:dʒ, ju:dʒ]   형

- 공룡은 몸집이 **huge** 한 동물이다.(= very big; enormous)

pain [pein] → 형 painful 명 pains   명

- 맨발로 걷다가 유리 조각을 밟는 순간, 심한 **pain** 을 느꼈다.(= physical suffering caused by injury or sickness; mental suffering)

훔쳐보기

* deaf	• 들을 수 없는, 잘 들리지 않는	* shave	• 깎다, 면도하다
* guess	• 판단을 내리다, 의견을 말하다	* aware	• 알고 있는, 깨닫는
	• 추측으로 맞추다	* device	• 장치, 기기
* occur	• 발생하다, 일어나다	* huge	• 거대한
	• 머리에 떠오르다, 생각나다	* pain	• 고통, 아픔, 통증

slip [slip] → 명 slip　　　　　　　　　　　　　　　　　　　　　　　통

- 할머니는 빙판 위에서 **slip** 하는 바람에 다리를 다쳤다.(= slide and fall; slide)

atom [ǽtəm] → 형 atomic　　　　　　　　　　　　　　　　　　　　　명

- **atom** 은 양성자와 중성자, 그리고 전자로 구성되어 있다.(= the smallest unit of an element that has all the properties of that element)

bear [bɛər]　　　　　　　　　　　　　　　　　　　　　　　　　통 통

- 나는 고통을 더이상 **bear** 할 수 없어서 소리를 질렀다.(= endure; put up with)
- 그녀는 이제까지 두 명의 아이를 **has borne** 했다.(= give birth to)

훔 쳐 보 기

* slip	• 미끄러져 넘어지다	* bear	• 참다, 견디다
* atom	• 원자		• 낳다, 출산하다

2단계

핵심 단어

수능시험에 자주 나오는 단어들로서 문제풀이에 핵심적인 역할을 하는 단어들이다.

dim [dim] → 통 dim　　　　　　　　　　　　　　　　　　　　　　　형
- 불빛이 너무 **dim** 해서 책을 읽기가 어렵다. 전구를 바꿔야 할 것 같다.(= not bright; not clear)

escape [iskéip]　　　　　　　　　　　　　　　　　　　　　　　명 통
- 교도소의 경비가 삼엄하기 때문에 죄수들이 그 교도소를 **escape** 하는 것은 매우 어렵다. 지금까지 **escape** 에 성공한 사람은 아무도 없었다.(= act or fact of escape)
- 그들은 불타는 건물에서 무사히 밖으로 **escape** 했다.(= keep from getting hurt or killed)

prevent [privént] → 명 prevention　　　　　　　　　　　　　　통 통
- 아침의 안개는 운전자들의 시야를 **prevent** 했다.(= stop someone from doing something; hinder)
- 많은 사람들은 마늘이 암을 **prevent** 하는 데 효과가 있다고 믿고 있다.(= stop from happening; avoid)

discover [diskʌ́vər] → 명 discovery　　　　　　　　　　　　　　통
- 컬럼버스는 1492년에 아메리카 대륙을 **discover** 했다.(= find or learn something for the first time)

accord [əkɔ́:rd] → 명 accordance, accord　　　　　　　　　　　통
- 다른 문제에 대해서는 서로 견해가 달랐으나, 이 문제에 있어서는 양측이 완전히 **accord** 했다.(= be in agreement)

transfer [trænsfə́:r] → 명 transfer　　　　　　　　　　　　　　통
- 집에서 회사에 가려면 지하철을 타고 가다가 버스로 **transfer** 해야 한다.(= move or be moved from one place, vehicle, job, etc. to another)

absorb [əbsɔ́:rb, -zɔ́:rb] → 명 absorption　　　　　　　　　　통 속
- 스펀지는 물을 **absorb** 한다.(= soak up; take in)
- 자동차의 범퍼는 충격의 일부를 **absorb** 하도록 설계되어 있다.
- 그는 독서에 **be absorbed in** 해서, 친구가 부르는 소리를 듣지 못했

훔 쳐 보 기

* dim	• 침침한, 흐린	* discover	• 발견하다, 처벌하다
* escape	• 탈출, 도망	* accord	• 일치하다
	• 피하다, 빠져나오다	* transfer	• 옮기다, 갈아타다
* prevent	• 막다, 방해하다	* absorb	• 흡수하다
	• 예방하다		• be absorbed in 몰두하다

다.(= give all one's attention to)

exclude [iksklú:d] → 휑 exclusive 똉 exclusion   똉
- 그들은 그가 모임에 계속 불참하자 그를 모임에서 **exclude** 했다.(= kee
  out; shut out; prohibit)

profit [práfit] → 똉 profit 휑 profitable   똉
- 그는 사업에 100만 달러를 투자해서 120만 달러를 벌어들였으므로
  profit 은 20만 달러다.(= the money gained from a business activity)

recognize [rékəgnàiz] → 똉 recognition   똉 똉
- 나는 그 사진을 보고 사진에 있는 사람이 제인이라는 것을 **recogniz**
  했다.(= know or realize from past experience)
- 그는 자신이 게임에 졌다는 것을 솔직하게 **recognize** 했다.(= admit a
  true; accept)

achieve [ətʃí:v] → 똉 achievement   똉
- 그는 목표를 **achieve** 하기 위해 수단과 방법을 가리지 않았다.(=
  accomplish; complete successfully; get with great work or effort)

choice [tʃɔis] → 똉 choose   똉
- 그곳에 가는 것은 너의 **choice** 에 달렸다. 어느 누구도 너에게 강요하지
  않을 것이다.(= the act of choosing; the right to choose)

congratulate [kəngrǽtʃəlèit] → 똉 congratulation   똉
- 가족과 친구들은 그의 결혼을 **congratulate** 했다.(= express pleasure on
  person's success or good fortune)
- 우리는 그가 시험에 합격한 것을 **congratulate** 했다.

explode [iksplóud] → 똉 explosion   똉
- 오늘 오후에 시내의 한 건물에서 폭탄이 **explode** 해서 3명이 사망했
  다.(= (cause to) burst with a loud noise; blow up)

훔쳐보기

* exclude	· 제외하다	* achieve	· 성취하다, 달성하다, 얻다
* profit	· 이익, 이윤	* choice	· 선택, 선택권
* recognize	· 전에 본 적이 있기 때문에 알	* congratulate	· 축하하다
	아보다, 식별하다	* explode	· 폭발시키다, 폭발하다
	· 인정하다		

refuse [rifjúːz] → 몡 refusal   동

• 그는 그녀에게 데이트 신청을 했지만, 그녀는 바쁘다는 이유로 그것을 **refuse** 했다.(= decline to accept, give or do something)

crisis [kráisis]   몡

• 의사는 환자가 **crisis** 를 무사히 넘겼기 때문에 괜찮을 것이라고 말했다.(= the turning point in a disease that shows whether the patient will get well or die)

adhere [ædhíər] → 몡 adherence   동 동

• 부러진 뼈가 잘 **adhered** 되기 위해서 얼마 동안은 치료를 계속 받아야 할 것이다.(= hold, stick to a surface)

• 가족들은 그가 산에 올라가는 것을 말렸지만, 그는 그 산에 올라가겠다는 처음의 계획을 끝까지 **adhere to** 했다.(= remain devoted)

cling [kliŋ]   동

• 진흙이 신발에 **cling** 해서 잘 떨어지지 않았다.(= hold tightly; stick; adhere)

remove [rimúːv] → 몡 removal   동 동

• 우리 나라에서는 방안에 들어갈 때 신발을 **remove** 하는 것이 관례다.(= take away or off; move to another place)

• 그녀는 물과 비누로 바닥에 묻은 얼룩들을 **remove** 했다.(= get rid of)

collide [kəláid] → 몡 collision   동

• 버스가 마주 오는 트럭과 **collide with** 해서, 많은 승객이 다쳤다.(= hit against something with force)

punish [pʌ́niʃ] → 몡 punishment   동

• 손들고 벽을 보고 서 있게 하는 것이 그녀가 숙제를 하지 않은 학생을 **punish** 하는 방법이다.(= cause to suffer for a fault or crime)

arrange [əréindʒ] → 몡 arrangement   동

• 그는 책상에 어지럽게 널려 있는 책과 서류들을 **arrange** 했다.(= put in

훔쳐보기

* refuse	• 거절하다, 거부하다	* remove	• 벗다, 다른 곳으로 옮기다
* crisis	• 위기, 고비		• 제거하다, 없애다
* adhere	• 부착하다, 붙이다	* collide	• 충돌하다
	• 고수하다, 고집하다	* punish	• 벌주다, 처벌하다
* cling	• 달라붙다, 꼭 붙들다	* arrange	• 정돈하다, 배열하다

order ; organize)

critical [krítikəl] → 통 criticize 명 criticism   형 형

- 그는 지금까지 정부를 옹호하기보다는 정부에 대해서 ***critical*** 한 입장을 보여왔다.(= tending to find faults)
- 그 환자의 상태가 매우 ***critical*** 하다. 사망할지도 모른다.(= very serious or dangerous)

define [difáin] → 명 definition 형 definite   통

- 사전에서는 '슬로건(slogan)' 이라는 단어를 '대중으로 하여금 어떤 일정한 행동을 일으키게 하는 것을 목적으로 한 선전표어' 라고 ***define*** 하고 있다.(= give the meaning of ; explain)

persuade [pəːrswéid] → 명 persuasion 형 persuasive   통

- 그는 모임에 참석하지 않는다고 고집을 부렸지만, 친구들이 그를 ***persuade*** 해서 그를 모임에 가게 했다.(= cause to do or believe something ; convince)

duty [djúːti] → 형 dutiful   명

- 투표는 시민의 중요한 권리이자 동시에 ***duty*** 이다.(= something that a person should do)
- 집배원의 ***duty*** 는 우편물을 수신자에게 배달하는 것이다.

employ [emplɔ́i] → 명 employee, employer, employment   통

- 사장은 잡지의 구인 광고를 통해 웨이터 2명을 ***employ*** 했다.(= hire ; engage)

faint [feint]   형 통

- 옛 무덤의 묘비에 쓰여 있는 글은 너무 ***faint*** 해서 잘 보이지 않았다.(= unclear ; weak ; dim)
- 그녀는 병원으로부터 남편이 사고를 당했다는 전화를 받고 충격을 받아서 그대로 ***faint*** 해 버렸다.(= lose consciousness)

훔쳐보기

* critical	• 비판적인, 흠잡는	* duty	• 의무, 임무
	• 위급한	* employ	• 고용하다, 채용하다
* define	• 정의하다, 설명하다	* faint	• 희미한, 약한
* persuade	• 설득하다, 설득하여		• 기절하다
	~하게 하다		

guilt [gilt] → 혱 guilty   명

• 피고인이 범인이라는 명백한 증거들이 있었기 때문에 배심원들은 피고가 **guilt** 라고 결정했다.(= the fact of having done wrong)

isolate [áisəlèit, ísə-] → 명 isolation   통

• 의사는 전염병이 퍼지는 것을 막기 위해서 전염병 환자들을 사람들로부터 **isolate** 시켰다.(= set apart; separate)

maintain [meintéin, mən-] → 명 maintenance   통 통

• 그는 아이들을 위해서 이혼한 아내와 좋은 관계를 **maintain** 하고 있다.(= continue; preserve; keep something going)

• 피고는 아직도 자신이 결백하다고 **maintain** 했다.(= declare; assert)

bald [bɔːld]   혱

• 그는 30대에 머리카락이 하나씩 빠지기 시작하더니 40대에 **bald** 한 상태가 되었다.(= lacking hair on the head)

moderate [mádərət]   혱 통

• 의사는 **moderate** 한 양의 커피는 몸에 나쁘지 않다고 말했다.(= of medium amount, extent, or quality)

• 사나운 날씨가 **moderate** 되었기 때문에 헬리콥터를 이용해 산에 고립된 사람들의 구조를 계속했다.(= make or become less strong)

nervous [nə́ːrvəs]   혱 혱

• 그 아이는 주사 맞는 것을 **nervous** 해서 병원에 가지 않으려고 한다.(= anxious; fearful)

• 너무 **nervous** 할 필요 없다. 단지 면접일 뿐이다.(= easily excited or upset; tense)

offend [əfénd] → 명 offense 혱 offensive   통 통

• 그의 무례한 발언은 초대한 손님들을 **offend** 해서 손님들이 모두 가버렸다.(= hurt the feelings of; make angry; insult)

• 그는 제한 속도를 초과해서 운전함으로써 교통 법규를 **offend** 했다.(= do wrong; commit a crime or sin)

훔쳐보기

* guilt	• 유죄, 범죄	* moderate	• 적당한
* isolate	• 분리시키다, 격리시키다		• 완화하다, 누그러지다
* maintain	• 유지하다, 계속하다	* nervous	• 두려워하는, 걱정하는
	• 주장하다		• 긴장하는, 흥분된
* bald	• 대머리의	* offend	• 화나게 하다,

reserve [rizə́:rv] → 몡 reserve, reservation   통 통

- 그는 다음 주 월요일 오전 10시에 떠나는 파리행 비행기의 좌석을 전화로 **reserve** 했다.(= book a seat, table, room, etc.)
- 나는 비상 사태를 대비해서 집에 얼마의 돈을 **reserve** 해 놓고 있다.(= keep for a special purpose or for later use)

blend [blend]   통

- 요리 책에 나와 있는 대로 우유, 버터를 밀가루와 **blend** 했다.(= mix together)

overcome [òuvərkʌ́m]   통

- 초기의 황무지 개척자들은 많은 어려움을 **overcome** 하고 그곳에 정착했다.(= get the better of; defeat; conquer)

murder [mə́:rdər] → 몡 murderous   통

- 잔인한 범인들은 증거를 없애기 위해 목격자를 **murder** 했다.(= kill unlawfully and deliberately)

permit [pərmít] → 몡 permission   통

- 사무실에서 흡연은 **permit** 되지 않는다.(= allow; let)
- 그 모임의 회원만이 그 곳에서 주차가 **permit** 되고 있다.

random [rǽndəm]   혱

- 참석자 100명 중에서 **random** 하게 선택된 5명에게 선물을 주었다.(= chosen by chance)

shield [ʃi:ld] → 통 shield   몡

- 오존층은 태양의 자외선을 막아 주는 **shield** 역할을 한다.(= anything used as a defense or protection)

announce [ənáuns] → 몡 announcement   통

- 게임이 끝난 후에 사회자가 게임의 우승자를 **announce** 했다.(= tell the public about)

훔쳐보기

	기분을 상하게 하다	* murder	• 살해하다
	• 법(관습)을 어기다	* permit	• 허락하다, 허용하다
* reserve	• 예약하다	* random	• 임의의, 무작위의
	• 남겨 놓다, 보관하다	* shield	• 보호물, 방어물
* blend	• 섞다	* announce	• 발표하다, 공표하다
* overcome	• 이기다, 물리치다, 극복하다		

skip [skip]　　　　　　　　　　　　　　　　　　　　통
- 그녀는 책의 재미 없는 중간 부분을 **skip** 하고 그 다음부터 다시 읽기 시작했다.(= pass over; omit)

theory [θíəri]　　　　　　　　　　　　　　　　　　명
- 다윈의 진화에 관한 **theory** 는 적자생존의 원리에 근거한 것이다.(= an explanation of how or why something happens)
- 그의 **theory** 만 보면 완벽한 것 같지만, 그것을 실제로 적용하는 것은 쉽지 않다.

vacant [véikənt] → 명 vacancy　　　　　　　　　　형
- 영화관의 뒤쪽을 자세히 살펴보니 좌석 두 개가 **vacant** 해서 우리는 그 자리에 앉았다.(= not occupied; not being used; empty)

witness [wítnis] → 통 witness　　　　　　　　　　명
- 그는 그 교통 사고의 유일한 **witness** 이기 때문에, 그를 증인으로 채택해야 할 것이다.(= one who personally sees or knows about something happens or has happened)

abide [əbáid]　　　　　　　　　　　　　　　　　　통 통
- 그는 시끄러운 소음을 **abide** 할 수 없었다.(= endure; bear)
- 나는 더운 날씨를 **abide** 할 수 없어서 강물 속으로 뛰어들었다.
- 스포츠 선수들은 경기의 규칙을 **abide by** 해야 한다.(= obey)

gaze [geiz]　　　　　　　　　　　　　　　　　　　통
- 그는 멍한 표정으로 창문 밖을 **gaze** 하고 있었다.(= look long and steadily; stare)

orphan [ɔ́:rfən] → 통 orphan　　　　　　　　　　　명
- 많은 아이들이 전쟁에서 부모를 잃음으로써 **orphan** 이 되었다.(= a child whose parents are dead)

shame [ʃeim]　　　　　　　　　　　　　　　　　　명
- 그는 어머니에게 거짓말을 한 것에 대해 **shame** 을 느꼈다.(= a painful

훔쳐보기

* skip	• 건너뛰다	• 지키다, 준수하다
* theory	• 가설, 학설, 이론	* gaze • 주시하다, 바라보다
* vacant	• 비어 있는, 사용되지 않는	* orphan • 고아
* witness	• 목격자	* shame • 부끄러움, 죄책감, 수치심
* abide	• 참다, 견디다	

feeling that one has done something wrong or foolish)

afford [əfɔ́ːrd] 동 동

- 1년 동안 꾸준히 저축했기 때문에 TV를 살 **afford** 가 있었다.(= be able to pay for)
- 오두막은 우리에게 비를 피할 수 있는 장소를 **afford** 했다.(= give ; provide)

credit [krédit] 명

- 네가 과거에 거짓말 한 것을 그들이 알고 있는데, 그들이 어떻게 네가 한 말에 **credit** 을 가질 수 있겠는가?(= belief that something is true ; trust)

grade [greid] → 동 grade 명 명

- 대위는 중위보다 1 **grade** 높다.(= a degree or position in a scale of rank or quality)
- 나는 과학 과목에서는 언제나 좋은 **grade** 를 얻고 있다.(= a mark or score on a test or in a school course)

penalty [pénəlti] → 동 penalize 명

- 길거리에 침을 뱉으면 10달러의 **penalty** 를 내야 한다.(= punishment for a crime or offense)

soak [souk] 동

- 그녀는 옷을 빨기 전에 옷을 물에다 **soak** 했다.(= make or become completely wet by staying in a liquid)

approve [əprúːv] → 명 approval 동

- 사장이 사업계획안을 **approve** 하면 곧바로 진행될 것이다.(= give one's consent to)

debate [dibéit] → 명 debate 동

- 우리는 국산 와인과 프랑스산 와인의 장단점에 관해 밤늦게까지 **debate** 했다.(= present or discuss reasons for and against)

훔 쳐 보 기

* afford	• ~할 돈(여유)이 있다	* penalty	• 벌로 받는 것, 벌금, 징역 등
	• 주다, 제공하다	* soak	• 담그다, 적시다
* credit	• 신뢰, 신용	* approve	• 승인하다, 동의하다
* grade	• 단계, 등급, 계급	* debate	• 논쟁하다
	• 성적, 학점		

horizon [həráizən] → 휑 horizontal   명

- 태양이 서해 바다의 ***horizon*** 아래로 사라지고 있다.(= the line along which the earth and sky appear to meet)

spray [sprei] → 명 spray   동

- 그 아이는 호스로 친구들에게 물을 ***spray*** 하며 놀고 있다.(= be sent out in very small drops with force)

available [əvéiləbəl]   휑 휑

- 이 책은 대형 서점에 가면 ***available*** 할 수 있다.(= obtainable; able to be used)
- 지금 당장 이 일을 할 사람이 필요하다. 바쁜 사람들은 제외하고 너희들 중에 누가 ***available*** 한가?(= free; not busy)

deprive [dipráiv]   동

- 독재자는 국민들로부터 자유를 ***deprive*** 했다.(= take away from; keep from having or enjoying)

individual [ìndəvídʒuəl] → 명 individual   휑

- 누구나 각자의 ***individual*** 한 서명(사인) 양식을 갖고 있기 때문에 같은 이름이라도 사인은 다르게 표현된다.(= different from others; separate)

preface [préfis]   명

- 책의 저자가 어떤 생각을 갖고 글을 썼는지 알기 위해서는 책의 ***preface*** 를 읽어 보면 알 수 있다.(= an introduction to a book or speech)

strict [strikt]   휑

- 그는 자녀들에게 매우 ***strict*** 해서, 자녀들이 밤늦게 들어오거나 규칙을 어기는 것을 용납하지 않는다.(= not allowing people to break rules or behave badly)

bitter [bítər] → 튀 bitterly   휑 휑

- 지금 먹고 있는 약은 매우 ***bitter*** 해서 약을 먹은 후에는 사탕을 먹어야 한다.(= having a sharp, unpleasant taste)

훔쳐보기

* horizon	• 지평선, 수평선	* individual	• 개개의, 독특한, 독자적인
* spray	• 액체를 뿜어서 뿌리다	* preface	• 머리말, 서문, 서론
* available	• 얻을 수 있는, 이용할 수 있는	* strict	• 엄격한, 엄한
	• 바쁘지 않은, 시간이 있는	* bitter	• 맛이 쓴
* deprive	• 빼앗다, 박탈하다		• 매서운, 혹독한

- 30년만에 찾아온 ***bitter*** 한 추위다. 옷을 두껍게 입어라.(= sharp or stinging ; causing pain)

digest [didʒést, dai-] → 圐 digestion, digest　　　　　　　　　　　圐

- 고기는 야채 종류보다 위(胃)에서 느리게 ***digest*** 된다.(= change food in the stomach into a form that the body can use)
- 음식물을 잘 씹어서 삼켜야 위(胃)에서 잘 ***digest*** 된다.

invest [invést] → 圐 investment　　　　　　　　　　　　　　　　圐

- 그는 주식에 많은 돈을 ***invest*** 했으나 좋은 결과를 얻지 못했다.(= put money to use in order to make a profit)

prosper [práspər] → 圐 prosperous　　　　　　　　　　　　　　　圐

- 사업이 잘 안되서 사업장의 위치를 그 쪽으로 옮겼더니, 그때부터 그의 사업은 ***prosper*** 하기 시작했다.(= be successful ; thrive)

suspect [səspékt] → 圐 suspicion 圐 suspicious　　　　　　　　　圐

- 평소에 구두쇠인 그가 그녀에게 이자 없이 돈을 빌려 주었을 때, 나는 그의 의도를 ***suspect*** 했다.(= have doubts about ; distrust)

bore [bɔːr]　　　　　　　　　　　　　　　　　　　　　　　　圐 圐

- 산을 ***bore*** 해서 터널을 만들었다.(= make a hole by drilling or digging)
- 영화가 너무 ***bore*** 해서 보다가 잠이 들었다.(= make tired by being dull or uninterested)

economic [íːkənámik, èk-] → 圐 economy　　　　　　　　　　　圐

- 1990년대 이전의 남아프리카 공화국에서는 정치적 권력과 ***economic*** 권력은 소수의 백인들에게 있었다.(= of or concerned with the economy)

lean [liːn]　　　　　　　　　　　　　　　　　　　　　　　　圐 圐

- TV광고에서 한 남자가 벽에 ***lean*** 해서 담배를 피고 있다.(= rest on or against something)
- 일반적으로 투포환, 투원반 선수들과 비교해 볼 때 리듬체조 선수들은 ***lean*** 하다.(= thin)

훔쳐보기

* digest	• 소화하다, 소화시키다		• 지루하게 하다
* invest	• 투자하다, 돈을 쓰다	* economic	• 경제의, 경제에 관한
* prosper	• 번창하다, 성공하다	* lean	• 기대다
* suspect	• 의심하다		• 야윈, 날씬한
* bore	• 구멍을 뚫다		

raw [rɔ:] 형 형

- 나는 야채를 익혀서 먹는 것 보다 **raw** 하게 먹는 것을 좋아한다.(= natural; not cooked)
- 원유, 나무펄프와 같은 **raw** 한 물질로부터 플라스틱, 종이 등을 만든 다.(= not yet treated or processed; in the natural state)

temperate [témpərit] 형

- 이 지역은 **temperate** 한 기후를 갖고 있어서 사람들이 생활하기에 적당 하다.(= neither too hot nor too cold)

careless [kɛ́ərlis] → 명 carelessness, care 형

- 자신의 주민등록증을 잃어버리다니 그는 **careless** 한 사람이다.(= inattentive; not taking care)

essential [isénʃəl] → 명 essence 형

- 산소는 모든 생물이 살아 가는 데 **essential** 한 것이다.(= absolutely necessary ; vital)

magazine [mægəzí:n] 명

- 그녀는 매월 발행되는 여성 관련 **magazine** 을 구독하고 있다.(= a small weekly, or monthly, publication that includes news articles, stories, essays, pictures, etc)

region [rí:dʒən] 명

- 제주도, 전라남도, 경상남도는 대한민국의 남부 **region** 에 속한다.(= a large area or part of the earth)

tide [taid] 명 명

- 지구와 달의 인력으로 인하여 바다의 표면이 12시간 간격으로, 주기적으 로 오르내리는 현상을 **tide** 라고 한다.(= the regular change in the level of the sea)
- 세찬 **tide** 에서 수영하는 것은 위험하다.(= any such current movement of water)

훔 쳐 보 기

* raw	• 날것의, 요리되지 않은	* magazine	• 잡지
	• 가공하지 않은	* region	• 지역, 부분
* temperate	• 온대의, 온화한	* tide	• 조석
* careless	• 조심성 없는, 부주의한		• 물의 흐름, 조류
* essential	• 필수적인, 절대 필요한		

cheer [tʃiər] → 형 cheerful   통 통

- 관중들은 그들의 팀이 골을 넣었을 때, 모두 **cheer** 했다.(= shout with delight, admiration or support)
- 그가 다쳐서 병원에 입원했을 때, 가족과 친구들이 그를 방문함으로써 그를 **cheer up** 했다.(= make or become happier or more cheerful)

faith [feiθ] → 형 faithful   명

- 가족들은 그 의사에게 **faith** 를 갖고 있기 때문에 수술이 잘 될 것이라고 확신하고 있다.(= belief or trust even without proof)

minister [mínistər]   명 명

- 지난 일요일에 우리 교회의 **minister** 는 친절에 대해 설교했다.(= a person who is the spiritual head of a church)
- 대통령은 국무총리와 각 부의 **minister** 를 새로 임명했다.(= a high ranking official who heads a department of government)

resemble [rizémbəl] → 명 resemblance   통

- 그는 아버지의 외모를 **resemble** 했지만, 성격은 아버지와 다르다.(= look like; be like)

trend [trend]   명

- 최근 석유 가격의 **trend** 를 살펴보면 가격이 꾸준히 오르고 있는 것을 알 수 있다.(= a general tendency or direction)

compact [kəmpǽkt, kámpækt]   형 형

- 요즘 카메라는 가볍고 **compact** 한 것들이 많아서 휴대하기가 쉽다.(= small compared with others, taking up little space)
- 이곳에는 나무들이 **compact** 하게 들어 차 있다.(= closely packed together)

finance [finǽns, fáinæns] → 형 financial 통 finance   명

- 근로자들의 월급을 제대로 주지 못한다는 것은 그 회사의 **finance** 가 좋지 않다는 것을 의미한다.(= the control of money)

홈 쳐 보 기

* cheer	• 환호하다	* resemble	• 닮다, 유사하다
	• 유쾌하게 하다	* trend	• 추세, 경향, 동향
	기운나게 하다	* compact	• 소형의
* faith	• 신뢰, 믿음		• 밀집해 있는, 빽빽한
* minister	• 목사, 성직자	* finance	• 재정, 재무
	• 장관		

mystery [místəri] → 형 mysterious   명
- 승객 200여명을 태운 비행기가 그 지점에서 갑자기 사라진 것은 아직도 **mystery** 로 남아 있다.(= something that is not or cannot be explained or understood)

risk [risk] → 형 risky   명
- 화학 공장에서는 화재가 발생할 **risk** 가 있기 때문에 항상 조심해야 한다.(= the possibility of loss, damage, injury, fail; danger)

valuable [vǽljuːəbəl, -ljəbəl] → 명 value 동 value   형
- 외국의 유명 상표가 붙은 옷들은 **valuable** 해서 서민이 사기에는 부담스럽다.(= worth a lot of money)

conform [kənfɔ́ːrm] → 명 conformity   동
- 이 모임의 정회원이 되려면 모임의 규칙에 **conform** 해야 한다.(= obey)

formal [fɔ́ːrməl]   형
- 결혼식장에는 손님들이 대개 **formal** 한 옷을 입고 참석한다.(= according to the usual rules or customs)

object [ábdʒikt] → 명 objection   명 명 동
- 볼 수 있거나 만질 수 있는 물체를 **object** 라고 한다.(= a thing that can be seen or touched)
- 이 운동의 **object** 는 팔의 근육을 단련시키는 것이다.(= purpose; aim)
- 정부가 그 지역 근처를 쓰레기 매립지로 선정하려는 계획을 발표하자, 그 지역의 주민들은 정부의 계획에 **object to** 했다.(= be against; dislike or disapprove of something)

secretary [sékrətèri / -tri]   명 명
- 사장은 전화, 팩스, 문서 작업 등의 업무를 담당하며 자신을 도와줄 **secretary** 를 채용했다.(= a person employed to write letters, answer telephones, and manage other details of office business)
- 대통령은 노동부, 국방부, 재무부의 **secretary** 를 임명했다.(= the head of

훔쳐보기			
* mystery	• 이해, 설명이 되지 않는 것	* object	• 물체
* risk	• 위험		• 목표, 목적
* valuable	• 값비싼		• 반대하다, 싫어하다, 찬성하지 않다
* conform	• 따르다, 순응하다		
* formal	• 격식을 차린, 공식적인, 관례적인	* secretary	• 비서
			• 장관

a government department)

weapon [wépən] 명

- 군인들은 총을 비롯한 각종 **weapon** 을 깨끗이 닦았다.(= a tool used to harm or kill)

abrupt [əbrʌ́pt] 형

- 기차가 **abrupt**하게 멈추는 바람에 승객들이 앞으로 넘어졌다.(= sudden and unexpected)

contract [kántrækt] 명 동

- 우리는 매주 100개의 부품을 납품하기로 그 회사와 **contract** 을 맺었다.(= an (written) agreement that the law can enforce)
- 우리는 한 소년과 매주 우리 집의 잔디를 깎기로 **contract** 했다.(= agree by contract)

gem [dʒem] 명

- 왕관에 박혀 있는 **gem** 들이 반짝거렸다.(= a jewel; precious stone)

outcome [áutkʌ̀m] 명

- 투표가 끝난 뒤 하루가 지나고 선거의 **outcome** 이 발표되었을 때, 여당은 매우 실망했다.(= a result; an effect)

shed [ʃed] 동 동

- 우리는 할머니의 장례식 때 많은 눈물을 **shed** 했다.(= pour out; send forth)
- 그 뱀은 2년에 한 번씩 허물을 **shed** 한다.(= drop; lose)

aim [eim] → 동 aim 명

- 그녀의 **aim** 은 2년 안에 그 자격증을 따는 것이다.(= purpose)
- 그의 인생의 **aim** 은 훌륭한 의사가 되는 것이다.

criticize [krítisàiz] → 명 critic, criticism 형 critical 동 동

- 국민들은 대기 오염을 유발시키는 기업을 단속하지 않는다고 정부를

훔쳐보기

* weapon	• 무기	* outcome	• 결과, 성과
* abrupt	• 갑작스런	* shed	• 흘리다, 내뿜다
* contract	• 계약		• 벗다, 떨어뜨리다
	• 계약하다	* aim	• 목표, 목적
* gem	• 보석	* criticize	• 비난하다, 비판하다

criticize 했다.(= find fault with)
- 그 평론가는 어제 신문에 전시회에 출품된 미술 작품을 *criticize* 했
다.(= judge as a critic)

graduate [grǽdʒuèit, -it] → 명 graduation 　　　　　　　　　　동
- 그는 작년에 대학을 *graduate* 하고 직장에 취직했다.(= complete an
educational course; receive or grant an academic degree or diploma)

perform [pərfɔ́ːrm] → 명 performance 　　　　　　　　　　동 동
- 그는 아이들에게 약속한 것을 마침내 *perform* 했다.(= do; carry out;
complete a task)
- 우리는 이곳에서 화학 실험을 *perform* 할 것이다.
- 그 유명한 피아니스트는 음악회에서 1시간 동안 4개의 곡을 *perform* 했
다.(= give a performance of)

sob [sɑb] 　　　　　　　　　　　　　　　　　　　　　　　　　　동
- 힘센 아이가 그 소년의 장난감을 뺏어가자, 그 소년은 한쪽 구석에 쪼그
려 앉아서 *sob* 하기 시작했다.(= cry with gasps and catching of the breath)

aptitude [ǽptitùːd] 　　　　　　　　　　　　　　　　　　　　명
- 그녀는 피아노를 배우고 싶어 했으나, 음악에 *aptitude*가 없는 것 같아
서 포기했다.(= natural ability, talent, or tendency)

deceive [disíːv] → 명 deceit, deception 　　　　　　　　　　　동
- 그는 가짜 이름으로 행동함으로써 우리를 *deceive* 했다.(= make someone
believe what is not true; lead into error)

ideal [aidíːəl] → 명 ideal 　　　　　　　　　　　　　　　　형 형
- 오늘 같은 좋은 날씨는 보트 경기하기에 *ideal* 한 날이다.(= perfect; most
desirable)
- 유토피아는 *ideal* 한 사회이다. 실제로 존재하는 것은 아니다.(= not real;
imaginary)

훔쳐보기

	• 평하다, 비평하다	* aptitude	• 재능, 적성, 소질
* graduate	• 졸업하다	* deceive	• 속이다, 현혹시키다
* perform	• 행하다, 수행하다	* ideal	• 완전한, 이상적인
	• 연주하다, 상연하다		• 실재하지 않는, 가상의
* sob	• 훌쩍거리며 울다, 흐느끼다		

poison [pɔ́izən] → 형 poisonous   명
- 그는 음식에 **poison** 을 넣어 왕을 죽이려고 했다.(= a substance that causes illness or death if it is taken into the body)

spread [spred] → 명 spread   동 동
- 그 소문은 순식간에 마을 전체에 **spread** 되었다.(= make or become widely known; scatter or become scattered widely)
- 지도를 모든 사람이 볼 수 있도록 테이블 위에 지도를 **spread** 했다.(= open out; stretch out)

avenue [ǽvənjùː]   명
- 그 **avenue** 에는 많은 가로수들이 심어져 있다.(= a wide street)

describe [diskráib] → 명 description   동
- 그는 어제 그곳에서 무슨 일이 일어났는지 나에게 **describe** 해주었다.(= explain; tell what something looks like; report)

pretend [priténd] → 명 pretense   동
- 그는 아프지 않으면서도 아픈 **pretend** 했다.(= make a false appearance of; make believe)

structure [strʌ́ktʃər]   명 명
- 그 문장의 **structure** 를 살펴보면, 주어가 동사 뒤에 있음을 알 수 있다.(= the way that the parts of something are put together or organized)
- 이 도서관은 벽돌과 콘크리트로 만들어진, 매우 단단한 **structure** 다.(= something that has been built; a building)

blank [blæŋk] → 명 blank   형
- 나는 답안지 오른쪽 위의 **blank** 한 공간에 이름을 적었다.(= not marked or written on)

dilemma [dilémə]   명
- 그녀는 부모님이 반대하는, 자신이 사랑하는 남자와 결혼해야 할지 아니면 부모님의 말씀에 따라야 할지 **dilemma** 에 빠져 있다.(= a difficult

---

훔쳐보기

* poison	• 독약, 독	묘사하다
* spread	• 퍼지다, 전개되다	* pretend • ~척 하다, ~체 하다
	• 펴다, 펼치다	* structure • 구조, 구성
* avenue	• 거리, 대로	• 건물, 건축물
* describe	• 말이나 글로 설명하다,	* blank • 아무 것도 안 쓰인, 공백의

choice between two alternatives)

item [áitəm, -tem] 명 명

• 그 신문의 7페이지에 어제 발생한 강도 사건에 관한 ***item*** 이 있다.(= a piece of news or information)

• 당신이 구입한 각각의 ***item*** 에 대한 영수증을 보여주세요.(= a single thing, as in a list or group)

proverb [právə:rb] 명

• '구르는 돌은 이끼가 끼지 않는다' 는 자주 인용되는 ***proverb*** 이다.(= an old, well-known, wise saying)

suspicious [səspíʃəs] → 동 suspect 명 suspicion 형

• 경찰은 지나가는 행인 중에서 조금이라도 ***suspicious*** 한 사람은 검문을 했다.(= having suspicions; distrustful of others)

boundary [báundəri] 명

• 이 강은 두 나라의 ***boundary***를 이루고 있다. 이 강을 건너면 중국 땅으로 들어가게 된다.(= border; a limiting line)

• 지도에서 미국과 캐나다의 ***boundary***는 검은 색의 실선으로 표시되어 있다. 실선의 위쪽은 캐나다이고, 아래쪽은 미국이다.

economics [ì:kənámiks, èk-] 명

• 그녀는 대학에서 ***economics*** 를 전공하고 졸업한 후에 금융계로 진출했다.(= the science concerned with the production, distribution and use of income and wealth)

lecture [léktʃər] → 동 lecture 명

• 그는 이번 학기에 현대 정치에 관한 K 교수의 ***lecture*** 를 들었다.(= a speech or talk given to a class or group)

react [ri:ǽkt] → 명 reaction 동

• 정부의 새로운 교통 정책 발표에 사람들은 각각 다르게 ***react*** 했다. 찬성하는 사람도 있었지만, 반대하는 사람도 있었다.(= do or say something

---

훔 처 보 기

* dilemma	• 진퇴양난, 어려운 선택	* boundary	• 경계(선), 한계(선)
* item	• 한편의 기사, 항목	* economics	• 경제
	• 항목, 조항, 각각 분류된 물건	* lecture	• 강의
* proverb	• 속담, 격언	* react	• 반응하다, 작용하다
* suspicious	• 의심스러운		

because of something that has happened or been said)

tendency [téndənsi] → 통 tend 　명
- 그녀는 사람들과 만나면 말을 너무 많이 하는 **tendency** 가 있다.(= an inclination to act, go, or think in a certain way)

carve [kɑːrv] 　통
- 그는 정과 망치를 이용하여 커다란 바위 표면에 그림을 **carve** 했다.(= make or shape by cutting)

mail [meil] 　통
- 어제 편지를 **mail** 했다. 2-3일내에 도착할 것이다.(= send by mail)
- 미국에 있는 친구가 보낸 **mail** 이 어제 도착했다.(= letters, package, etc. carried and delivered by a post office)

reject [ridʒékt] → 명 rejection 　통
- 친구들이 그녀를 도와주겠다고 제안했지만, 자존심이 강한 그녀는 그 제안을 **reject** 했다.(= refuse to accept)

tip [tip] 　통
- 양동이를 한 쪽으로 **tip** 해서 양동이의 물을 쏟아 버렸다.(= lean; incline)

chilly [tʃíli] → 명 chill 　형
- 히터가 고장난 후에 **chilly** 해져서 그녀는 벗어 놓았던 코트를 다시 입었다.(= a little cold)

fake [feik] → 통 형 fake 　명
- 박물관에 전시되고 있는 그림들 중에 일부가 **fake**라는 것이 발견됐다. 진품은 도난 당한 것으로 밝혀졌다.(= a person or thing that is not really what it is supposed to be)

miracle [mírəkəl] → 형 miraculous 　명
- 성경에 의하면, 예수는 물을 포도주로 바꾸고 불치병을 낫게 하는 등의 많은 **miracle** 을 행했다.(= an event that cannot be explained by the laws of

훔쳐보기

* tendency	• 경향, 추세	* reject	• 거절하다, 거부하다
* carve	• 조각하다	* tip	• 기울이다
* mail	• 편지를 부치다	* chilly	• 쌀쌀한, 약간 차가운
	• 편지, 소포	* fake	• 가짜, 위조품, 사기꾼

nature)

resist [rizíst] → 몡 resistance 통
- 경찰이 범행의 용의자를 잡아서 끌고 가려 하자, 그 용의자는 끌려가지 않으려고 **resist** 했다.(= oppose ; fight against)

trust [trʌst] → 몡 trust 통
- 그가 나에게 거짓말을 한 이후로, 나는 그를 더 이상 **trust** 하지 않는다.(= have confidence in; believe)

compel [kəmpél] 통
- 그들은 그를 폭력으로 협박해서, 그가 얘기를 하도록 **compel** 했다.(= force)

fit [fit] → 몡 fitness 통 혱
- 수선점에서는 그 바지를 줄여서 손님의 몸에 **fit** 하게 했다.(= make the right size)
- 이런 성인물은 어린이들이 읽기에 **fit** 하지 않다.(= suitable)

narrow [nǽrou] 혱
- 이 도로는 너무 **narrow** 해서 두 대의 차가 동시에 지나갈 수 없다.(= not wide)

rob [rɑb] → 몡 robbery, robber 통
- 기차 강도들은 승객들에게서 돈과 보석을 **rob** 했다.(= take the money or property of another by using force or threats)

vapor [véipər] 몡
- 물이 끓으면 액체 상태의 물은 공기 중의 **vapor** 로 바뀐다.(= a gas formed from something that is solid or liquid)

confuse [kənfjúːz] → 몡 confusion 통 통
- 나와 내 동생의 생김새가 비슷하기 때문에 사람들은 나와 내동생을

훔쳐보기

* miracle	• 기적	* narrow	• 좁은
* resist	• 저항하다, 대항하다, 반항하다	* rob	• 강탈하다, 빼앗다
* trust	• 믿다, 신뢰하다	* vapor	• 증기, 가스
* compel	• 강요하다, ~하게 하다	* confuse	• 혼동하다, 혼란시키다
* fit	• 적합하게 하다, 알맞게 하다		• 당황하게 하다,
	• 알맞은, 적합한		어리둥절하게 하다

confuse 한다.(= mix things up ; mistake one person or thing for another)

- 주제와 관계 없는, 선생님의 갑작스런 질문은 학생들을 *confuse* 하게 했다.(= mix up mentally so that one can't understand or think clearly)

fortunate [fɔ́ːrtʃənit] → 몡 fortune　　　　　　　　　　　　　　　형

- 큰 부상 없이 사고를 피할 수 있었으니 정말 *fortunate* 하다.(= lucky)

observation [àbzərvéiʃən] → 동 observe　　　　　　　　　　　　　몡

- 오늘처럼 맑은 날은 별을 *observation* 하기에 좋다.(= the act or power of seeing or noticing)

section [sékʃən]　　　　　　　　　　　　　　　　　　　　　　　몡

- 그녀는 피자를 여러 *section* 으로 잘랐다.(= a division ; a separate part)

whip [hwip] → 동 whip　　　　　　　　　　　　　　　　　　　　몡

- 기수는 말을 빨리 달리게 하려고 손에 든 *whip* 을 사용해서 말을 재촉했다.(= a long thin piece of leather held in the hand)

abuse [əbjúːz] → 몡 abuse　　　　　　　　　　　　　　　　　　동 동

- 동물을 *abuse* 하면 동물 애호가들에게 비난을 받을 것이다.(= treat badly either physically or emotionally)
- 그녀는 회장의 부인이라는 지위를 *abuse* 하여 회사원들을 그녀의 개인 사업을 위해 일하게 했다.(= use incorrectly or wrongly)

contrast [kántræst]　　　　　　　　　　　　　　　　　　　　동 몡

- 선생님은 열대 지방의 기후와 한대 지방의 기후를 *contrast* 하여 설명했다.(= compare in a way that shows the differences)
- 그의 말과 행동 사이에는 커다란 *contrast* 가 있어서, 그의 인격을 의심하지 않을 수 없었다.(= a difference between things which are compared)

generation [dʒénəréiʃən] → 동 generate　　　　　　　　　　　몡 몡

- 40대의 아저씨들과 10대의 우리들 사이에는 *generation gap* 이 있다.(= all people of about the same age)
- 떨어지는 물은 전기를 *generation* 하는 데 이용된다.(= the act or process

훔쳐보기

* fortunate	• 운이 좋은	• 남용하다, 나쁘게 이용하다
* observation	• 관찰, 주목, 관찰력	* contrast　• 대조하다, 대비하다
* section	• 조각, 부분	• 차이, 대조
* whip	• 채찍	* generation　• 세대
* abuse	• 학대하다	• 발생, 생산

of generating or producing)

overlook [òuvərlúk]   동 동

- 우리가 묵은 호텔 방에서는 바다를 **overlook** 할 수 있었다.(= view from above)
- 나는 보고서를 제출하기 전에 보고서에 **overlook** 한 것이 있나 알아보기 위해 보고서를 검토했다.(= not notice; miss)

shift [ʃift] → 명 shift   동

- 바람의 방향이 동쪽에서 서쪽으로 **shift** 했다.(= move or change from one place or direction to another)

alarm [əlá:rm] → 동 alarm   명

- 비행기가 갑자기 흔들렸을 때, 비행기 안의 승객들은 **alarm** 을 느꼈다.(=sudden fear caused by possible danger)

crop [krɑp]   명

- 밀과 옥수수는 그 나라에서 널리 재배되는 **crop** 이다.(= a plant or plant product that is grown and harvested)

greed [gri:d] → 형 greedy   명

- 그는 황금에 대한 **greed** 때문에 친구와 싸우게 되었다.(= a selfish desire for more than what one needs or deserves)

philosophy [filásəfi]   명

- 인생, 자연, 우주의 근본 원리를 추구하는 학문을 **philosophy** 라고 하며, 여기에는 윤리학, 논리학, 형이상학 등이 있다.(= The study of the basic truths and ideas about the universe, life, and nature)

social [sóuʃəl] → 명 society   형 형 형

- 도시의 주택 문제, 실업 문제 등 많은 **social** 한 문제들이 쉽게 해결되지 않고 있다.(= of or having to do with people and society)
- 개미와 벌은 혼자 살지 않는, **social** 한 곤충이다.(= living in a group)
- 그녀는 테니스, 골프 등 **social** 한 활동을 좋아해서, 많은 사람들을 알고

훔쳐보기

* overlook	• 내려다보다	* greed	• 탐욕, 욕심
	• 알아채지 못하다, 놓치다	* philosophy	• 철학
* shift	• 위치 또는 방향을 바꾸다	* social	• 사회적(인)
* alarm	• 공포, 불안		• 무리를 지어 생활하는
* crop	• 작물, 곡물		• 사교적인, 친목의

지낸다.(= liking to be with others; friendly)

arrest [ərést] → 몡 arrest   통
- 경찰은 범인의 집 근처에 잠복해 있다가 범인을 **arrest** 해서 경찰서로 데리고 갔다.(= seize a person by legal authority)

decorate [dékərèit] → 몡 decoration   통
- 결혼식에 참석한 친구들은 신랑, 신부가 타고 갈 자동차를 꽃, 리본, 풍선 등으로 **decorate** 했다.(= add something to make it more attractive)

identity [aidéntəti] → 혱 identical   몡
- 어떤 사람들은 검은 안경, 가발 등으로 그들의 **identity** 를 숨기기도 한다.(= who a person is or what a thing is)

politics [pálitiks] → 혱 political   몡
- 어떤 젊은이들은 **politics** 에 관심이 없어서 선거때 투표도 하지 않았다.(= the science, art, or work of government)

statement [stéitmənt]   몡
- 경찰은 교통 사고 목격자의 **statement** 를 믿는 듯했다.(= something expressed in words)

baggage [bǽgidʒ]   몡
- 그녀는 여행할 때, **baggage** 가 무거워서 들고 다니기가 힘들었다.(= suitcase or boxes used in travelling)

despair [dispéər] → 통 despair   몡
- 시험에 계속해서 떨어지자 그는 **despair** 에 빠졌다.(= the state of hopelessness)

innocent [ínəsnt] → 몡 innocence   혱 혱
- 피고는 **innocent** 하다고 판결을 받아서 석방되었다.(= not guilty)
- 그녀는 **innocent** 해서 정치가들은 결코 거짓말을 하지 않는다고 생각한다.(= knowing no evil; believing everything you are told; simple)

훔쳐보기

* arrest	• 체포하다	* baggage	• 여행용 짐
* decorate	• 꾸미다, 장식하다	* despair	• 실망, 절망
* identity	• 신원, 정체	* innocent	• 무죄의, 결백한
* politics	• 정치, 정치학		• 순진한, 천진난만한
* statement	• 진술		

primary [práimèri / -məri] 형
- 아내가 교통 사고가 난 이후로, 나의 ***primary*** 한 관심사는 아내의 건강 이다.(= main; chief; first in importance)

substance [sʌ́bstəns] → 형 substantial 명
- 그 자동차의 타이어는 일반 고무와 다른, 특수한 화학 ***substance*** 로 만 들어졌다.(= the actual physical material of which a thing consists)

bleed [bli:d] → 명 blood 동
- 손가락을 칼에 베이는 바람에 손에서 ***bleed*** 하고 있다.(= loose blood)

disappear [dìsəpíər] → 명 disappearance 동
- 오래된 건물들이 ***disappear*** 하고 현대식 건물들이 들어서고 있다.(= go out of sight ; become lost; vanish)

jealous [dʒéləs] → 명 jealousy 형
- 그녀의 동료들은 그녀의 성공을 축하하기보다는 ***jealous*** 하는 것 같 다.(= angry or sad because someone has something you want)

publish [pʌ́bliʃ] → 명 publication, publicity 형 public 동동
- 그 소설가는 얼마 전에 새로운 작품을 ***publish*** 했다.(= print and offer a newspaper, book, etc. for public sale or distribution)
- 그 대학교는 입학 시험의 합격자 명단을 대형 게시판을 통해 ***publish*** 했 다.(= make known to the public)

swallow [swálou] 동
- 뜨거운 커피를 한번에 ***swallow*** 해서, 목구멍에 손상을 입었다.(= take food or drink into the throat from the mouth)

branch [bræntʃ] 명명
- 폭풍우 때문에 나무의 ***branch*** 들이 부러져 땅에 떨어졌다.(= a smaller part growing out from the main part of a tree)
- 화학은 과학의 한 ***branch*** 다.(= a division or part)

훔쳐보기

* primary	· 주된, 중요한	* publish	· 출판하다, 발행하다
* substance	· 물질, 물체		· 발표하다, 공포하다
* bleed	· 피를 흘리다	* swallow	· 삼키다
* disappear	· 사라지다, 없어지다	* branch	· 나뭇가지
* jealous	· 질투하는		· 부문

economy [ikάnəmi] → 형 economic, economical   명
- 일정 기간의 국민총생산을 조사함으로써 **economy** 의 성장률을 측정할 수 있다.(= the operation of a country's money supply, trade and industry)

legal [líɡəl]   형
- 어떤 나라에서는 낙태가 법으로 금지되어 있지만, 우리 나라에서는 **legal** 하다.(= lawful)

realize [ríːəlàiz] → 명 realization   동 동
- 네가 집 밖으로 나가 봐야 날씨가 얼마나 추운지 **realize** 할 것이다.(= understand; be aware of)
- 그가 50세가 되었을 때, 화학 분야에서 노벨상을 받겠다는 어렸을 때의 꿈을 마침내 **realize** 했다.(= make real; cause to become true; accomplish)

tension [ténʃən] → 형 tense   명
- 처음 방송 출연을 하는 신인 배우들은 **tension** 때문에 실수를 하기도 한다.(= a feeling of anxiety or nervousness)

casual [kǽʒuəl]   형 형
- **casual** 한 옷은 공식적인 자리에서 입지 않는 옷들을 가리킨다. 예를 들어 티셔츠나 진, 스웨터 등은 모두 **casual** 한 옷들이다.(= suitable for informal wear)
- 그는 과수원의 과일을 따는 일에 정규 직원이 아닌 **casual** 직원을 고용했다.(= not regular)

examination [igzæmənéiʃən] → 동 examine   명 명
- "어제 있었던 수학 **examination** 잘 봤니?" "너무 어려워서 점수가 나쁠 것 같다."(= a test of one's knowledge)
- 그 다이아몬드에 대해 정밀한 **examination** 을 한 결과, 모조품이라는 것이 밝혀졌다.(= an inspection; analysis)

major [méidʒər] → 명 majority   형 동
- 일을 하는 **major** 한 이유는 돈을 벌기 위함이다.(= greater in size, extent, amount, importance, etc)

홈쳐보기

* economy	· 경제	* casual	· 비공식 복장의, 평상 복장의
* legal	· 합법의		· 임시의
* realize	· 사실을 깨닫다, 이해하다	* examination	· 시험, 테스트
	· 실현하다, 달성하다		· 조사, 검사
* tension	· 긴장, 불안	* major	· 커다란, 중요한

• 그는 대학에서 경영학을 ***major in*** 했으나, 대학원에서는 정치학을 ***major in*** 했다.(= study as the chief subject)

relate [riléit] → 몡 relation   동

• 그 질문은 흥미 있지만, 우리가 토론하고 있는 주제와 ***relate*** 하지 않는다.(= connect; be connected with)

tire [taiər]   동 동

• 그는 하루 종일 걸어다녀서 몹시 ***tire*** 했다.(= make or become weak; exhaust)

• 그의 재미없는 이야기를 오랫동안 듣는 것은 우리를 ***tire*** 했다.(= bore)

citizen [sítəzən]   몡

• 해외에 살고 있는 한국 ***citizen*** 의 이익은 각 나라의 한국 대사관에 의해 보호 받는다.(= a person who member of a country or state)

familiar [fəmíljər] → 몡 familiarity   혱 혱

• 내 친구는 우리 집에 자주 오는 편이어서 우리 집 식구들과 ***familiar*** 하다.(= friendly)

• 야구광인 나의 형은 야구 규칙에 ***familiar*** 하다. 야구에 대해 모르는 것이 있으면 형에게 물어보면 된다.(= having a good knowledge of)

misfortune [misfɔ́:rtʃən]   몡

• 자동차 접촉 사고, 지갑 분실, 계단에서 넘어지는 등, 오늘 하루는 ***misfortune*** 의 연속이었다.(= bad luck)

resolve [rizálv] → 몡 resolution   동 동

• 자신에게 닥친 문제를 자기 스스로 ***resolve*** 할 수 있다는 것은 그가 성장했다는 것을 의미한다.(= solve; settle; find a solution)

• 그는 올해에는 담배를 끊기로 ***resolve*** 했다.(= decide to do something)

twinkle [twíŋkəl]   동

• 밤하늘에 별들이 ***twinkle*** 하고 있다.(= shine with quick flashes of light;

훔쳐보기			
	• 전공하다		• 훤히 알고 있는, 정통한
* relate	• 관련시키다, 관련되다	* misfortune	• 불운
* tire	• 피곤(하게)하다, 지치(게 하)다	* resolve	• 해결하다
	• 지루하게 하다		• 결심하다
* citizen	• 국민, 시민	* twinkle	• 반짝이다, 빛나다
* familiar	• 친한, 친밀한		

sparkle)

complicated [kɑ́mpləkèitid] 형

- 그렇게 **complicated** 한 문제는 나한테 물어보지 말아라.(= difficult to understand)

flame [fleim] → 형 flaming 명

- 건물에서 갑자기 '꽝' 하는 폭발음과 함께 **flame** 이 치솟고 있었다. 잠시 후에 소방차가 도착했다.(= a hot glowing mass of burning gas)

nature [néitʃər] 명 명

- 인간에 의해 만들어지지 않은 천연의 상태, 즉 하늘, 땅, 나무, 들판, 동물, 식물 등을 가리켜 **nature** 라고 한다.(= the world and everything and in, on and around it)
- 그는 온화한 **nature** 를 갖고 있어서 사람들이 그를 좋아한다.(= the basic character or quality of a person or thing)

rude [ruːd] 형

- 다른 사람(특히 어른)이 말하고 있을 때, 말을 가로막고 끼어드는 것은 **rude** 한 행동이다.(= not polite; without respect for others)

vary [vέəri] → 명 variety, 형 various, variable 동 동

- 그 물건의 가격은 시간이 지남에 따라 조금씩 **vary** 했다. 가격이 오를 때도 있었고, 내릴 때도 있었다.(= change; alter)
- 호텔의 방 크기는 큰 것에서부터 작은 것까지 **vary** 하다.(= make or be different)

connection [kənékʃən] → 동 connect 명 명

- 그는 집에 있는 컴퓨터와 모뎀으로 학교 도서관 데이터베이스의 **connection** 에 성공했다.(= a joining; union)
- 의사들은 흡연과 폐암 사이에 **connection** 이 있다고 생각한다.(= a relationship)

훔쳐보기

* complicated	• 어려운, 까다로운	* vary	• 변하다, 바뀌다
* flame	• 화염, 불길		• 다르다, 다양하다
* nature	• 자연	* connection	• 접속, 연결
	• 성격, 성품		• 관련, 관계
* rude	• 무례한, 버릇없는		

foul [faul]
형 형 명 동
- 그 화학 공장 근처에서 살고 있는 사람들은 **foul** 한 공기를 마시고 있다.(= dirty; rotten)
- 그 학생은 얌전하지만, 가끔 화가 나면 그의 입에서 **foul** 한 언어가 나올 때도 있다.(= not decent; coarse)
- 농구에서 상대방을 미는 것은 **foul** 이다.(= an act that is against the rules of a game)
- 진흙에 넘어져서 옷을 **foul** 했다.(= make or become dirty)

obtain [əbtéin]
동
- 그들은 첫 번째 실험에서는 실패했지만, 두 번째 실험에서 만족할 만한 결과를 **obtain** 했다.(= get by planning or effort; acquire)

seize [si:z]
동
- 그가 도망치려고 할 때, 나는 그가 도망가지 못하도록 그의 팔을 **seize** 했다.(= take hold of quickly or firmly)

whisper [hwíspər]
동
- 그는 그녀를 사랑한다고 그녀의 귀에 **whisper** 했다.(= speak softly and quietly)
- 그녀는 비밀 이야기를 다른 사람이 듣지 못하도록 그의 귀에 **whisper** 했다.

accuse [əkjú:z] → 명 accusation, accused
동
- 사건의 피해자는 그를 경찰에 **accuse** 했다.(= charge someone with wrongdoing)

convenient [kənví:njənt] → 명 convenience
형
- 아무 때나 당신이 **convenient** 한 시간에 사무실로 찾아오십시오.(= suited to one's need or comfort)

generous [dʒénərəs]
형 형
- 그는 아이들에게 **generous** 해서 선물을 잘 사주는 편이다.(= willing to

훔쳐보기

* foul	• 더러운, 악취가 풍기는	* seize	• 붙잡다
	• 상스러운, 저질의	* whisper	• 속삭이다, 조용히 말하다
	• 반칙, 파울	* accuse	• 고발, 고소하다
	• 더럽히다	* convenient	• 알맞은, 편리한
* obtain	• 노력(요청, 구입)으로 얻다, 획득하다	* generous	• 인심 좋은, 아낌없는
			• 관대한, 고결한

give or share ; unselfish)
- 적을 용서하는 것은 **generous** 한 행동이다.(= noble and forgiving;
honorable; not mean)

pale [peil] → 통 pale   형
- 그녀는 아픈 것 같다. 얼굴이 **pale** 해 보인다.(= having little color in the
face, often because of illness)

significance [signífikəns] → 형 significant   명 명
- 그때는 선생님의 말씀을 이해하지 못했지만, 몇 년이 지난 후에야 그 이
야기의 **significance** 를 이해할 수 있었다.(= sense; meaning)
- 그 당시 사람들은 그 발명의 **significance** 를 깨닫지 못했다.(=
importance)

alternate [ɔ́:ltərnit] → 통 alternate   형 형
- 아버지와 어머니는 **alternate** 하게 아이를 학교에 데리고 간다. 월요일에
는 아버지, 화요일에는 어머니, 수요일에는 아버지, 목요일에는 어머
니.(= happening regularly one after the other)
- 그곳으로 가는 주도로가 막혔기 때문에 **alternate** 의 도로를 이용해야
한다.(= allowing for a choice between two or more things)

cruel [krú:əl] → 명 cruelty   형 형
- 동물을 그렇게 학대하다니, 넌 정말 **cruel** 하구나!(= liking to cause pain
or suffering; having no mercy or pity)
- 섭씨 영하 30도까지 내려갈 정도의 **cruel** 한 겨울이다.(= causing pain
and suffering)

grief [gri:f] → 통 grieve   명
- 교통 사고로 자식을 잃은 어머니의 **grief** 을 충분히 이해할 수 있었
다.(= great sorrow or sadness)

physics [fíziks]   명
- 물질, 힘, 에너지, 빛, 소리, 열, 전기 등을 다루는 과학을 **physics** 라고 한다.

훔쳐보기

* pale	• 창백한, 혈색이 나쁜	* cruel	• 잔인한
* significance	• 의미, 뜻		• 끔찍한, 잔인한
	• 중요성	* grief	• 커다란 슬픔, 고통
* alternate	• 교대의, 번갈아 ~하는	* physics	• 물리학
	• 다른 하나의, 양자택일의		

solar [sóulər]   형

- 에너지를 절약하기 위해 그 집은 **solar** 의 열(에너지)을 이용한 난방시스템을 설치했다.(= of or relating to the sun)

ashamed [əʃéimd]   형

- 그는 다른 친구들과 달리 자신만 시험에 떨어진 것을 **ashamed** 했다.(= feeling shame or guilt)

decrease [dikrí:s] → 명 decrease   동

- 우리는 팀의 인원을 20명에서 10명으로 **decrease** 했다.(= gradually become smaller in size, number, etc)

idol [áidl]   명

- 유명한 가수와 영화 배우, 스포츠 선수들은 청소년의 **idol** 이다.(= a person or thing that is admired or loved very much)

population [pàpjəléiʃən]   명

- 서울의 **population** 은 천만 명을 훨씬 초과한다.(= the number of persons living in a country, place, etc)

statue [stǽtʃu:]   명

- 학교의 설립자를 기리기 위하여 학교 안의 잔디 밭에는 대리석으로 만든 설립자의 **statue** 가 세워져 있다.(= a figure of a person or an animal, made in metal, carved in wood, etc.)

bargain [bá:rgən] → 동 bargain   명

- 근로자 측과 경영자 측이 조금씩 양보하여 마침내 임금에 관한 **bargain** 을 맺었다.(= an agreement between two sides)

despise [dispáiz]   동

- 그가 나에 관한 거짓 소문을 퍼뜨리는 것을 보고 나는 그를 **despise** 했다.(= look down on ; dislike very much)

훔쳐보기

* solar	• 태양의	* idol	• 우상
* ashamed	• 부끄러워 하는, 창피하게 생각하는	* population	• 인구
* decrease	• 서서히 줄 (이)다, 감소하다 (시키다)	* statue	• 상(像), 조상(彫像)
		* bargain	• 계약, 협정
		* despise	• 경멸하다, 몹시 싫어하다

inspect [inspékt] → 몡 inspection, inspector　　　　통
  • 건물 안전관리자는 시내의 대형 빌딩들을 정기적으로 **inspect** 한다.(=
    look over carefully; examine)

principle [prínsəpl]　　　　몡
  • 모든 인간은 평등하다는 **principle** 에 기초하여 민주 정부가 설립되었
    다.(= a basic general rule or truth about something)

suburb [sʌ́bəːrb]　　　　몡
  • 그녀는 혼잡한 도시보다는 도시에서 몇 km 떨어져 있는 **suburb** 에서
    살기를 원한다.(= a town or district that is close to a city)

blink [bliŋk]　　　　통
  • 그는 교통 경찰이 있다는 경고의 표시로 반대편 차선의 운전자들에게
    자동차의 라이트를 **blink**했다.(= go on and off quickly)

disappoint [dìsəpɔ́int] → 몡 disappointment　　　　통
  • 나는 그녀와 데이트를 한다는 생각에 너무 기뻤다. 그러나 그녀가 데이
    트 약속을 취소했을 때, 나는 **disappointed** 되었다.(= fail to satisfy the
    hopes or wishes of)

judgment [dʒʌ́dʒmənt] → 통 judge　　　　몡 몡
  • 피고에 대한 법원의 **judgment** 는 무죄였다.(= a decision that is made in a
    court of law)
  • 이런 폭풍우 속에서 수영은 너무 위험하다는 것이 나의 **judgment**
    다.(= an opinion)

qualify [kwɑ́ləfài] → 몡 qualification　　　　통 통
  • 이 시험을 통과하면 네가 음악을 가르칠 수 있게 **qualify** 해 줄 것이
    다.(= give or get right to do something)
  • 영어에서 형용사는 명사를 **qualify** 하고, 부사는 동사와 형용사를
    qualify 한다.(= limit the meaning of)

훔쳐보기

* inspect	· 검사하다, 조사하다	* judgment	· 판결
* principle	· 원리, 원칙		· 의견, 견해, 판단
* suburb	· 근교, 교외	* qualify	· 자격(권한)을 주다, 갖다
* blink	· 불빛이 깜빡이다		· 제한하다, 한정하다
* disappoint	· 실망시키다		

swing [swiŋ] → 뗑 swing 툉

• 군인들은 행진할 때, 팔을 앞뒤로 **swing** 했다.(= (cause to) move back and forth or from side to side)

brand [brænd] 뗑툉

• 그녀는 품질이 우수한 물건보다는 유명한 **brand** 가 붙어 있는 물건을 좋아한다.(= commercial name of a product made)

• 그는 그 소가 자신의 것이라는 표시로 소의 등에 이름의 약자를 **brand** 했다.(= mark with a particular sign)

effective [iféktiv] 혱혱

• 성적을 올리는 가장 **effective** 한 방법은 좋은 책을 선택하여 합리적인 방법으로 공부하는 것이다.(= producing the desired result ; productive ; efficient)

• 그 법은 내년 1월 1일부터 **effective** 할 것이다.(= in operation ; active)

legend [léʒənd] → 혱 legendary 뗑

• 옛날에 호랑이가 그 동굴 속에서 보물 상자를 지켜왔다는 **legend** 가 전해 내려온다.(= a story handed down from the past, but its truth or accuracy may be questionable)

reasonable [ríːzənəbəl] → 뗑 reason 혱

• 그런 상황에서 그녀가 내린 결정은 **reasonable** 한 것이어서, 어느 누구도 반대하지 않았다.(= having or showing reason ; sensible ; logical)

term [təːrm] 뗑뗑

• 대통령은 자신이 대통령으로 있는 5년의 **term** 동안 부패를 척결하겠다고 공언했다.(= a fixed period of time)

• 그 책은 컴퓨터 분야의 전문적인 **term** 이 많이 사용되었기 때문에, 일반 사람들이 보기가 쉽지 않다.(= a word or an expression used in a special meaning in some science, art, etc.)

caution [kɔ́ːʃən] → 혱 cautious 뗑툉

• 길을 건널 때는 **caution** 해서 건너야 한다.(= great care)

훔쳐보기

* swing	• 흔들다, 흔들리다	* legend	• 전설
* brand	• 상표	* reasonable	• 합리적인, 이치에 맞는
	• 낙인을 찍다	* term	• 임기, 기간
* effective	• 효과적인		• 용어
	• 유효한, 작동중인	* caution	• 조심, 주의

• 해수욕장의 안전요원은 사람들에게 수심이 깊은 곳으로 나가지 말라고 *caution* 했다.(= give warning)

excess [iksés, ékses] → 통 exceed 형 excessive　　　　　　　명

• 5톤을 *excess* 하는 차량은 이 다리를 통과할 수 없다.(= an amount greater than is needed)

manage [mǽnidʒ] → 명 management　　　　　　　통 통

• 사장님이 회사에 계시지 않는 동안 누가 회사를 *manage* 할 것인가?(= have control over; direct; handle)

• 지도자는 사람들을 잘 *manage* 할 줄 알아야 한다.

• 그는 혼자서 무거운 짐을 집까지 운반하는 데 가까스로 *manage* 했다.(= succeed in doing something)

relieve [rilíːv] → 명 relief　　　　　　　통

• 이 진통제는 너의 고통을 *relieve* 해줄 것이다.(= reduce pain, worry, strain, etc.)

tomb [tuːm]　　　　　　　명

• 이집트의 피라미드는 죽은 왕들의 *tomb* 이다.(= a grave or structure for holding a dead body)

claim [kleim] → 명 claim　　　　　　　통 통

• 아버지가 사망하자, 그는 아버지의 재산에 대한 자기 몫을 달라고 가족들에게 *claim* 했다.(= demand or ask for something)

• 그는 그 땅이 자기 것이라고 *claim* 했다.(= state as fact)

famine [fǽmin]　　　　　　　명

• 해마다 아프리카의 많은 어린이들이 *famine* 으로 죽어 가고 있다.(= a great lack of food)

mission [míʃən] → 형 missionary　　　　　　　명 명

• 특공대의 *mission* 은 다리를 파괴하는 것이다.(= the special duty that a

훔쳐보기

	• 경고하다	* tomb	• 무덤, 묘
* excess	• 초과(양), 과잉	* claim	• 요구하다
* manage	• 경영하다, 감독하다, 다루다		• 주장하다
	• 간신히 성공하다,	* famine	• 기아, 굶주림
	그럭저럭 해내다	* mission	• 임무, 사명
* relieve	• 덜다, 줄이다		• 사절단, 대표단

person or group is sent)

- 불공정 무역을 협상하기 위해 미국은 중국에 무역 **_mission_** 을 파견하였다.(= a group of people sent to another country for a special purpose)

response [rispáns] → 통 respond 명

- 나는 임의로 선택된 소비자들에게 설문조사용 편지 50통을 보냈는데, 아직 아무런 **_response_** 를 받지 못했다.(= an answer; a reply)

typical [típikəl] 형

- 높고 맑은 하늘과 춥지도 덥지도 않은 적당한 기온은 한국의 **_typical_** 한 10월의 날씨다.(= showing the usual qualities of a particular person, thing or type; characteristic)

compose [kəmpóuz] → 명 composition 숙 통

- 물은 산소와 수소로 **_be composed of_** 되어 있다.(= make up; form)
- 그녀는 남는 시간에 대중적인 노래를 **_compose_** 해서 몇몇 가수들에게 주곤 했다.(= write or create)

flat [flæt] 형 형

- 수백 년 전에는 사람들이 지구가 **_flat_** 하다고 생각했고, 단지 몇 사람만이 지구가 둥글다는 것을 알고 있었다.(= smooth and level)
- 자동차의 한 쪽 뒷바퀴가 **_flat_** 하다. 타이어에 구멍이 난 것 같다.(= having lost air)

ruin [rú:in] → 명 ruin 통

- 어떤 정신이상자의 난폭한 행동이 우리의 파티를 완전히 **_ruin_** 했다.(= damage; spoil)

vehicle [ví:ikəl, ví:hi-] 명

- 자동차, 트럭, 버스처럼 사람이나 물건을 운반할 수 있는 것, 즉 운송 수단을 **_vehicle_** 이라 한다.(= a machine, such as a car or truck, that travels to transport people or goods)

conscious [kánʃəs] → 명 consciousness 형 형

- 사망한 것으로 알았던 그가 **_conscious_** 한 것을 알았을 때, 우리는 그를

훔쳐보기

* response	• 응답, 대답	* flat	• 평평한
* typical	• 전형적인, 대표적인		• 바람이 빠진
* compose	• be ~ of 구성하다	* ruin	• 파괴하다, 망쳐놓다
	• 작곡하다	* vehicle	• 탈 것, 운송수단

급히 병원으로 옮겼다.(= awake ; able to feel and think)

• 그는 자신이 예의가 없다는 것을 **conscious** 하지 못하고 있다.(= knowing or noticing something ; aware)

fragment [frǽgmənt] → 통 fragment   명

• 그녀는 접시를 떨어뜨려서 접시가 여러 개의 **fragment** 로 깨졌다.(= a piece or part broken off)

occupy [ákjəpài] → 명 occupation   통 통

• 그의 책들은 방에서 많은 공간을 **occupy** 한다.(= fill)

• 2차 대전 중에 독일은 프랑스 영토의 대부분을 **occupy** 했다.(= take possession and control of)

senior [síːnjər]   명 형

• 그는 **senior** 에 대해 항상 예의 바르다. 그래서 사람들로부터 칭찬을 많이 받는다.(= a person who is older or higher in rank)

• 그는 동생보다 3년이 **senior** 하다.(= older)

wipe [waip]   통

• 그는 더러운 접시를 깨끗하게 **wipe** 했다.(= rub with something soft in order to clean or remove)

acute [əkjúːt]   형 형

• 개는 사람보다 **acute** 한 후각을 가지고 있다.(= keen and quick in seeing, hearing, smelling, thinking, etc.)

• 상처가 매우 **acute** 하기 때문에 당장 수술을 받아야 한다.(= severe ; serious)

convert [kənvə́ːrt] → 명 conversion   통

• 물을 냉각시키면 얼음으로 **converted** 된다.(= change from one substance or state to another)

훔쳐보기

* conscious	• 의식있는	• 손위의, 나이가 많은
	• 알고 있는, 깨닫는	* wipe • 닦다, 문지르다
* fragment	• 조각, 파편	* acute • 예리한
* occupy	• 차지하다	• 심각한
	• 점령하다	* convert • 변화시키다, 변형시키다
* senior	• 연장자, 어른, 선배, 상사	

glance [glæns] → 명 glance 　　　　　　　　　　　　　　　　　　　　　　　　　　동
　• 그녀는 지나가면서 거리에 있는 거울을 **glance** 했다.(= look quickly or briefly)

parallel [pǽrəlèl] 　　　　　　　　　　　　　　　　　　　　　　　　　　　　형 형
　• **parallel** 한 두 직선은 서로 만나지 않는다.(= lying in the same direction and always the same distance apart so as to never meet)
　• 일반적으로 친구 관계에 있는 사람들은 **parallel** 한 취미를 갖고 있다.(= similar; like)

similar [símələr] → 명 similarity 　　　　　　　　　　　　　　　　　　　　형
　• 그는 동생과 외모에 있어서 매우 **similar** 하기 때문에 언뜻 보면 동생으로 오해할 수 있다.(= alike but not exactly the same)

amaze [əméiz] 　　　　　　　　　　　　　　　　　　　　　　　　　　　　　　동
　• 갑자기 그가 직장을 그만두고 배낭여행을 떠난다는 소식은 그의 친구들을 **amaze** 했다.(= fill with surprise or wonder)

crush [krʌʃ] 　　　　　　　　　　　　　　　　　　　　　　　　　　　　　　　동
　• 이 기계는 바위를 **crush** 하여 작은 크기의 돌로 만든다.(= press together with force so as to break, hurt or change the shape of)

growth [grouθ] → 동 grow 　　　　　　　　　　　　　　　　　　　　　　　　명
　• 이 지역에서는 햇빛이 잘 들지 않아서 나무의 **growth** 는 느린 편이다.(= the process of growing; development)

pioneer [pàiəníər] 　　　　　　　　　　　　　　　　　　　　　　　　　　　명
　• 그는 객체지향 프로그래밍의 **pioneer** 다. 현재 객체지향 프로그래밍을 연구하는 많은 사람들이 그의 영향을 받았다.(= one who leads the way in any field)

sorrow [sárou, sɔ́:r-] → 동 sorrow 　　　　　　　　　　　　　　　　　　　　명
　• 친구의 죽음은 우리들에게 커다란 **sorrow** 를 안겨 주었다.(= sadness; grief)

훔쳐보기

* glance	• 언뜻 보다, 흘끗 보다	* crush	• 부수다, 뭉개버리다
* parallel	• 평행한, 나란한	* growth	• 발전, 성장
	• 유사한	* pioneer	• 선구자, 개척자
* similar	• 비슷한, 유사한	* sorrow	• 슬픔, 불행
* amaze	• 놀라게 하다		

assemble [əsémbəl] → 명 assembly 통

- 7명의 경제 선진국 지도자(대통령, 총리)들이 정상 회담을 하기 위해 파리에 **assemble** 했다.(= collect; gather into one place)

defeat [difíːt] → 명 defeat 통

- 어제 있었던 축구 경기에서 우리 팀은 상대 팀을 큰 점수 차이로 **defeat** 했다.(= beat; win a victory over)

illusion [ilúːʒən] 명

- 이 그림을 보면, 실제로 바다를 보는 것 같은 **illusion** 을 일으킨다.(= a false impression of reality; fantasy)

portable [pɔ́ːrtəbl] 형

- 그는 여행을 갈 때면 **portable** TV를 가지고 다닌다.(= capable of being carried or moved)

steep [stiːp] 형

- 언덕이 너무 **steep** 해서 자전거로 올라가기가 어렵다.(= slanting sharply up or down)

basis [béisis] → 형 basic 명 base 명

- 우리는 네가 보내준 보고서에 **basis** 를 두고 이같은 결정을 내렸다.(= foundation; main reason)

destiny [déstəni] 명

- 두 사람이 이곳에서 만나게 된 것은 우연이 아니라 **destiny** 였다. 그들은 곧 결혼했다.(= the things that will in the future; fate)

instinct [ínstiŋkt] → 형 instinctive 명

- 연어가 산란하기 위해 상류로 거슬러 올라가는 것은 학습에 의한 것이 아니라 **instinct** 다.(= a natural, unlearned behavior or ability)

prior [práiər] → 명 priority 형

- 너의 초대는 고맙지만 이미 **prior** 한 약속이 있기 때문에 너의 초대를

훔쳐보기

* assemble	• 모이다	* basis	• 기초, 근거
* defeat	• 이기다, 승리하다	* destiny	• 운명, 숙명
* illusion	• 환상, 오해, 착각	* instinct	• 본능
* portable	• 운반할 수 있는, 휴대용의	* prior	• 먼저의, 앞선
* steep	• 가파른, 험준한		

거절할 수밖에 없다.(= coming before; earlier)

success [səksés] → 통 succeed, 형 successful   명
• 그는 새로 시작한 사업에서 커다란 ***success*** 를 거두었다. 그래서 그는 부자가 되었다.(= achieving what you want)

bloom [blu:m] → 명 bloom   통 통
• 장미는 5-6월에 ***bloom*** 한다.(= produce flowers)
• 그의 천재적인 발명가 기질은 일찍 ***bloom*** 해서 성인이 된 후에는 사라졌다.(= be at one's best)

disease [dizí:z]   명
• 그 ***disease*** 의 징후는 열이 나고 몸에 반점이 생기는 것이다.(= a specific illness that has a medical name)

jury [dʒúəri]   명
• 법정에서 사실(유죄, 무죄)을 결정하기 위해 선택된 사람들을 ***jury*** 라고 한다.(= a group of persons, usually twelve, who are selected to decide what is true in a court of law)

quality [kwáləti]   명 명
• 그 상점에서 과일을 사지 마세요. 과일의 ***quality*** 가 좋지 않습니다.(= degree of excellence)
• 고무의 ***quality*** 중의 하나는 잡아 당겼다가 놓으면 원래의 크기로 돌아가는 것이다.(= that which something is known to have or be ; attribute ; characteristic)

sympathy [símpəθi] → 통 sympathize 형 sympathetic   명
• 대통령은 이번 붕괴 사고로 사망한 사람들의 가족들에게 ***sympathy*** 의 메시지를 전달했다.(= a feeling or expression of pity or sorrow for the distress of another)
• 우리는 전쟁의 희생자들과 그 가족에게 ***sympathy*** 를 느꼈다.

breeze [bri:z] → 통 breeze   명
• 바다에서 불어 오는 부드러운 ***breeze*** 가 그녀의 얼굴을 시원하게 했

훔 쳐 보 기

* success	• 성공	* jury	• 배심원
* bloom	• 꽃이 피다	* quality	• 품질, 질(質)
	• 한창이다, 번영하다		• 특성, 특질
* disease	• 병, 질병	* sympathy	• 동정(심)

다.(= a light, gentle wind)

efficient [ifíʃənt] → 명 efficiency 형

- 지레는 적은 힘으로 무거운 물체를 들어 올릴 수 있는, 매우 **efficient** 한 도구다.(= bringing about a desired result without a wasted time, materials, or efforts; productive)

length [leŋkθ] → 형 long 동 lengthen 명

- 이 로프(rope)의 **length** 는 약 10m다.(= the distance from one end to the other)

recall [rikɔ́:l] → 명 recall 동 동

- 내가 그녀와 처음 만난 것이 언제인지 정확히 **recall** 할 수 없다.(= bring back to mind; remember)
- 그 자동차 회사는 소비자에게 판매한 자동차 중에서 구조에 결함이 발견된 자동차를 모두 **recall** 했다. 그 결과 소비자의 불만이 많이 줄어들었다.(= ask or order to return)

terrible [térəbəl] 형 형

- 그 비행기 사고는 수백 명이 사망한, **terrible** 한 사고였다.(= causing great fear; dreadful; horrible)
- 그 호텔은 내가 가 보았던 호텔 중에서 가장 **terrible** 했다. 다시는 그 호텔에 가지 않을 것이다.(= severe; very bad)

celebrate [séləbrèit] → 명 celebration 동

- 나는 집에서 친구들과 함께 나의 생일을 **celebrate** 했다.(= honor a special day or event)

exhibit [igzíbit] → 명 exhibition 동 동

- 새로 들여온 피카소 작품을 일반인들이 관람할 수 있도록 그 작품들을 미술관에서 한 달 동안 **exhibit** 할 예정이다.(= show or display to the public)
- 그녀는 자신의 감정을 좀처럼 밖으로 **exhibit** 하지 않기 때문에 사람들은 그녀의 마음을 잘 알지 못한다.(= show or demonstrate; reveal)

훔 쳐 보 기

* breeze	• 산들바람	* terrible	• 끔찍한, 엄청난
* efficient	• 능률적인, 효율적인		• 매우 나쁜, 지독한, 형편없는
* length	• 길이	* celebrate	• 경축하다, 기념하다
* recall	• 생각해 내다, 기억해 내다	* exhibit	• 전시하다, 진열하다
	• 불러들이다, 회수하다		• 나타내다, 보이다

material [mətíəriəl] → 형 material 　　　　　　　　　　　　　명
- 삼(마)은 굵은 밧줄(로프)을 만드는 데 쓰이는 **material** 이다.(= what a thing is made up of; substance)

rely [rilái] → 명 reliance 형 reliant, reliable 　　　　　　　동 동
- 대학생들의 대부분은 고정된 수입이 없기 때문에 그들의 부모에게 경제적으로 **rely on** 하고 있다.(= be dependent on)
- 비밀을 지키는 것에 대해서는 나를 **rely on** 해도 좋다.(= trust; depend)

trace [treis] 　　　　　　　　　　　　　　　　　　　　　명 동
- 경찰은 그 나무 근처에서 사람이 지나간 **trace** 를 발견할 수 있었다.(= a mark or sign left by someone or something)
- 우리들은 사슴의 발자국을 따라서 사슴을 **trace** 했다.(= follow the track, course, or trail of)

claw [klɔː] 　　　　　　　　　　　　　　　　　　　　　　　명
- 고양이가 자신의 **claw** 로 커튼을 찢어놓았다.(= a sharp curved nail on the foot of an animal or bird)

fancy [fǽnsi] 　　　　　　　　　　　　　　　　　　　명 동 형
- 그 책에 나오는 등장 인물은 실존 인물이 아니라 작가의 **fancy** 에서 나온 창조물이다.(= imagination)
- 나는 그를 내 남편감으로 **fancy** 해 본 적이 없다.(= imagine; picture in the mind)
- 그 옷은 너무 **fancy** 해서 평범한 것을 좋아하는 내 취향에 맞지 않는다.(= not plain or simple ; elaborate)

mist [mist] → 형 misty 　　　　　　　　　　　　　　　　명 동
- 아침 일찍 호수에 나가 보니 호수가 **mist** 로 덮여 있어서, 호수의 표면을 잘 볼 수 없었다.(= a fog but not so thick)
- 추운 날씨에 밖에서 따뜻한 실내로 들어오니 안경이 **mist** 되어 앞이 잘 보이지 않았다.(= form a mist; become dim)

훔쳐보기

* material	원료, 재료, 성분, 소재	* fancy	상상력
* rely	의존하다		생각하다, 상상하다
	믿다		별난, 장식적인, 색다른
* trace	흔적, 자취	* mist	엷은 안개
	추적하다		흐려지다
* claw	발톱		

responsible [rispánsəbəl] → 명 responsibility   형

- 바이러스는 많은 질병의 **be responsible for**가 된다.(= being the cause of something)
- 버스 운전사가 그 자동차 사고에 대해 **be responsible for** 이다.

uniform [júːnəfɔ̀ːrm] → 명 uniform   형 형

- 유전공학 실험실은 실험을 위해서 항상 **uniform** 한 온도를 유지해야 한다.(= always the same; not changing)
- 같은 컴퓨터 부품이라 하더라도 모든 가게에서 가격이 **uniform** 한 것은 아니다. 가게마다 가격이 조금씩 다르다.(= each being the same as another)

compress [kəmprés] → 명 compression   동

- 실린더 안의 가스를 **compress** 했다가 팽창시키는 과정을 반복한다.(= press something together so that it takes up less space; compact)

flee [fliː]   동

- 우리들은 이쪽으로 다가오는 사자를 보자, 모두 은신처로 **flee** 했다.(= run away)

necessity [nisésəti] → 형 necessary   명 명

- 식수로 사용할 수 있는 깨끗한 물은 우리들에게 절대적인 **necessity** 다.(= something that you must have)
- 그것은 충동적으로 구입한 것이 아니라 **necessity** 에 의해 구입한 것이다.(= the fact or being necessary)

salary [sǽləri]   명

- 그는 회사에서 프로젝트를 성공적으로 끝냈기 때문에, 그의 **salary** 는 많이 오를 것이다.(= a fixed amount of money paid to a worker at regular times)

victim [víktim]   명

- 폭발 사고로 인하여 6명이 죽고 20여명이 부상당했는데, 경찰은 아직도 **victim** 의 명단을 파악하지 못하고 있다.(= someone or something killed, hurt, sacrificed, or destroyed)

훔쳐보기

* responsible	• 원인이 되는	* necessity	• 필수품, 필수
* uniform	• 일정한, 균일한		• 필요, 필요성
	• 다른 것과 같은	* salary	• 월급, 봉급, 급료
* compress	• 압축하다	* victim	• 희생자, 피해자
* flee	• 달아나다, 도망치다, 도피하다		

consist [kənsíst] 〔동〕

- 청동은 구리와 주석으로 ***consist of*** 되어 있다.(= be made up of)
- 위원회는 모두 8명으로 ***consist of*** 되어 있다.

freeze [friːz] 〔동〕

- 물은 섭씨 0도 이하에서 ***freeze*** 된다.(= make or become solid because of cold)

offense [əféns] → 〔동〕 offend 〔형〕 offensive 〔명〕〔명〕〔명〕

- 교통 법규의 ***offense*** 에는 음주 운전, 중앙선 침범, 신호 위반, 제한 속도 위반 등이 있다.(= the act of breaking the law or committing a sin)
- 그의 무례한 발언은 이 방에 있는 모든 사람들에게 ***offense*** 가 되었다.(= something that causes anger or hurt feelings)
- 우리 팀은 오랫동안 수비를 한 후에 마침내 ***offense*** 할 기회를 잡았다.(= the act of attacking)

sensation [senséiʃən] → 〔형〕 sensational 〔명〕〔명〕

- 그가 내 다리를 몇 시간 동안 깔고 앉았더니, 다리에 ***sensation*** 이 없다.(= any feeling produced by the sense of touch, sight, hearing, smell, taste, etc.)
- 유명 정치인의 사생활에 관한 책이 출판되자, 커다란 ***sensation*** 을 불러 일으켰다.(= great interest; excitement)

worship [wə́ːrʃip] → 〔명〕 worship 〔동〕

- 원시 사회에서는 사람들이 태양이나 달을 ***worship*** 했다.(= show great respect for)

adapt [ədǽpt] → 〔명〕 adaptation 〔형〕 adaptable 〔동〕〔동〕

- 우리가 다른 곳으로 이사했을 때, 아이들은 새로운 환경에 쉽게 ***adapt*** 했다.(= change oneself to fit new condition)
- 그는 중고 자동차의 엔진을 보트엔진으로 ***adapt*** 했다.(= change so as to make fit or usable)

훔쳐보기

* consist	• 구성되다	* sensation	• 감각
* freeze	• 얼다, 얼리다		• 대단한 흥미, 관심
* offense	• 법규 위반, 범죄	* worship	• 경배하다, 숭배하다
	• 기분을 상하게 하는 것, 화나게 하는 것	* adapt	• 적응하다
	• 공격		• 개조하다

convey [kənvéi] → 몡 conveyance　　　　　　　　　　　　　　　　통
- 트럭은 가구점에서 우리 집까지 가구를 **convey** 했다.(= carry from one place to another)

global [glóubəl] → 몡 globe　　　　　　　　　　　　　　　　　　　형
- 에이즈(AIDS) 환자의 증가는 더 이상 미국의 문제가 아니라 **global** 한 문제다.(= relating to all the world; worldwide)

partial [páːrʃəl] → 몡 part　　　　　　　　　　　　　　　　형 형
- 그 계획이 완전히 성공한 것은 아니고, **partial** 한 성공이라고 볼 수 있다.(= being a part ; not total or complete)
- 스포츠 경기에서 심판은 공정해야 한다. 어떤 특정한 팀이나 특정 선수에게 **partial** 해서는 안된다.(= favoring one person or side more than another)

sincere [sinsíər]　　　　　　　　　　　　　　　　　　　　　　　형
- 너에 대한 그의 사랑은 **sincere** 하다. 그의 청혼을 받아들여도 좋을 것이다.(= honest; genuine)

amuse [əmjúːz] → 몡 amusement　　　　　　　　　　　　　　　　통
- 코미디언의 익살스런 행동은 아이들을 **amuse** 했다.(= entertain; cause to laugh)

cunning [kʌ́niŋ]　　　　　　　　　　　　　　　　　　　　　　　형
- **cunning**한 사람을 보면 우리는 흔히 여우에 비교하곤 한다.(= clever in cheating; sly)

hardship [háːrdʃip]　　　　　　　　　　　　　　　　　　　　　　명
- 그는 직장을 그만 둔 후에 수입이 없어서 재정적인 **hardship** 을 겪었다.(= difficulty related to one's living conditions; suffering)

planet [plǽnət]　　　　　　　　　　　　　　　　　　　　　　　명
- 태양계에는 태양 주위를 돌고 있는 9개의 **planet** 이 있다.(= one of the nine large heavenly bodies revolving around the sun)

훔쳐보기

* convey	• 운반하다	* amuse	• 즐겁게 하다, 웃기다
* global	• 전 세계의	* cunning	• 교활한, 간사한
* partial	• 부분적인, 불완전한, 일부분의	* hardship	• 고난, 고생
	• 한쪽 편을 드는, 편파적인	* planet	• 행성
* sincere	• 진실한, 참된, 정직한		

source [sɔ:*r*s] 명

- 그는 30분 동안 고장난 컴퓨터를 이리저리 살펴보다가 드디어 컴퓨터 고장의 **source** 를 발견했다.(= a place or thing from which something comes or originates)

assure [əʃúər] → 명 assurance 동

- 이것이 너에게 위험하지 않다는 것을 **assure** 한다. 만일 문제가 발생하면 내가 책임을 지겠다.(= tell with confidence)

defect [difékt] 명

- 그 자동차는 구입하지 말아야 한다. 그 차는 구조적인 **defect** 때문에 안전하지 못하다.(= a fault ; a weakness)

imply [implái] 동

- 그녀가 얼굴을 찡그린 것은 그의 의견에 동의하지 않는 것을 **imply** 한다.(= indicate or suggest only indirectly; hint)

positive [pázətiv] 형 형

- 자살을 막기 위해서는 삶에 대해 **positive** 한 태도를 갖게 하는 것이 중요하다.(= hopeful; optimistic)
- 우리가 제안한 것에 대해 미국의 한 회사가 **positive** 한 대답을 보내 왔다. 얼마 후에 계약이 성립될 것 같다.(= affirmative)

sting [stiŋ] 동

- 벌집을 건드리지 않도록 조심해라, 그렇지 않으면 벌들이 너를 **sting** 할 것이다.(= prick with a small sharp point; hurt by pricking)

battle [bǽtl] → 동 battle 명

- 그는 어제 있었던 적군과의 **battle** 에서 총에 맞아 사망했다.(= a fight between two armed forces ; any fight or struggle)

destroy [distrɔ́i] → 명 destruction 동

- 그 폭탄은 주변의 모든 건물을 **destroy** 했다.(= ruin; put an end to)

훔쳐보기

* source	• 근원, 원인, 출처	* positive	• 희망적인, 낙관적인
* assure	• 보증하다, 장담하다		• 긍정적인
* defect	• 결함, 결점	* sting	• 찌르다, 쏘다
* imply	• 암시하다,	* battle	• 전투, 싸움
	간접적으로 나타내다	* destroy	• 파괴하다, 없애버리다

instruct [instrʌ́kt] → 명 instruction, instructor　　　　　　　　　　동 동
- 나에게 컴퓨터 다루는 법을 **instruct** 해 줄 사람이 필요하다.(= teach; train)
- 선생님은 우리들에게 기념식이 진행되는 동안 조용히 하라고 **instruct** 했다.(= give orders to; direct)

private [práivit] → 명 privacy　　　　　　　　　　　　　　　　　　형
- 다른 사람의 **private** 한 편지를 읽어서는 안된다.(= personal)
- 사람들 앞에서 나의 **private** 한 문제들을 얘기하고 싶지 않다.

suffer [sʌ́fər]　　　　　　　　　　　　　　　　　　　　　　　　　동
- 그녀는 심각한 두통으로 **suffer** 하고 있다.(= feel pain of body or mind)
- 많은 아프리카 어린이들이 배고픔으로 **suffer** 하고 있다.

blossom [blásəm] → 명 blossom　　　　　　　　　　　　　　　　동
- 그 나무는 다음 달에 **blossom** 한다. 그때는 정말 아름다울 것이다.(= come into flower; bloom)

drip [drip] → 명 drip　　　　　　　　　　　　　　　　　　　　　동
- 수도꼭지에서 물방울이 한 방울씩 **drip** 하고 있다.(= fall or let fall in drops)

justice [dʒʌ́stis] → 형 just　　　　　　　　　　　　　　　　　　명
- 훌륭한 선생님은 특정 학생을 편애함이 없이 학생들을 **justice** 하게 대한다.(= the quality of being just or fair)

quantity [kwántəti]　　　　　　　　　　　　　　　　　　　　　명
- 그는 음식의 질보다 **quantity** 를 중요하게 생각한다.(= an amount)

tame [teim] → 동 tame　　　　　　　　　　　　　　　　　　　　형
- 그는 야생 말을 타다가 떨어져서 다친 후부터는 **tame** 한 말만 탔다.(= not wild; domesticated)

훔쳐보기

* instruct	• 가르치다	* drip	• 물방울이(을) 떨어지다(뜨리다)
	• 지시하다	* justice	• 공평, 공정, 정의
* private	• 개인적인	* quantity	• 양(量)
* suffer	• 고통받다, 괴로워하다	* tame	• 온순한, 길들여진
* blossom	• 꽃이 피다		

bride [braid] → 명 bridegroom　　　　　　　　　　　　　　　　명
- 결혼식장에서 웨딩 드레스를 입은 **bride** 는 아름다워 보였다.(＝a woman newly married or about to be married)

element [éləmənt] → 형 elementary　　　　　　　　　　　　　　명
- 문장을 이루는 중요한 **element** 는 명사와 동사다.(＝a (basic) part of a whole; one important part of something)

liable [láiəbəl] → 명 liability　　　　　　　　　　　　　　　　형 형
- 우리가 남에게 손해를 끼쳤다면 그 손해에 대해 **liable** 해야 한다.(＝ responsible)
- 칼을 갖고 장난하면 칼에 다치기가 **liable** 하다.(＝likely)

recite [risáit]　　　　　　　　　　　　　　　　　　　　　　　동
- 국어 선생님은 학생들에게 시를 외운 후에 앞에 나와서 시를 **recite** 해 보라고 했다.(＝say aloud, before an audience, something one knows from memory)

theft [θeft]　　　　　　　　　　　　　　　　　　　　　　　　명
- 이 지역에서는 자동차 **theft** 발생률이 높기 때문에, 자동차 키를 꽂아 놓은 채 자동차 밖으로 나가서는 안된다.(＝the act of robbing or stealing)

ceremony [sérəmòuni] → 형 ceremonial　　　　　　　　　　　　명
- 졸업(graduation) **ceremony**(＝series of acts done in a particular way established by custom)
- 결혼(wedding) **ceremony**

existence [igzístəns] → 동 exist　　　　　　　　　　　　　　　명
- 지구 이외의 다른 행성에 생명체의 **existence** 를 믿는 사람들이 있다.(＝ the state of existing)

mature [mətjúər, -tʃúər] → 동 mature　　　　　　　　　　　　　형
- 그녀는 어리지만 나이에 비해 **mature** 한 행동을 보여준다.(＝of or like an adult)

훔쳐보기

*bride	신부	*recite	암송하다, 낭독하다
*element	요소, 성분	*theft	도둑질, 절도
*liable	법적 책임이 있는, 책임을 져야 할	*ceremony	사회적, 종교적 의식(예식)
	하기 쉬운, 경향이 있는	*existence	존재, 실재
		*mature	어른스러운, 성숙한

remark [rimá:rk] → 圐 remark 阌 remarkable 통

• 그의 집을 방문한 그녀는 그의 집이 매우 아름답다고 그에게 **remark** 했다.(= say; comment; mention)

tragic [trǽdʒik] → 圐 tragedy 阌

• 어제 고속도로에서 20여대의 차량이 충돌한 교통 사고는 정말 **tragic** 한 사고였다.(= bringing great harm or suffering; disastrous; dreadful)

climax [kláimæks] 圐

• 그 영화의 **climax** 는 남녀 주인공이 헤어졌다가 다시 만나는 장면이었다.(= highest point of interest or excitement)

fast [fǽst] 阌통

• 스피드광인 그는 매우 **fast** 한 자동차를 좋아한다.(= able to move or act at great speed; quick; rapid)

• 어떤 사람들은 몸무게를 줄이기 위해 **fast** 하지만, 또 어떤 사람들은 종교적인 이유로 며칠 동안 **fast** 하기도 한다.(= go without food)

mix [miks] → 圐 mix 통

• 파란 색의 물감과 노란 색의 물감을 **mix** 하면 초록색이 된다.(= blend together; stir)

retire [ritáiər] → 圐 retirement 통

• 그는 60세에 회사를 **retire** 해서, 지금은 여행과 독서를 하면서 지내고 있다.(= leave one's job, especially because of age)

universe [jú:nəvə:rs] 圐

• **universe** 가 어떻게 탄생되었는가에 대해 유력한 학설로 빅뱅(Big Bang) 이론이 있다.(= all of spaces, including the earth, the planets, and the stars)

conduct [kándʌkt] 圐통

• 선생님은 훌륭한 **conduct** 를 한 학생을 칭찬했다.(= behavior)
• 네가 한 **conduct** 는 학생으로서 적합한 것이 아니었다.
• 관광 가이드는 우리를 미술박물관으로 **conduct** 했다.(= guide; lead)

훔쳐보기

* remark	• 언급하다, 견해를 밝히다	* mix	• 섞다, 혼합하다
* tragic	• 비참한, 끔찍한	* retire	• 은퇴하다, 퇴직하다
* climax	• 절정, 최고조	* universe	• 우주
* fast	• 빠른	* conduct	• 행동, 행위
	• 단식하다		• 안내하다, 이끌다

flesh [fleʃ] 명

- 채식주의자는 **flesh** 를 먹지 않는다.(= meat)

neglect [niglékt] → 명 neglect 형 neglectful 동

- 그녀는 너무 서둘러서 나왔기 때문에 문 잠그는 것을 **neglect** 했다.(= forget to do something because of carelessness)
- 그는 이를 닦는 것을 **neglect** 해서 결국 충치가 생기고 말았다.

satellite [sǽtəlàit] 명

- 월드컵 축구 경기 방송은 지구 주위를 돌고 있는 **satellite** 을 통하여 전 세계로 전달된다.(= a man-made object put into orbit around the earth)

violent [váiələnt] → 명 violence 형

- 시위는 평화적으로 시작했으나, 몇 시간 후에는 **violent** 한 시위로 변해 버렸다.(= using physical strength to hurt or kill)

console [kənsóul] → 명 consolation 동

- 친구들은 실의에 빠져있는 그녀를 찾아가서 **console** 해주었다.(= comfort someone in grief or disappointment)

frighten [fráitn] 동

- 그 아이는 커다란 개가 갑자기 짖는 소리에 **frightened** 되었다.(= fill with fear ; alarm)

official [əfíʃəl] → 명 official 형

- 오전 9시에 뇌물 사건에 대한 검찰의 **official** 한 발표가 있을 예정이 다.(= of or related to a position of power or authority)

sensible [sénsəbəl] 형

- 교통이 막힐 것에 대비해서 조금 일찍 출발한 것은 **sensible** 한 생각이 었다. 그렇지 않았더라면 우리는 약속 시간에 늦었을 것이다.(= having or showing good sense ; reasonable)

훔 쳐 보 기

* flesh	・고기, 살	* console	・위로하다
* neglect	・부주의로 할 일을 하지 못하 다, 소홀히 하다	* frighten	・놀라게 하다
		* official	・공식적인, 공무상의
* satellite	・인공위성	* sensible	・분별있는, 현명한
* violent	・폭력적인, 난폭한		

analysis [ənǽləsis] → 동 analyze 　명
- 환자의 피를 뽑아서 **analysis** 해 보면 간이 이상이 있는지를 알 수 있다.(= a detailed examination of something in order to understand it better)

curious [kjúəriəs] → 명 curiosity 　형 형
- 그 학생은 **curious** 해서 모르는 것이 있으면 언제나 알고 싶어한다.(= eager to know or learn)
- 나는 숲속에서 전에 한 번도 보지 못했던 **curious** 한 동물을 보았다.(= strange; odd)

harmony [háːrməni] → 형 harmonious 　동 harmonize 　명
- 우리 가족들은 싸우지 않는다. 우리 가족은 항상 **harmony** 하게 지내고 있다.(= agreement in feeling or ideas ; peace and friendship)

plate [pleit] 　명
- **plate** 에 음식을 가득 담아서 가져가다가 넘어지는 바람에 **plate** 은 깨지고 음식이 바닥에 떨어졌다.(= a flat usually round dish)

spare [spɛər] → 명 spare 　동 형
- "죄송합니다만, 저와 얘기할 수 있도록 10분만 시간을 **spare** 해 주시겠습니까?" (= afford to give; give up)
- 그는 타이어가 펑크날 것에 대비해서 차 트렁크에 **spare** 타이어를 갖고 다닌다.(= kept for use when needed)

athlete [ǽθliːt] 　명
- **athlete** 들은 보통 사람보다 근력, 순발력, 지구력 등이 뛰어나다.(= a person who is trained in or has a natural talent for exercises and sports)

definite [défənit] → 동 define 　형
- 당신은 그들의 **definite** 한 도착 시간을 알고 있습니까?(= clear; exact)
- 국회의원은 장관에게 **definite** 한 답변을 요구했다.

impress [imprés] → 명 impression 　동
- 그녀의 뛰어난 피아노 연주는 우리를 **impress** 시켰다.(= have a strong

훔쳐보기

* analysis	• 분석	* spare	• 할애하다, 나누어주다
* curious	• 호기심이 강한		• 예비의, 여분의
	• 이상한, 진기한	* athlete	• 운동선수
* harmony	• 일치, 조화, 화합	* definite	• 정확한, 명확한
* plate	• 접시	* impress	• 감동시키다, 감명을 주다

effect on the mind or feelings of)

possess [pəzés] → 명 possession 　　　　　　　　　　　　동

- 경찰은 그가 불법 무기를 **possess** 하고 있는지 알아 보기 위해서 그의 몸을 조사했다.(= own; have)

stir [stə:r] 　　　　　　　　　　　　　　　　　　　　　　동 동

- 그녀는 커피에 설탕과 프림을 넣고 스푼으로 **stir** 했다.(= mix by using repeated circular motions)
- 신문에 실린, 그녀의 슬픈 이야기는 사람들의 동정심을 **stir** 했다.(= excite; make someone feel a strong emotion)

beast [bi:st] 　　　　　　　　　　　　　　　　　　　　　　　명

- 그들은 정글 속에서 텐트를 치고 자다가, 밖에서 야생 **beast** 의 소리를 들었다.(= any four-footed animal)

detail [dí:teil, ditéil] 　　　　　　　　　　　　　　　　　　명

- 전체적인 것뿐만 아니라 **detail** 한 부분까지 자세히 살펴봐야 할 것이다.(= a small part of a whole)

intelligent [intélədʒənt] → 명 intelligence 　　　　　　　형

- 몇몇 과학자들은 돌고래가 인간보다 더 **intelligent** 하다고 한다.(= having or showing the ability to learn, think, understand, and know)

process [práses / próu-] 　　　　　　　　　　　　　　　　명

- 선생님은 학생들에게 인간의 몸 속에서 음식물이 소화되는 **process** 를 설명했다.(= a method of making or doing something, in which there are a number of steps)

suit [su:t] 　　　　　　　　　　　　　　　　　　　　　동 동 동

- 새로 이사온 집은 작지만 우리들의 요구를 충분히 **suit** 한다.(= meet the needs of; satisfy)
- 그런 색깔의 옷은 그에게 **suit** 하지 않는다.(= look good or well-matched)
- 그녀는 제품을 판매하는 일이 자신에게 **suited** 하지 않은 것을 깨닫고,

훔쳐보기

* possess	• 소유하다, 가지다	* intelligent	• 총명한, 머리가 좋은
* stir	• 젓다, 뒤섞다	* process	• 과정, 진행, 작용
	• 자극하다, 감동시키다	* suit	• 만족시키다
* beast	• 네발 달린 짐승		• 어울리다
* detail	• 세부, 작은 부분		• be suited 적합하다, 맞다

한 달 후에 그만두었다.(= be fit or suitable)

blur [bləːr] → 명 blur   동
- 추운 곳에서 따뜻한 실내로 들어오자 안경이 **blurred** 되었다.(= make something difficult to see)
- 눈물 때문에 시야가 **blurred** 되어 앞을 잘 볼 수 없었다.

drown [draun]   동
- 홍수가 나서 농장의 많은 동물들이 **drowned** 되었다.(= die or cause to die under water because it is not possible to breathe)
- 강에서 놀던 아이들이 갑자기 불어난 강물로 인하여 모두 **drowned** 되었다.

keen [kiːn]   형
- 그 칼은 **keen** 한 날을 갖고 있기 때문에 조심해서 다루지 않으면 손을 다친다.(= having a sharp edge or point)

quarrel [kwɔ́ːrəl, kwɑ́r-]   동
- 형제들은 돈 문제로 심하게 **quarrel** 했다.(= argue very angrily)
- 마이클은 회사의 사장과 **quarrel** 하고 나서 회사를 그만두었다.

task [tæsk]   명
- 너의 첫 번째 **task** 는 이 문서를 타이핑하는 것이다.(= a piece of work that a person must do)

brutal [brúːtl] → 명 brute   형
- 그는 수십 명을 죽인 **brutal** 한 살인자다.(= cruel; savage; violent)

emerge [imə́ːrdʒ] → 명 emergence   동
- 비가 그친 후에 구름에 가려졌던 태양이 다시 **emerge** 했다.(= come into view ; appear)

liberty [líbərti]   명
- 영국의 식민지였던 미국은 전쟁에서 승리하여 영국으로부터 **liberty** 를 얻었다.(= freedom from the control of others)

훔쳐보기

* blur	• 희미하게 하다	* task	• 임무, 일
* drown	• 익사하다, 익사시키다	* brutal	• 잔인한, 야만적인
* keen	• 날카로운, 예리한	* emerge	• 나타나다, 보이다
* quarrel	• 말다툼하다	* liberty	• 자유, 독립

recover [rikʌ́vər] → 명 recovery 동 동

• 그는 며칠 전에 잃어버린 지갑을 다시 **recover** 했는데, 지갑 안의 내용물도 그대로 있어서 매우 기뻤다.(= get back; regain)

• 그는 감기로부터 완전히 **recover** 되어서 밖에 나갈 수 있었다.(= get well again)

theme [θi:m] 명

• 오늘 토론의 **theme** 은 "바람직한 교육 제도"이고, 토론에 참여하는 사람은 모두 6명이다.(= a topic or subject of a talk or piece of writing)

challenge [tʃǽlindʒ] → 명 challenge 동

• 도전자는 체스 챔피언에게 체스 게임 시합을 **challenge** 했다.(= call to take part in a fight or contest)

expand [ikspǽnd] → 명 expansion 동

• 금속을 가열하면 온도가 올라가고 동시에 부피가 **expand** 한다.(= make or become larger in size, amount, volume, etc; enlarge)

measure [méʒər] → 명 measurement 동 명

• 가구를 방에 배치하기 위해 방의 크기를 **measure** 했다.(= find size, amount, or extent of something)

• 이 방의 **measure** 는 가로 10m, 세로 7m이다.(= the size, amount, capacity, or degree of something)

replace [ripléis] 동 동

• 망치, 칼, 톱 등의 연장을 사용한 후에는 그것들을 **replace** 해라. 그렇게 해야 다음 사람이 손쉽게 사용할 수 있다.(= put back in the right place)

• 그녀는 구입한 지 5년이 지난 자동차를 새 자동차로 **replace** 했다.(= put another in the place of something used, lost, etc.)

translate [trænsléit, trænz-] → 명 translation 동

• 그녀는 영어로 쓰여진 글을 한국어로 **translate** 했다.(= express in another language)

훔쳐보기

* recover	• 되찾다, 회복하다	* measure	• 측정하다
	• 병, 상처에서 낫다		• 크기, 양, 넓이, 치수, 무게
* theme	• 주제, 제목	* replace	• 제자리에 다시 놓다
* challenge	• 도전하다, 경기를 제의하다		• 바꾸다, 교체하다
* expand	• 팽창하다, 확장하다	* translate	• 번역하다

combine [kəmbáin] → 명 combination   동
- 노란 색과 파란 색을 **combine** 하면 녹색이 된다.(= mix ; join together)

feast [fi:st]   명
- 왕은 공주의 결혼식때 궁궐에서 **feast** 를 베풀었다.(= a large and rich meal; banquet)

moan [moun] → 명 moan   동
- 병을 앓고 있는 아이가 아픔을 참지 못해 **moan** 하는 것을 들으니 어머니는 마음이 아팠다.(= make low sounds of pain)

review [rivjú:] → 명 review   동 동 동
- 최종 결정을 내리기 전에 모든 사항들을 **review** 하는 것이 바람직하다.(= examine again)
- 그는 잊어버리지 않기 위해 이번 주에 배운 것을 **review** 했다.(= study again; repeat)
- 매주 토요일 신문에는 영화 평론가들이 최근에 개봉되는 영화들을 **review** 하고 있다.(= write or give a critical report about)

urban [ɔ́:rbən]   형
- 많은 **urban** 거주자들은 교통 혼잡, 인구 폭발, 대기 오염 등의 문제 때문에 시골에서 살고 싶어한다.(= of, relating to, or located in a city)

conference [kánfərəns] → 동 confer   명
- 그는 다음 주에 뉴욕에서 열리는 **conference** 에 참가할 예정이다.(= a meeting for discussion purposes)
- 많은 국제적인 **conference** 가 제네바에서 열렸다.

flood [flʌd]   명 동
- 3일 동안 계속해서 많은 비가 내린 후에, 강물이 범람해서 **flood** 를 일으켰다.(= a large flow of water over dry land ; an overflow)
- 그 거리는 물이 잘 빠지질 않아서 비만 오면 **flood** 한다.(= overflow; cover with water)

훔쳐보기

* combine	· 합치다, 섞다		· 논평하다
* feast	· 성찬, 축연	* urban	· 도시의
* moan	· 신음하다	* conference	· 회의
* review	· 검토하다, 다시 생각하다	* flood	· 홍수
	· 복습하다		· 물이 넘치다, 범람하다

neutral [njú:trəl]   [형]

• 두 친구가 논쟁을 벌이고 있을 때 나는 어느 편에도 서지 않고 **neutral** 한 상태로 있었다.(= not on either side in a dispute)

scan [skæn] → [명] scan   [동] [동]

• 그는 시간이 없어서, 신문을 3분 안에 **scan** 했다.(= look at or read quickly)

• 의사는 교통 사고를 당한 환자의 뇌 상태를 알아보기 위해 환자의 뇌를 **scan** 했다.(= examine carefully)

visible [vízəbəl] → [명] vision   [형]

• 명왕성은 천체망원경으로만 **visible** 하다. 사람의 눈으로는 직접 볼 수 없다.(= able to be seen)

constitution [kànstətjú:ʃən] → [동] constitute   [명]

• 국가 최고의 법인 **constitution** 에서 국민의 권리와 의무를 규정하고 있다.(= the laws and principles according to which a country is governed)

fund [fʌnd]   [명]

• 그는 100만 원의 돈을 홍수 피해자들을 위한 **fund**로 내놓았다.(= an amount of money to be used for a special purpose)

operate [ápərèit] → [명] operation   [동] [동] [동]

• 엘리베이터는 밤 12시 이후에는 **operate** 하지 않는다.(= work; run)

• 학생들은 컴퓨터를 **operate** 하는 법을 배우고 있다.(= control; manage)

• 외과 의사는 오늘 5명의 환자를 **operate** 했다.(= perform surgery)

separate [sépərèit] → [형] separate [명] separation   [동]

• 경찰들은 싸우던 두 사람을 싸우지 못하게 **separate** 해 놓았다.(= set apart; divide into parts)

admire [ædmáiər, əd-] → [명] admiration   [동]

• 사람들은 음악가로서의 그녀의 뛰어난 능력에 **admire** 했다.(= have a

훔쳐보기

* neutral	• 중립적인, 중립의	* operate	• 작동하다(시키다), 움직이다
* scan	• 대충 훑어보다		• 조작하다, 운전하다, 운영하다
	• 자세히 살펴보다		• 수술하다
* visible	• 볼 수 있는, 눈에 보이는	* separate	• 분리하다
* constitution	• 헌법	* admire	• 감탄하다
* fund	• 기금, 자금		

high opinion of; feel great respect for)

cooperate [kouápərèit] → 명 cooperation ⬛동

• 두 사람은 공동의 목적을 위해 그 목적을 달성할 때까지 서로 **cooperate** 했다.(= work or act together for a common purpose)

globe [gloub] → 형 global ⬛명⬛명

• 선생님은 지도와 **globe** 를 이용하여 학생들에게 여러 나라의 위치를 알려주었다.(= a round ball with a map of the earth on it)

• 인공위성과 텔레비전의 덕택으로 **globe** 반대편에 사는 사람들의 모습을 볼 수 있다.(= the earth; world)

particular [pərtíkjələr] ⬛형

• 너는 영어 성적이 좋지 않다. 영어 과목에 **particular** 한 주의를 해야겠다.(= special; unusual; more than ordinary)

• 그녀는 오늘따라 머리 스타일에 **particular** 한 신경을 썼다.

situation [sìtʃuéiʃən] ⬛명

• 그녀는 어려운 **situation** 에 놓여 있어서 누군가의 도움을 필요로 했다.(= a position or condition at the moment)

atmosphere [ǽtməsfìər] ⬛명

• 석탄, 석유 연료의 사용과 자동차의 매연으로 지구의 **atmosphere** 는 계속 오염되고 있다.(= the air surrounding the earth)

demand [dimǽnd] → 명 demand ⬛동

• 그녀는 그에게 그의 무례한 행동에 대하여 사과할 것을 **demand** 했다.(= ask for as a right; ask with authority)

income [ínkʌm] ⬛명

• 가계의 지출이 **income** 을 초과하면 적자가 발생하여 빚을 지게 되는 경우가 발생된다.(= money received as salary, wages, interest, etc.)

poverty [pávərti-] → 형 poor ⬛명

• 그는 **poverty** 때문에 학업을 중단하고 돈을 벌어야만 했다.(= the

훔쳐보기

* cooperate	• 협동하다, 협력하다	* situation	• 상태, 상황, 처지, 위치
* globe	• 지구본	* atmosphere	• 대기, 공기
	• 지구	* demand	• 권리로써 요구하다
* particular	• 특별한, 각별한	* income	• 수입

condition of being poor)

stock [stɑk]　명 명

- 그는 몇몇 유명 회사의 ***stock*** 을 소유하고 있는 부자다.(= a share in the capital of a company)
- 그 상점은 여름철에 소비자들이 찾을 것에 대비하여 많은 양의 캔 음료 ***stock*** 을 갖고 있다.(= a supply of goods available)

behave [bihéiv] → 명 behavior　동 동

- 한 학부모가 선생님에게 "우리 아이는 집에서는 잘하고 있습니다. 그런 데 학교에서는 어떻게 ***behave*** 하고 있습니까?"라고 질문을 했다.(= act or work in a certain way)
- 그녀는 아이들에게 손님 앞에서는 ***behave*** 해야 된다고 타일렀다.(= act properly)

devise [diváiz] → 명 device　동

- 그는 한참을 생각한 후에 게임에서 이길 수 있는 방법을 ***devise*** 했다.(= plan; invent)

intense [inténs]　형

- 올해 들어서 가장 ***intense*** 한 추위인 것 같다. 옷을 단단히 입어야 한 다.(= very strong)

product [prɑ́dəkt, -dʌkt] → 동 produce 명 production 형 productive　명

- 그의 업무는 회사의 ***product*** 들을 소비자에게 홍보하는 것이다.(= something produced with materials and labor, goods and services)

summary [sʌ́məri]　명

- 그는 실험 보고서의 맨 앞에 간략한 ***summary*** 를 적어 놓아서, 다른 사 람이 그것을 보고 보고서의 내용을 대강 알 수 있게 했다.(= a short description of the main ideas or events of something)

boast [boust] → 형 boastful 명 boast　동

- 그는 언제나 자신의 집안이 돈이 많다는 것을 사람들에게 ***boast*** 하고 다

훔쳐보기

* poverty	· 가난, 빈곤	* devise	· 고안하다, 계획하다, 발명하다
* stock	· 주식	* intense	· 강력한, 극심한
	· 재고(在庫)	* product	· 제품, 생산물
* behave	· 행동하다, 처신하다, 작동하다	* summary	· 요약, 개요
	· 예의바르게 행동하다	* boast	· 자랑하다

닌다. 그와 얘기할 때면 짜증이 난다.(= praise oneself ; be proud of having)

dye [dai] → 몡 dye   통
- 그녀는 머리를 빨간 색으로 **dye** 했다.(= change the color of something using a special liquid)

kidnap [kídnæp]   통
- 그는 아이를 **kidnap** 해서 가둬놓은 후에, 아이의 부모에게 몸값을 요구 했다.(= carry someone away by force and hold in order to demand money)

rage [reidʒ] → 몡 rage   통
- 그가 나를 속였다는 것을 알았을 때 나는 매우 **rage** 했다.(= feel or express great anger)

technology [teknάlədʒi]   몡
- **technology** 의 발전은 인간의 물질적 생활 수준을 높여 주었다.(= the science of industry and the mechanical or practical arts)

bump [bʌmp] → 몡 bump   통
- 그의 자동차는 나무에 **bump** 해서 차의 앞 부분이 찌그러졌다.(= hit or knock against someone or something with force)

emotion [imóuʃən] → 휑 emotional   몡
- 그 국회의원 후보자는 연설할 때 이성(reason)보다는 우리의 **emotion** 에 호소했다.(= strong feeling)

license [láisəns]   몡 통
- 그는 어제 운전 **license** 를 받아서, 드디어 자동차를 운전할 수 있게 되었다.(= an official paper that shows you are allowed to do or have something)
- 정부는 몇몇 회사에게만 맥주를 제조할 수 있도록 **license** 했다.(= permit by law ; authorize)

reduce [ridjúːs] → 몡 reduction   통
- 그는 운동을 많이 하고 식사를 조절함으로써 10kg을 **reduce** 했다.(=

훔쳐보기

* dye	• 염색하다	* emotion	• 감정
* kidnap	• 납치하다	* license	• 면허
* rage	• 몹시 화내다		• 허가하다, 면허를 주다
* technology	• 과학 기술, 기술	* reduce	• 줄이다, 감소하다
* bump	• 부딪히다, 충돌하다		

make smaller in amount, number or size)

thirst [θəːrst] → 휑 thirsty   명
- 나는 운동을 하고 난 후에 **thirst** 를 느껴서 시원한 물을 먹었다.(= the need to drink)

character [kǽrəktər] → 명 characteristic 휑 characteristic   명 명 명
- 그가 자주 내뱉는 욕설에서 그의 **character** 를 잘 알 수 있다.(= the general tendency of a person's behavior)
- 논밭과 숲은 시골의 **character** 를 나타낸다.(= all those things that make one person or thing different from others)
- 그 소설에 나오는 주요 **character** 는 의사와 간호원들이다.(= a person in a play or story)

experience [ikspíəriəns] → 명 experience   명
- 그 젊은 교사는 장난이 심한 아이들을 다루어 본 **experience** 가 없다.(= the knowledge or skill gained from work or practice)

medicine [médəsən]   명
- 병원에서 받은 **medicine** 은 어린아이의 손이 닿지 않는 곳에 두어라.(= a substance used in or on the body to treat disease, relieve pain, etc.)

represent [rèprizént] → 휑 명 representative, 명 representation   동 동
- 지도 위의 파란색의 굵은 선은 고속도로를 **represent** 한다.(= stand for ; express by some symbol or sign)
- 외국에서는 그곳의 한국 대사관이 한국을 **represent** 한다.(= act in the place of)

transport [trænspɔ́ːrt] → 명 transportation   동
- 비행기보다 기차로 물건을 **transport** 하는 것이 비용이 적게 든다.(= carry from one place to another ; convey)

comfort [kʌ́mfərt] → 휑 comfortable   동 명
- 그녀의 어머니가 돌아가셨을 때, 나는 슬퍼하고 있는 그녀를 **comfort** 했

훔쳐보기

* thirst	• 목마름, 갈증	* medicine	• 약, 의약
* character	• 성격	* represent	• 표시하다, 나타내다
	• 특성		• 대표하다
	• 등장인물	* transport	• 운송하다, 운반하다
* experience	• 경험, 지식	* comfort	• 위로하다

다.(= make feel less sad; give strength and hope)
- 그녀는 젊었을 때 저축한 돈으로 여생을 **comfort** 하게 지낼 수 있었다.(= freedom from pain or worries)

fiction [fíkʃən] → 혱 fictional   명
- 이 작품이 **fiction** 이라 하더라도 사실에 근거한 것이다.(= novels and short stories)

mold [mould]   동
- 조각가는 점토를 가지고 어린이의 얼굴을 **mold** 했다.(= form; shape)

revolution [rèvəlú:ʃən]   명
- 1789년 프랑스(the French) **Revolution** 이 발생하여, 부르봉 왕조가 무너지고 공화제가 수립되었다.(= a complete change in government or a social system)

urge [əːrdʒ] → 명 urge   동
- 기수는 말이 더 빨리 달리도록 말을 **urge** 했다.(= drive; force forward)

confidence [kánfidəns] → 혱 confident   명
- 회사의 사장은 그에게 **confidence** 를 갖고 있어서 중요한 일은 그에게 맡긴다.(= belief in one's abilities; complete trust)

fluid [flú:id]   명
- 고체, 액체, 기체 중에서 액체와 기체를 **fluid** 라고 한다.(= anything that can flow such as water or air; any liquid or gas)

nod [nɑd]   동
- 그는 나의 제안에 동의한다는 표현으로 머리를 **nod** 했다.(= bend the head forward slightly as a sign of agreement or greeting)

scandal [skǽndl]   명
- 장관의 뇌물 관련 **scandal** 이 알려지자, 국민들의 비난이 들끓었다.(= a wrong or immoral act that shocks people)

훔쳐보기

	• 편안함	* confidence	• 신뢰, 신임
* fiction	• 문학장르의 소설, 허구	* fluid	• 유체
* mold	• 만들다, 형성하다	* nod	• 동의, 인사의 표시로 머리를 끄덕이다
* revolution	• 혁명		
* urge	• 몰아대다, 독려하다, 촉구하다	* scandal	• 스캔들, 추문

visual [víʒuəl] → 툉 visualize   혱
- 선생님은 학생들의 이해를 돕기 위해 그림, 지도 등의 **visual** 한 교재를 이용했다.(= able to be seen; connected with seeing)

consult [kənsʌ́lt] → 멍 consultant, consultation   툉툉
- 당신의 병(病)에 대해 의사와 **consult** 해 보셨습니까?(= seek information or advice from)
- 3명의 의사들이 모여서 그 환자의 증세에 대해 **consult** 했다.(= confer with)

opposite [ápəzit, -sit] → 툉 oppose 멍 opposition   혱
- 두 전문가의 견해가 **opposite** 하기 때문에 어떤 사람의 말을 따라야 할지 모르겠다.(= completely different; against)

servant [sə́:rvənt]   멍
- 그는 요리사와 세탁 일을 담당하는 하녀, 이렇게 두 명의 **servant** 를 거느리고 있다.(= a person employed to do household work in the home of another)

advertise [ǽdvərtàiz] → 멍 advertisement   툉
- 그 회사는 유명한 가수를 모델로 써서 자기 회사의 제품을 TV에 **advertise** 했다.(= praise some product publicly, as in a newspaper, on radio or TV, to cause people to want to buy it)

counsel [káunsəl] → 멍 counsel   툉
- 아버지는 나에게 밤에 돌아다니지 말라고 **counsel** 했다.(= give advice; advise)

glory [glɔ́:ri] → 혱 glorious   멍멍
- 그 수영 선수는 올림픽에서 금메달을 따냄으로써 부와 **glory** 를 얻었다.(= great honor or fame)
- 그는 전쟁에서 용감한 행동으로 **glory** 를 얻었다.
- 작년에 바다에서 보았던 일몰의 **glory** 를 잊을 수 없다.(= great beauty)

훔쳐보기

* visual	• 시각적인, 눈에 보이는	* servant	• 하인, 고용인
* consult	• 상담하다, 조언을 듣다	* advertise	• 광고하다
	• 협의하다	* counsel	• 권고하다
* opposite	• 정반대의, 상반되는	* glory	• 영광, 명예

patch [pætʃ] → 통 patch   명

- 옷의 팔꿈치 부분의 구멍난 곳을 막으려고 그곳에 **patch** 를 대고 꿰맸다.(= a piece of material used to cover or mend a hole or a worn place)

slam [slæm]   통

- 화가난 그녀는 자기 방의 문을 큰 소리가 날 정도로 **slam** 했다.(= shut violently and noisily)

ancient [éinʃənt]   형

- 학교에서 역사 시간에 **ancient** 의 그리스, 로마 문명에 대해 공부했다.(= in the early years of history; very old)
- 이 축제는 그 지역의 **ancient** 한 전통중의 하나다.

customer [kʌstəmər] → 명 custom   명

- 그 회사는 제품에 대한 신속한 A/S로 **customer** 의 불만을 누그러뜨렸다.(= a person who regularly buys goods or services)

harvest [háːrvist] → 통 harvest   명

- 적당한 비와 기온의 덕택으로 그 지역의 농부들은 올해 쌀의 **harvest** 가 성공적일 것으로 기대하고 있다.(= the act or process of gathering a crop)

plea [pliː] → 통 plead   명 명

- 왕은 음식을 달라는 불쌍한 거지들의 **plea** 를 들어주었다.(= an urgent request; appeal)
- 그는 아프다는 **plea** 로 그 모임에 참석하지 않았다.(= something said in defense; an excuse)

spark [spaːrk]   명

- 옛 사람들은 불을 얻기 위하여 두 개의 나뭇조각을 서로 마찰시켜서 **spark** 을 일으켰다.(= a small bit of burning material)

beverage [bévəridʒ]   명

- 뜨거운 **beverage** 에는 커피, 차, 핫초코 등이 있다.(= a drink, usually not water)

훔쳐보기

	• 장관	* harvest	• 수확, 추수
* patch	• 덧대는 헝겊조각	* plea	• 간청, 탄원
* slam	• 쾅 닫다		• 이유, 핑계
* ancient	• 고대의, 오래된	* spark	• 불꽃
* customer	• 고객, 단골손님	* beverage	• 음료

diet [dáiət]   명 명 동

- 쌀밥은 많은 아시아인의 중요한 ***diet*** 중의 하나다.(= usual daily food and drink)
- 그녀는 몸무게를 줄이기 위해 특별히 만든 ***diet*** 을 먹고 있다.(= a special food eaten for one's health)
- 그는 살을 빼기 위해 한 달 동안 ***diet*** 을 하고 있다.(= eat a smaller amount or particular diet)

intent [intént] → 동 intend 명 intention 형 intentional   형 명

- 내가 읽고 있는 책에 ***intent*** 하고 있어서 네가 들어오는 소리를 듣지 못했다.(= showing concentration)
- 도대체 이와 같은 질문을 하는 ***intent*** 가 무엇인가?(= aim; purpose; plan)

progress [prágres] → 형 progressive 명 progress   동 동

- 보상 문제로 인하여 그 지역에서의 아파트 건축이 느리게 ***progress*** 되고 있다.(= move forward; advance)
- 그녀의 영어 실력이 나날이 ***progress*** 해서 영어 방송을 이해할 수 있을 정도가 되었다.(= develop; improve)

summit [sʌmit]   명 명

- 우리는 아침 일찍 출발했기 때문에 낮 12시에 산의 ***summit*** 에 도착할 수 있었다. 우리는 어두워지기 전에 산에서 내려왔다.(= the top; the highest point)
- 모스크바에서 미국 대통령과 러시아 대통령 간의 ***summit*** 이 열렸다.(= an important meeting between the leaders two or more countries)

bold [bould]   형

- 그녀는 험한 산을 혼자서 여러 번 올라갈 정도로 ***bold*** 하다.(= brave and confident; not afraid to take risks)

earnest [ə́:rnist]   형

- 그는 언제나 자신이 맡은 일에 대해 ***earnest*** 한 태도를 갖고 있기 때문

훔쳐보기

* diet	• 보편적인 식사, 음식	* progress	• 진행되다, 전진하다
	• 건강을 위해(몸무게를 줄이거나 늘리는 데) 먹는 음식		• 향상하다, 발달하다
		* summit	• 정상, 꼭대기
	• 식이 요법을 하다		• 정상회담
* intent	• 열중한, 몰두하는	* bold	• 대담한, 과감한
	• 목적, 의도, 계획	* earnest	• 진지한, 성실한

에 존경을 받고 있다.(= serious or sincere ; not joking)

knit [nit]   동
- 어머니는 의자에 앉아서 아이에게 입힐 스웨터를 **knit** 하고 있다. 내일이면 완성될 것이다.(= make clothes by connecting loops of yarn with special needles)

rare [rɛər] → 부 rarely   형
- 그는 언제나 회사에 일찍 출근한다. 그가 지각할 때도 있지만 그것은 **rare** 한 일이다.(= unusual ; uncommon)

telescope [téləskòup]   명
- 그 천문학자는 **telescope** 을 이용하여 은하를 관찰하고 있다.

capture [kǽptʃər]   동
- 그들은 그물로 야생 동물을 **capture** 했다.(= catch and hold by force or skill)

endure [endʒúər] → 명 endurance   동 동
- 나는 더 이상 그 소음을 **endure** 할 수 없다.(= bear ; put up with)
- 위대한 작가로서의 그의 명성은 그가 죽은 후에도 오랫동안 **endure** 되고 있다.(= last ; continue for a long time)

lift [lift] → 명 lift   동
- 짐이 무거워서 할머니는 그 짐을 **lift** 할 수 없었다.(= bring to a higher place ; raise)

reference [réfərəns] → 동 refer   명 명
- 그는 과제물의 **reference** 로서 백과사전을 이용했다.(= the act of referring or consulting ; a source of information)
- 어제 폭로된 뇌물 관련 스캔들에 대해 오늘 그 신문에는 아무런 **reference** 도 없었다.(= a mention)

thread [θred] → 동 thread   명 명
- 그는 바늘과 **thread** 를 가지고 옷을 꿰맸다.(= a very fine string used in

---

훔쳐보기

* knit	• 뜨개질하다, 손으로 짜다		• 지속되다, 계속하다
* rare	• 보기 드문, 희귀한	* lift	• 들다, 들어 올리다
* telescope	• 망원경	* reference	• 참조, 참고, 참고서
* capture	• 사로잡다		• 언급
* endure	• 참다, 견디다	* thread	• 실

sewing)
- 그가 말하고 있을 때, 누군가가 끼여드는 바람에, 그는 이야기의 **thread** 를 잃어버렸다.(= a chain or line of events in a story)

charm [tʃɑːrm] → 톙 charming 통 charm   명
- 그녀의 가장 큰 **charm** 은 웃는 모습이다.(= some quality or feature which delights or attracts)

fable [féibəl]   명
- 《베짱이와 개미》의 이솝(Aesop) **fable** 은 우리에게 근면과 검소의 교훈을 가르쳐 준다.(= a short story that teaches a lesson)

mental [méntl] → 톙 mentality   톙
- 그는 20살이지만, **mental** 연령은 6살밖에 되지 않는다. 그는 간단한 덧셈, 뺄셈을 잘 하지 못한다.(= of, for, in or concerning the mind)

request [rikwést] → 통 request   명
- 그는 도와달라는 그녀의 **request** 를 거절했다.(= the act of asking for)

treasure [tréʒər]   명
- 그는 해적들이 섬에 묻어놓은 **treasure** 를 찾아 내어 부자가 되었다.(= wealth, such as money, jewels or gold that has been collected)

command [kəmǽnd] → 명 command   통
- 소대장은 군인들에게 총을 발사하라고 **command** 했다.(= order; direct)

fierce [fiərs]   톙
- 그 집의 개가 **fierce** 하기 때문에 그 집에 들어갈 때는 조심해야 한다.(= wild; savage; violent; furious)

moral [mɔ́(:)rəl, mάr-] → 명 morality   톙 명
- 노인을 돌보는 것은 **moral** 한 의무다.(= concerned with what is right and wrong)
- 그 이야기의 **moral** 은 거짓말을 하면 벌을 받는다는 것이다.(= a lesson

훔쳐보기

	• 줄거리, 맥락, 실마리	* treasure	• 보물
* charm	• 매력	* command	• 명령하다
* fable	• 우화	* fierce	• 사나운, 난폭한
* mental	• 정신적인, 마음의	* moral	• 도덕상의
* request	• 요구, 요청		• 교훈, 격언

about what is right or wrong as shown in a story)

reward [riwɔ́ːrd] → 통 reward   명
- 경찰은 각종 범죄의 정보를 제공해 준 사람에게 ***reward*** 를 해준다.(= something that is given in return for work or service)

vague [veig]   형
- 안개 속에서 동물의 ***vague*** 한 모습을 보았기 때문에, 어떤 동물인지는 알 수 없었다.(= not clear or definite; not distinct)

confident [kánfidənt] → 명 confidence   형
- 그 국회의원은 이번 선거에서도 자신이 당선될 것을 ***confident*** 하고 있다.(= sure; certain)

focus [fóukəs]   명 통
- 그녀는 이상한 옷을 입고 있어서, 사람들의 관심의 ***focus*** 가 되었다.(= a center of activity or interest)
- 나는 TV를 끄고 난 후에야 공부에 ***focus*** 할 수 있었다.(= concentrate or center)

nonsense [nánsens]   명
- 사무실이 춥다고 불평하는 것은 ***nonsense*** 다. 일을 하지 않으려고 하는 핑계에 불과하다.(= foolish talk, writing, or behavior)

scheme [skiːm] → 통 scheme   명
- 그들은 노인이 은행에서 돈을 찾아 나올 때 돈을 빼앗으려는 ***scheme*** 을 세웠다.(= a secret and dishonest plan; a plot)

volunteer [váləntíər] → 형 voluntary   통
- 그는 내가 부탁하지 않았는데도 내가 이사하는 것을 ***volunteer*** 하게 도왔다.(= offer one's service without being asked)

contact [kántækt] → 통 contact   명
- 나는 그 사람과 같은 건물에서 일을 하고 있지만 서로 층이 달라서 그

훔쳐보기

* reward	· 보상, 사례	* nonsense	· 터무니없는 소리, 행동, 생각
* vague	· 희미한, 분명하지 않은	* scheme	· 음모, 계획
* confident	· 확신하는	* volunteer	· 자발적으로 ~하다,
* focus	· 활동, 관심의 중심지, 초점		자진하여 ~하다
	· 집중하다	* contact	· 접촉, 만남, 교제

와 *contact* 가 거의 없다.(= a meeting or association)

gamble [gǽmbəl] → 명 gamble   동

- 그는 카지노에서 돈을 다 잃을 때까지 계속 *gamble* 했다.(= play any game of chance for money)

organize [ɔ́:rgənàiz] → 명 organization   동 동

- 생각나는 대로 말하는 것보다 말하기 전에 생각을 *organize* 해서 말하는 것이 좋다.(= arrange or place according to a system)
- 우리는 새로운 테니스 동아리(모임)를 *organize* 하기로 결정했다.(= establish ; form)

shade [ʃeid]   명

- 숲의 나무들은 뜨거운 햇빛을 피할 수 있는 *shade* 를 만들어 준다.(= an area that does not receive sunlight)

affair [əfɛ́ər]   명

- 오늘 모임은 길고 지루한 *affair* 였다.(= a happening ; event ; business matter)
- 인생에 있어서 결혼은 중요한 *affair* 다.

coward [káuərd]   명

- 심지어 낮에도 혼자 밖에 나가는 것을 두려워하니 그는 *coward* 인 것 같다.(= a person who lacks courage)

goal [goul]   명 명

- 그의 *goal* 은 의사가 되는 것이었다.(= aim ; purpose)
- 그 축구 선수는 오늘 게임에서 3 *goal* 을 넣어 해트 트릭(hat trick)을 기록했다.(= a score in soccer or hockey)

patient [péiʃənt] → 명 patience   명 형

- *patient* 들이 병원에서 의사의 진찰을 받기 위해 대기실에서 기다리고 있다.(= a person who is receiving medical treatment)
- 나는 그런 모욕을 도저히 *patient* 할 수 없다.(= able to remain calm and

훔쳐보기

* gamble	• 도박하다, 투기하다, 모험하다	* coward	• 겁쟁이
* organize	• 체계화하다	* goal	• 목표, 목적
	• 조직하다, 창립하다		• 골, 득점
* shade	• 그늘	* patient	• 환자
* affair	• 일, 사건, 행사		• 참을 수 있는, 인내심이 있는

not get angry; showing patience)

slight [slait] 형

- 그 제품과 이 제품을 비교해 보면 **slight** 한 차이가 있을 뿐, 거의 똑같다.(= small in amount or degree)

anxiety [æŋzáiəti] → 형 anxious 명

- 그녀가 밤 12시를 지나도 집에 들어오지 않자, 가족들은 그녀의 안전에 대해서 **anxiety** 를 느꼈다.(= worry caused by uncertainty)

customs [kʌ́stəmz] 명

- 외국에서 국내로 들어오는 수입 상품에는 **customs** 가 붙기 때문에 수입 상품의 가격이 올라간다.(= taxes paid to the government on things brought from a foreign country)

hasty [héisti] → 명 haste 통 hasten 형

- **hasty** 한 결정을 하면, 나중에 후회하게 될 것이다. 충분히 생각한 후에 결정해라.(= done or made too quickly; rash)

pleasure [pléʒər] → 통 please 명

- 자식과 손자의 방문은 할아버지에게 커다란 **pleasure** 를 가져다주었다.(= enjoyment; feeling of happiness)

species [spíːʃi(ː)z] 명

- 늑대와 개는 같은 **species** 에 속한다.(= a group of animals or plants that are similar)

audience [ɔ́ːdiəns] 명

- **audience** 들은 그 밴드의 노래를 듣고 매우 열광했다.(= the people who gather to listen to and watch an event)

dense [dens] → 명 density 형

- 지하철 안의 사람들이 **dense** 해서 나는 한 발짝도 움직일 수 없었다.(= crowded; close together)

훔쳐보기

* slight	• 약간의	* pleasure	• 기쁨, 즐거움
* anxiety	• 걱정, 불안	* species	• 종(種), 종류
* customs	• 관세	* audience	• 관객, 청중, 시청자
* hasty	• 성급한, 경솔한	* dense	• 밀집한, 꽉찬

independent [ìndipéndənt] → 몡 independence 혱
• 그는 직장을 가지고 있기 때문에 재정적인 면에서 부모로부터 **independent** 하다.(= earning one's own living)

praise [preiz] → 몡 praise 돔
• 내가 학교에서 좋은 성적을 받아오면 부모님은 언제나 나를 **praise** 했다.(= express approval or admiration)

strain [strein] 돔 돔
• 자동차의 바퀴가 도랑에 빠져서 나오지 않자, 우리들은 자동차를 로프로 묶은 다음, 힘을 합해 로프를 **strain** 해서 간신히 자동차를 뺄 수 있었다.(= pull or stretch tight)
• 그는 갑자기 무리한 운동을 해서 팔의 근육을 **strain** 했다.(= injure a part of one's body by using it too much)

border [bɔ́:rdər] 몡
• 예전에 **border** 근처에 사는 사람들은 국가간의 전쟁으로 많은 피해를 입었다.(= the line between two countries)
• 그 범죄자는 **border** 를 넘어서 다른 나라로 달아났다.

earthquake [ɔ́:rθkwèik] 몡
• 일본에서는 몇년 전에 진도 6 이상의 강력한 **earthquake** 이 발생하여 많은 사람이 사망했으며, 집·건물·도로 등에 커다란 피해가 발생했다.(= sudden, violent movements of the earth's surface)

knowledge [nálidʒ] → 혱 knowledgeable 몡몡
• 그는 자동차에 관한 충분한 **knowledge** 가 없기 때문에 자동차를 수리할 수 없다.(= understanding; awareness)
• 스페인 여행을 계획하고 있는 그는 스페인에 관한 **knowledge** 가 없었다. 그래서 그는 여행 관련 책과 경험자들의 얘기를 통해 **knowledge** 를 습득했다.(= what is known or learned through study or experience)

ratio [réiʃou, -ʃiòu] 몡
• 과학반의 남학생 대 여학생의 **ratio** 는 2 : 1이다.(= the relation of one

훔쳐보기

* independent	독립한, 종속되지 않는	* earthquake	지진
* praise	칭찬하다	* knowledge	지식, 이해
* strain	잡아당기다, 잡아끌다		지식
	손상시키다	* ratio	비율
* border	국경		

thing to another expressed in numbers or degree)

temper [témpər] → 통 temper　　　　　　　　　　　　명
- 그는 어떤 상황에서도 침착함을 잃지 않는 차분한 ***temper*** 를 갖고 있다.(= a mood or state of mind; disposition)

career [kəríər]　　　　　　　　　　　　　　　　　명
- 그는 졸업 후 출판 분야에서 ***career*** 를 선택했다.(= profession; life's work)

equip [ikwíp] → 명 equipment　　　　　　　　　　통
- 군대는 군인들에게 군복과 무기를 ***equip*** 했다.(= provide with what is needed ; outfit)
- 우리 사무실에는 성능이 우수한 컴퓨터 5대가 ***equipped*** 되어 있다.

loyal [lɔ́iəl] → 명 loyalty　　　　　　　　　　　　형
- 그는 상관의 명령을 잘 따르는 ***loyal*** 한 군인이다.(= faithful to friends, group, country, etc)

reflect [riflékt] → 명 reflection　　　　　　　통 통 통
- 흰색의 옷은 검은 색의 옷보다 더 많은 양의 빛을 ***reflect*** 한다.(= send back light, heat or sound)
- 옆에서 비스듬하게 거울을 보면, 거울은 창문 쪽을 ***reflect*** 하고 있다.(= give back an image)
- 그녀는 한참동안 ***reflect*** 한 후에, 그 제안을 받아들이기로 결정했다.(= think deeply)

thrust [θrʌst]　　　　　　　　　　　　　　　통 통
- 그녀는 커튼을 한 쪽으로 ***thrust*** 한 다음, 창 밖을 바라보았다.(= push with force)
- 그녀는 포크로 고기를 ***thrust*** 하여 고정시킨 다음, 칼로 썰기 시작했다.(= pierce)

훔쳐보기

* temper	• 기질, 성미, 기분	* reflect	• 반사하다
* career	• 평생의 직업		• 비추다
* equip	• 갖추(게 하)다, 마련하(해 주)다, 설비하다		• 곰곰이(신중하게) 생각하다
		* thrust	• 밀다, 밀어붙이다
* loyal	• 충성스런, 충실한		• 찌르다

cheat [tʃiːt] 동
• 그 학생은 시험 시간에 **cheat** 하다가 선생님에게 들켜서 벌을 받았다.(= act in a dishonest way in order to get what one wants)

fade [feid] 동
• 장미가 제철을 지나자 **fade** 하기 시작했다.(= lose strength and freshness)

military [mílitèri / -təri] → 형 military 명
• 우리 나라의 젊은 남자들은 일정기간 동안 **military** 에서 국방의 의무를 이행한다.(= the armed services)

research [risə́ːrtʃ, ríːsəːrtʃ] → 동 research 명
• 그 과학자는 태양 에너지의 실제적인 이용에 대해 계속 **research** 를 하고 있다.(= a detailed and careful study of a subject or a problem)

tremble [trémbəl] 동
• 나는 건물이 몇 초 동안 **tremble** 한 것을 느꼈을 때, 지진이 일어난 것을 알 수 있었다.(= shake because of fear, cold, excitement, weakness, etc.)

communicate [kəmjúːnəkèit] → 명 communication 동동
• 다른 사람의 술잔으로 술을 마시는 경우에 그 질병은 **communicated** 될 수 있다.(= transmit)
• 청소년들은 종종 그들의 부모와 **communicate** 하기가 힘들다고 말한다.(= understand one another)

figure [fígjər / -gər] 명명명동
• 사람들은 일반적으로 자기의 **figure** 에 알맞은 옷을 산다.(= a person's shape)
• 15페이지에 나온 **figure** 는 올바른 기타 연주 모습을 보여주고 있다.(= a picture or diagram)
• 청구서에 금액을 문자로 쓰지 말고, **figure** 로 써라.(= a symbol for a number)
• 계산대의 점원들은 물건 값을 정확하고 빠르게 **figure** 할 수 있어야 한

훔쳐보기

* cheat	• 속임수를 쓰다	• 의견 등을 나누다,
* fade	• 시들다, 약해지다	의사 소통하다
* military	• 군대	* figure	• 인체, 형태, 모양
* research	• 연구, 조사		• 그림, 도표
* tremble	• 흔들리다, 떨다		• 숫자
* communicate	• 옮기다, 전달하다		• 계산하다

다.(= calculate)

mutual [mjúːtʃuəl] 형 형

- 두 사람의 가정 환경은 달랐지만 그들은 **mutual** 한 신뢰와 이해로 좋은 친구가 되었다.(= having similar feelings, ideas, tastes)
- 나와 내 친구는 취미는 다르지만 천문학에 대해서는 **mutual** 한 관심을 갖고 있다.(= shared in common)

ripe [raip] 형

- 풋사과보다는 **ripe** 한 사과가 제 맛이 난다.(= ready to be eaten; fully grown)

valid [vǽlid] → 통 validate, 명 validity 형 형

- 그는 출근을 늦게 한 **valid** 한 이유가 있다. 교통 사고가 났기 때문이다.(= based on facts or good reason)
- 그 상품권은 1년 동안 **valid** 하다. 1년이 지나면 쓸모 없게 된다.(= that can be used legally at a certain time)

confine [kənfáin] 통

- 산에서 잡힌 야생 동물은 작은 우리 안에 **confined** 되었다.(= keep within limits)

fold [fould] 통

- 학생들은 답안지를 절반으로 **fold** 한 다음 왼쪽 위에 이름을 썼다.(= bend over or double up so that one part lies over another)
- 종이를 **fold** 해서 종이비행기를 만들었다.

notify [nóutəfái] → 명 notification 통

- 그들이 도착하면 나에게 **notify** 해 주세요.(= inform; give notice to)

scope [skoup] 명

- 네가 질문한 내용은 강의(수업)의 **scope** 을 벗어난 것 같다.(= the range of a person's ideas, thoughts, understandings, abilities, etc.)

훔 쳐 보 기

* mutual	• 같은, 서로의, 상호간의 • 공통의	* confine	• 한정하다, 가두다
		* fold	• 접다
* ripe	• 과일, 작물이 익은	* notify	• ~에게 알리다, 통보하다
* valid	• 타당한, 정당한 • 유효한	* scope	• 범위, 한계, 영역

voyage [vɔ́iidʒ] → 통 voyage 명
- 그는 조그만 보트로 미국에서 영국까지 *voyage* 를 했다.(= a journey across water or through air)

contain [kəntéin] 통
- 대부분의 술은 알콜을 *contain* 하고 있다.(= hold; include)
- 이 시리얼 식사는 많은 단백질을 *contain* 하고 있다.

garbage [gáːrbidʒ] 명
- 그는 어젯밤의 파티에서 나온 *garbage* 를 환경미화원이 가져가도록 비닐봉지에 담아 밖에다 놓았다.(= waste; unwanted or spoiled food)

origin [ɔ́ːrədʒin, ɑ́rə- / ɔ́ri-] → 형 original 통 originate 명
- 이 강의 *origin* 은 산에서 내려오는 시냇물이다.(= the beginning of something; the source)
- 우주의 *origin* 에 관한 유력한 학설로 '빅뱅이론' 이 있다.

shallow [ʃǽlou] 형
- 이 연못은 *shallow* 하다. 물의 깊이가 내 무릎 높이밖에 되지 않는다.(= not deep)

affect [əfékt] → 명 affectation 통통
- 식물의 성장에 *affect* 하는 요소로 햇빛, 수분 등이 있다.(= influence; bring about a change in)
- 그녀의 어머니가 사망했다는 소식은 그녀를 몹시 *affect* 했다.(= make an impression on the mind or feelings)
- 그의 정성스런 연애 편지는 그녀를 *affect* 했다.

crash [kræʃ] → 명 crash 통
- 자동차가 벽에 *crash* 했을 때 네가 다치지 않은 것은 기적이었다.(= hit)

govern [gʌ́vərn] → 명 government 통
- 이번 선거에서 투표자들은 국가를 *govern* 할 사람, 즉 대통령을 뽑는다.(= have control over; rule; manage)

훔쳐보기

* voyage	• 항해, 우주 여행	* affect	• 영향을 끼치다
* contain	• 포함하다		• 감정(기쁨, 슬픔)을 일으키다, 감동시키다
* garbage	• 쓰레기		
* origin	• 기원, 근원, 원천	* crash	• 충돌하다
* shallow	• 얕은	* govern	• 통치하다, 다스리다

pause [pɔːz] → 몡 pause   동

- 강사는 강의를 잠시 ***pause*** 하고 물을 마신 후에 강의를 계속했다.(= stop briefly)

smart [smɑːrt]   형 형

- 너는 오늘 ***smart*** 해 보인다. 어디 특별한 곳이라도 가니?(= clean an neat; well-dressed)
- 그의 아들은 ***smart*** 해서 공부를 잘한다.(= intelligent; clever)

appreciate [əpríːʃièit] → 몡 appreciation 형 appreciable, appreciative 동 동

- 그는 훌륭한 화가의 예술 작품을 ***appreciate*** 할 줄 모른다.(= recogniz or feel the worth of)
- 너는 이 상황이 얼마나 심각한지를 ***appreciate*** 하지 못하고 있다.(= understand ; be aware of)

damp [dæmp] → 몡 damp 동 damp   형

- 어젯밤에 내린 비로 잔디가 ***damp*** 하기 때문에 잔디에 앉으면 옷이 젖 을 수 있다.(= slightly wet; moist)

hire [háiər]   동

- 전에 있던 비서가 직장을 그만두어서, 사장은 새로운 비서를 ***hire*** 헸 다.(= pay for the service of; employ)

plot [plɑt]   몡 몡

- 그들은 은행을 강탈하려는 ***plot*** 을 세웠다.(= a secret plan, usually to d something wrong)
- 그 소설의 ***plot*** 은 시골 소년이 도시로 진출해 유명한 배우가 된다는 내 용이다.(= the main story in a novel or play)

spoil [spɔil]   동

- 수채화 그림을 밖에 두었는데, 비에 젖는 바람에 그림이 ***spoiled*** 되었다 (= make useless; damage; ruin)

훔쳐보기

* pause	• 잠시 중지하다, 머추다	* damp	• 축축한, 습기 있는
* smart	• 말쑥한, 멋진	* hire	• 고용하다
	• 영리한, 총명한	* plot	• 음모, 은밀한 계획
* appreciate	• 감상하다		• 줄거리
	• 이해하다, 인식하다	* spoil	• 손상을 입히다, 망쳐놓다

avail oneself of 속

- 출세를 하려면 주어진 기회를 적절히 ***avail oneself of*** 해야 한다.(= take advantage of ; use)

deny [dinái] → 명 denial 통

- 그는 자신이 물건을 훔쳤다는 것을 ***deny*** 하고 있지만 나는 그가 물건을 훔쳤다고 확신한다.(= declare to be untrue)

indicate [índikèit] → 명 indication 통

- 세계 지도에서 프랑스가 어디에 있는지 손으로 ***indicate*** 해봐라.(= show ; point out)

precious [préʃəs] 형

- 다이아몬드와 같은 ***precious*** 한 보석들은 가장 안전하게 보관된다.(= of great price or value ; expensive)

strength [streŋkθ] → 형 strong 명

- 할머니는 무거운 책상을 혼자서 옮길 만한 ***strength*** 가 없다.(= the quality of being strong ; power)

biography [baiàgrəfi] 명

- 에디슨의 생애에 대해 자세히 알고 싶으면 그의 ***biography***를 읽어 보면 된다.(= the story of a person's life written by another)

dig [dig] 통

- 그는 땅 속에 묻혀 있는 보물을 찾기 위해 삽으로 땅을 ***dig*** 했다.(= break up, turn over, or remove earth ; make a hole)

invade [invéid] → 명 invasion 통

- 1939년 9월에 강대국인 구소련(러시아)은 약소국인 폴란드를 ***invade*** 했다.(= enter with an army in order to conquer)

proper [prápər] 형

- 이 기계를 고칠 수 있는 ***proper*** 한 도구가 없다.(= right ; correct ; suitable)

홈쳐보기

* avail oneself of	· 이용하다	* biography	· 전기
* deny	· 부인하다, 부정하다	* dig	· 땅을 파다, 구멍을 뚫다
* indicate	· 지시하다, 가리키다	* invade	· 침략하다, 침입하다
* precious	· 귀중한, 값비싼	* proper	· 적합한, 알맞은, 적당한
* strength	· 힘, 파워		

- 이 상황을 표현할 *proper* 한 단어가 생각이 나지 않는다.

superior [səpíəriər, su-] 형

- 잡지의 상품 테스트 결과를 보면, 우리 회사의 상품이 다른 회사의 상품 보다 *superior* 하다고 나와 있어서, 우리는 자신감을 갖게 되었다.(＝ better; of high quality)

훔쳐보기

＊ superior　• 우수한, 뛰어난

3단계

도전 단어

수능시험 외국어(영어)영역에서
만점에 도전하는 중요단어들이
다.

concentrate [kánsəntrèit] → 명 concentration   통

- TV 소리 때문에 공부에 **concentrate on** 할 수 없다.(= give one's whole attention to)

involve [inválv] → 명 involvement   통 통

- 너의 골치 아픈 문제에 나를 **involve** 하지 말아라.(= bring into trouble or difficulty)
- 그 커다란 스캔들에는 그 사람뿐만 아니라 많은 정치가들이 **involved** 되어 있다.(= cause to take part in an activity or event)

distinguish [distíŋgwiʃ]   통

- 색을 **distinguish** 하지 못하는 사람들을 색맹이라 한다.(= see the difference in)
- 그 쌍둥이는 너무나 닮아서 **distinguish** 할 수 없다.

inspire [inspáiər] → 명 inspiration   통

- 해가 지는 황홀한 광경은 그녀로 하여금 시를 쓰게 **inspire** 했다.(= cause to do something; have an influence on)

abandon [əbǽndən]   통 통

- 그는 그의 아내와 아이들을 **abandon** 하고, 혼자서 돈을 가지고 외국으로 도망갔다.(= leave completely and finally; desert)
- 회사는 계속되는 비용 증가로 인하여 어쩔 수 없이 그 계획을 **abandon** 하기로 결정했다.(= give up; bring an end to something)

immigrate [íməgréit] → 명 immigrant, immigration   통

- 그는 열살 때 가족들과 함께 한국에서 이곳 미국으로 **immigrate** 했다.(= come into a foreign country to live)

hesitate [hézətèit] → 명 hesitation   통

- 그는 강물에 뛰어들기 전에 잠시 **hesitate** 했으나, 용기를 갖고 물 속으로 뛰어들었다.(= stop for a moment because of feeling unwilling)

훔쳐보기

* concentrate	• 집중하다	* abandon	• 버리다
* involve	• 끌어들이다, 관련시키다		• 포기하다, 중단하다
	• 관련시키다	* immigrate	• 이민오다, 이주하다
* distinguish	• 구별하다	* hesitate	• 주저하다, 꺼려하다
* inspire	• 고무하다, 자극을 주다		

haunt [hɔːnt] 📦 📦
- 그 집에는 밤에 유령이 **haunt** 한다는 소문이 있기 때문에, 사람들이 그 집에 접근하는 것을 꺼려한다.(= visit in a ghostly form)
- 베트남전에서의 끔찍했던 기억들이 그를 계속 **haunt** 했다.(= come to the mind of again and again)

disturb [distə́ːrb] → 📦 disturbance 📦
- 내가 공부하고 있을 때는 나를 **disturb** 하지 말아라.(= interrupt; break in on)

violate [váiəléit] → 📦 violation 📦
- 그는 사무실 내에서 흡연을 함으로써 규칙을 **violate** 했다. 따라서 그는 벌금 5만원을 내야 한다.(= break; fail to obey)

preserve [prizə́ːrv] → 📦 preservation 📦
- 우리는 각종 오염 물질로부터 자연을 **preserve** 해야 한다.(= protect from injury or harm)

stimulate [stímjəlèit] → 📦 stimulation, stimulus 📦
- 향긋한 요리 냄새가 나의 식욕을 **stimulate** 했다.(= make active or more active; excite; arouse)

bribe [braib] → 📦 bribe 📦
- 그 범죄자는 자신을 풀어달라고 하면서 몰래 경찰관에게 **bribe** 을 주었으나, 그 청렴한 경찰관은 **bribe** 을 받지 않았다.(= money or gift given to try to make a person act dishonestly)

acquire [əkwáiər] → 📦 acquisition 📦
- 그는 수년 간의 연구와 노력 끝에 박사 학위를 **acquire** 했다.(= get as one's own; gain by some means)

transmit [trænsmít, trænz-] → 📦 transmission 📦 📦
- 월드컵 축구 결승전 경기는 전 세계에 **transmitted** 되었다.(= send out TV or radio program, electronic signals, etc.; broadcast)

훔쳐보기

* haunt	• (유령이) 출몰하다, 나오다	* stimulate	• 자극하다, 활성화하다
	• 끊임없이 떠오르다, 괴롭히다	* bribe	• 뇌물
* disturb	• 방해하다, 괴롭히다	* acquire	• 얻다, 취득하다
* violate	• 위반하다, 어기다	* transmit	• 방송하다, 전달하다
* preserve	• 파괴, 위험으로부터 보호하다		• 전염시키다, 병을 옮기다

• 네가 감기를 앓고 있을 때, 기침을 하면 이 방의 다른 사람들에게 감기를 ***transmit*** 하게 된다.(= spread disease; pass from one person or place to another)

surrender [səréndər]   동

• 싸우다 죽을지언정 결코 적에게 ***surrender*** 하지 않을 것이다.(= yield)

adjust [ədʒʌ́st] → 명 adjustment   동 동

• 너의 시계가 10분 늦다. 너의 시계를 ***adjust*** 해야 할 것 같다.(= change, set or regulate so as to make right)

• 시골에서 자란 사람들 중에는 도시 생활에 잘 ***adjust*** 하지 못하는 사람도 있다.(= change or adapt to suit existing circumstances or conditions)

starve [stɑːrv] → 명 starvation   동

• 아프리카에서는 아직도 많은 사람들이 ***starve*** 하고 있다. 그들에게 식량을 공급해야 한다.(= suffer or die from lack of food)

pollute [pəlúːt] → 명 pollution   동

• 어떤 기업은 유독한 화학 물질을 강으로 흘려보내 강을 ***pollute*** 한다.(= make dirty; contaminate)

analyze [ǽnəlàiz] → 명 analysis   동

• 연구소에서 그 식품을 ***analyze*** 해보니 기준치 이상의 중금속이 들어 있는 것을 발견했다.(= examine something to understand what it is and means)

rescue [réskjuː] → 명 rescue   동

• 그는 물에 빠진 사람을 ***rescue*** 하기 위해 물 속으로 뛰어들었다.(= save from danger or harm)

approach [əpróutʃ] → 명 approach   동

• 시험 날짜가 점점 ***approach*** 하고 있다. 이제 며칠밖에 남지 않았다.(= move near to in space, time, quality, etc.)

blunt [blʌnt]   형

• 이 칼은 너무 ***blunt*** 해서 야채를 제대로 자를 수 없다. 칼을 갈아야 한

훔쳐보기

* surrender	• 굴복하다, 항복하다	* pollute	• 오염시키다
* adjust	• 조정하다, 맞추다	* analyze	• 분석하다
	• 적응하다, 순응하다	* rescue	• 구조하다, 구출하다
* starve	• 굶주리다, 굶어죽다	* approach	• 접근하다, 다가오다

다.(= not sharp)

interrupt [ìntərʌ́pt] → 명 interruption   통
- 갑작스런 전화벨 소리가 우리의 대화를 ***interrupt*** 했다.(= hinder or stop by breaking in)

prohibit [prouhíbit] → 명 prohibition   통 통
- 대부분의 공공 건물 안에서는 담배 피우는 것을 ***prohibit*** 하고 있다.(= forbid ; ban)
- 시끄러운 음악 소리가 우리의 대화를 ***prohibit*** 했다.(= prevent ; stop ; make impossible)

capacity [kəpǽsəti]   명 명
- 이 플라스틱 병의 ***capacity*** 는 1리터다.(= the space for receiving or containing)
- 그녀는 무엇이든지 기억할 수 있는 ***capacity*** 를 갖고 있다.(= mental or physical ability)

modify [mɑ́dəfài] → 명 modification   통
- 그들은 날씨 때문에 그 산의 정상에 오르려는 계획을 중턱까지만 도달하는 것으로 ***modify*** 했다.(= change somewhat ; alter)

collapse [kəlǽps] → 명 collapse   통
- 지붕의 일부가 눈의 무게를 견디지 못하고 ***collapse*** 되었다.(= fall down ; fall to pieces)

dismiss [dismís] → 명 dismissal   통 통
- 그는 회사 공금을 빼돌렸기 때문에 회사로부터 ***dismissed*** 되어 실업자가 되었다.(= remove from a job)
- 선생님은 학생들의 수업과 종례가 모두 끝나자 학생들을 ***dismiss*** 했다.(= send away ; allow to go)

conclude [kənklúːd] → 명 conclusion   통 통
- 가수는 마지막으로 앵콜송을 부름으로써, 2시간 동안의 콘서트를

훔쳐보기

* blunt	• 무딘		• 능력
* interrupt	• 가로막다, 방해하다	* modify	• 변경하다, 수정하다
* prohibit	• 금지하다	* collapse	• 붕괴하다, 무너지다
	• 막다, 방해하다	* dismiss	• 해고하다
* capacity	• 용량, 수용력		• 해산시키다

conclude 했다.(= finish ; end)

- 배심원들은 모든 증거들을 주의 깊게 살핀 후, 그 사람이 유죄라고 ***conclude*** 했다.(= decide)

decay [dikéi] → 몡 decay   통통

- 초콜릿을 많이 먹으면 치아가 ***decay*** 할 수 있다.(= rot ; become bad)
- 나이를 먹어감에 따라 그의 기력은 점점 ***decay*** 해졌다.(= loose health and strength ; fall into ruin or poor condition)

obscure [əbskjúər] → 몡 obscurity   혱

- 전구를 새 것으로 바꿔야겠다. 불빛이 너무 ***obscure*** 해서 책을 읽을 수가 없다.(= difficult to understand or see ; unclear)
- 그의 글씨가 ***obscure*** 해서 무슨 글자인지 알아보기가 힘들다.

disperse [dispə́:rs]   통

- 경찰이 공포탄을 쏘자 모여 있는 시위 군중은 뿔뿔이 ***disperse*** 되었다.(= scatter ; spread in all direction)

exhaust [igzɔ́:st]   통통

- 몇 시간 동안 계속해서 무거운 가구를 운반하느라 우리들은 ***exhausted*** 되었다.(= tire out ; wear out completely)
- 이 상태로 나간다면 머지않아 지구의 천연 자원을 모두 ***exhaust*** 할 것이다.(= use up completely)

forbid [fərbíd]   통

- 이곳은 환기가 안되기 때문에 흡연을 ***forbid*** 했다. 이곳에서 담배를 피다가 걸리면 벌금을 내야 한다.(= order someone not to do something)

merge [mə:rdʒ]   통

- 두 회사가 ***merge*** 해서 하나의 커다란 회사를 만들었다.(= combine or unite into one)

훔 쳐 보 기

* conclude	・끝내다, 종결하다	* disperse	・흩어지다, 흩날리다, 퍼지다
	・결정하다	* exhaust	・지치게 하다
* decay	・썩다, 부패하다		・다 써 버리다, 고갈하다
	・쇠퇴하다, 쇠약하다	* forbid	・금지하다
* obscure	・희미한, 어두운, 애매모호한,	* merge	・합병하다, 합치다
	이해하기 힘든		

dazzle [dǽzəl]   동

- 마주 오는 자동차의 불빛 때문에 **dazzled** 되었다.(= confuse with a very bright light)

persecute [pə́:rsikjù:t] → 명 persecution   동

- 조선 시대 19세기 후반에 정부는 기독교를 전파하러 들어온 사람들을 **persecute** 했기 때문에, 그들은 몰래 활동할 수밖에 없었다.(= cause to suffer, especially for religious or political beliefs)

rebel [rébəl] → 명 rebellion, rebel   동

- 어떤 청소년들은 자신들을 통제하려는 기성 세대들에게 **rebel** 하기도 한다.(= resist or fight against a government or an authority)

impose [impóuz] → 명 imposition   동

- 정부는 사치품에 높은 세금을 **impose** 했다.(= place a burden on someone)

recommend [rèkəménd] → 명 recommendation   동

- 다음 주에 영화를 보러갈 예정입니다. 좋은 영화 있으면 **recommend** 해 주세요.(= praise as being worthy)

severe [sivíər]   형

- 그런 끔찍한 범죄를 저지른 사람에게는 **severe** 한 벌을 주어야 한다.(= strict; stern; not gentle)

interfere [ìntərfíər] → 명 interference   동 동

- 한밤중에 들려오는 시끄러운 음악 소리는 그의 수면을 **interfere** 했다.(= get in the way of)
- 다른 사람들의 논쟁에 **interfere** 하고 싶지 않다.(= take a part in the affairs of others)

restore [ristɔ́:r] → 명 restoration   동

- 그는 일주일 동안 푹 쉬고 난 후에, 건강을 다시 **restore** 했다.(= return to an original or normal condition)

훔쳐보기

* dazzle	• 눈을 부시게 하다	* severe	• 엄한, 엄격한, 가혹한
* persecute	• 박해하다, 탄압하다	* interfere	• 방해하다
* rebel	• 반역하다, 반항하다		• 간섭하다, 참견하다
* impose	• 세금, 의무를 부과하다	* restore	• 회복하다, 되찾다
* recommend	• 추천하다		

soothe [su:ð] 통

- 따뜻한 우유 한 잔을 마셔서 아픈 목을 **soothe** 했다.(= make less painful; relieve)
- 그는 술을 먹어서 괴로운 마음을 **soothe** 했다.

motive [móutiv] → 통 motivate 명 motivation 명

- 살인 사건이 일어나면 경찰은 살인의 **motive** 를 가질 만한 모든 사람들을 의심한다.(= a reason that causes a person to act)

depress [diprés] → 명 depression 통

- 그는 시험 결과가 좋지 않아서 기분이 **depressed** 되었다.(= make sad or gloomy)

squeeze [skwi:z] 통

- 수건의 물기를 제거하기 위하여 손으로 있는 힘을 다해 젖은 수건을 **squeeze** 했다.(= apply pressure in order to get something out)
- 지하철은 더이상 들어갈 수 없을 만큼 사람들로 가득 차 있었으나, 나는 시간이 없었기 때문에 그 안으로 **squeeze** 했다.(= force one's way by pushing or pressing)

eliminate [ilímənèit] → 명 elimination 통

- 프로야구의 리그 방식과는 달리 고교 야구의 토너먼트 방식에서는 어떤 팀이라도 한 번만 지면 **eliminated** 된다.(= remove ; get rid of)

suspend [səspénd] → 명 suspension 통 통

- 원숭이는 꼬리를 이용하여 나뭇가지에 대롱대롱 **suspend** 했다.(= hang from above)
- 갑작스런 비 때문에 심판은 게임을 잠시 **suspend** 했다.(= stop or delay for a time)

tease [ti:z] 통

- 학교에서 학생들이 그녀를 뚱뚱하다고 **tease** 해서, 그녀는 울고 말았다.(= bother or annoy by joking or mocking talk)

훔쳐보기

* soothe	· 고통, 아픔을 덜다, 누그러뜨리다		· 밀어 넣다, 비집고 들어가다
* motive	· 동기	* eliminate	· 없애다, 제거하다
* depress	· 우울하게 하다, 낙담시키다	* suspend	· 매달다, 매달리다
* squeeze	· 짜다, 짜내다	* tease	· 중단하다 · 놀려대다

resume [rizú:m / -zjú:m] → 몡 resumption　　　　　　　　　　　　　통
- 10분간 휴식한 후에, 중단했던 작업을 **resume** 했다.(= begin again ; continue after a stop)

territory [térətɔ̀:ri / -təri]　　　　　　　　　　　　　　　　　　몡
- 한 무리의 사자들은 자신들의 **territory** 를 침범한 다른 사자 한 마리를 쫓아냈다.(= the land and waters ruled by a nation or state)

pursue [pərsú: / -sjú:] → 몡 pursuit　　　　　　　　　　　　　통
- 경찰은 탈옥한 죄수의 뒤를 계속 **pursue** 하고 있다.(= follow someone quickly with the purpose of catching)

torture [tɔ́:rtʃər] → 통 torture　　　　　　　　　　　　　　　　몡
- 전쟁 중에 적군에게 잡힌 포로들은 심한 **torture** 를 견디지 못하고 비밀 정보를 그들에게 얘기하고 말았다.(= the act of greatly hurting someone on purpose)

vivid [vívid]　　　　　　　　　　　　　　　　　　　　　　　　형
- 내가 작년에 경험했던 그 끔찍한 사고는 아직도 기억 속에 **vivid** 하게 남아있다.(= having a strong, clear picture in one's mind)

hurl [hə:rl]　　　　　　　　　　　　　　　　　　　　　　　　통
- 그는 너무 화가 나서 책들을 바닥에 **hurl** 했다.(= throw with great force)

nasty [nǽsti]　　　　　　　　　　　　　　　　　　　　　　형 형
- 우리는 **nasty** 한 날씨 때문에 등반 계획을 취소하고 집안에 있어야만 했다.(= very unpleasant)
- 아이들 앞에서 어떻게 그런 **nasty** 한 언어를 쓸 수 있느냐?(= morally bad ; improper)

identify [aidéntəfài] → 몡 identification　　　　　　　　　　　통
- 나는 지갑 안에 무엇이 들어있는지를 말함으로써 그것이 내 지갑이라는 것을 **identify** 했다.(= show or prove to be a certain person or thing)

훔쳐보기

* resume	• 다시 시작하다, 중단 후에 계속하다	* vivid	• 생생한
		* hurl	• 세게 던지다, 내던지다
* territory	• 영토, 영역	* nasty	• 험악한, 사나운
* pursue	• 뒤쫓다, 추적하다		• 추잡한, 음탕한, 상스러운
* torture	• 고문	* identify	• 확인하다, 증명하다

influence [ínfluəns] → 휑 influential 동 influence　명
- TV에서의 폭력은 청소년들에게 나쁜 ***influence*** 를 줄 수 있다.(= the power to change or persuade others)

spirit [spírit] → 휑 spiritual　명
- 그 종교 지도자는 죽었지만, 그의 ***spirit*** 은 사람들의 가슴 속에 남아 있다.(= the soul)

accurate [ǽkjərit] → 휑 accuracy　형
- 이 시계는 ***accurate*** 하다. 1초도 틀리지 않는다.(= exact ; correct)

tradition [trədíʃən] → 휑 traditional　명
- 설날에 어른들께 세배를 드리는 것이 우리 나라의 ***tradition*** 이다.(= a custom or belief which has been passed from the past to the present)

frank [fræŋk]　형
- 사람들에게 너의 ***frank*** 한 의견을 밝히는 것이 반드시 좋은 것만은 아니다.(= open and honest in speaking one's thoughts and feelings)

literacy [lítərəsi] → 휑 literate　명
- 그는 교육을 제대로 받지 못했기 때문에 ***literacy*** 가 부족하다. 상대방과 대화는 하더라도 신문을 읽거나 편지를 쓰지는 못한다.(= the ability read and write)

persist [pəːrsíst, -zíst] → 휑 persistence 휑 persistent　동
- 그는 만족할 만한 결과를 얻을 때까지 실험을 ***persist*** 했다.(= continue steadily in spite of difficulties or resistance)

rip [rip]　동
- 그녀는 편지의 겉봉투를 보자마자, 편지의 내용도 보지 않고 편지를 두 조각으로 ***rip*** 해서 휴지통에 버렸다.(= cut or tear roughly)

suicide [súːəsàid]　명
- 그녀는 자신이 사랑하는 사람이 교통 사고로 사망하자, ***suicide*** 할 결심

훔쳐보기

* influence	• 영향	* literacy	• 읽고 쓰는 능력
* spirit	• 정신, 영혼, 마음	* persist	• 끈질기게 계속하다
* accurate	• 정확한, 틀림없는	* rip	• 찢다, 찢어지다
* tradition	• 전통, 관습	* suicide	• 자살
* frank	• 솔직한		

을 했다. 그러나 부모님과 친구들의 충고로 생각을 바꾸었다.(= the act of killing oneself)

commission [kəmíʃən]　　　　　　　　　　　명 명
- 우리는 집을 팔아준 대가로 부동산 중개업자에게 얼마의 ***commission*** 을 주었다.(= money paid to the person who sells an item)
- 정부는 국민의 건강 문제를 연구하기 위해 15명의 인원으로 ***commission*** 을 구성했다.(= a group of people who are given power to carry out a job or duty)

embarrass [imbǽrəs, em-] → 명 embarrassment　　　통
- 선생님은 언제나 내가 대답하기 힘든 질문을 함으로써 나를 ***embarrass*** 한다.(= make feel ashamed or uncomfortable ; confuse)

generate [dʒénərèit] → 명 generation　　　　　　通
- 새로 건설된 발전소는 기존의 발전소보다 많은 양의 전기를 ***generate*** 한다.(= produce; make; create)

magnify [mǽgnəfài] → 명 magnification　　　　　通
- 돋보기는 작은 글자를 ***magnify*** 해서 볼 수 있게 해준다.(= make something look larger)

policy [páləsi]　　　　　　　　　　　　　　명
- 20세 이상이면 학력에 관계 없이 누구나 우리 회사에 지원할 수 있게 하는 것이 우리 회사의 ***policy*** 다.(= a plan or rule for doing business by industry, government or political party; strategy)

contemplate [kántəmplèit] → 명 contemplation　　通
- 결정을 내리기 전에 한 번 더 ***contemplate*** 하는 것이 좋다.(= think about seriously)

sanitary [sǽnətèri / -təri]　　　　　　　　　　형
- 난민 수용소의 ***sanitary*** 상태가 매우 좋지 않아서, 전염병이 발생했다.(= free from dirt that could bring disease; clean)

훔쳐보기

* commission	• 수수료
	• 위원회
* embarrass	• 당황하게 하다, 난처하게 하다
* generate	• 발생시키다
* magnify	• 확대하다
* policy	• 정책, 방침
* contemplate	• 숙고하다, 곰곰이 생각하다
* sanitary	• 위생적인, 청결한

concern [kənsə́:rn] → 멍 concern 동 동
- 탐정은 그가 뇌물 스캔들과 **concerned** 되었다고 생각했다.(= be about ; have to do with)
- 그는 어머니의 건강에 대해 **be concerned** 하고 있다.(= be worried or anxious)

dump [dʌmp] → 멍 dump 동
- 그들은 밤에 몰래 쓰레기를 강에 **dump** 했다.(= throw down; unload)

surpass [sərpǽs, -pá:s] 동
- 그는 다른 과목에서는 평범한 학생이지만, 미술에서는 다른 모든 학생들을 **surpass** 한다.(= be better or greater than; exceed)

absolute [ǽbsəlù:t] 형 형
- 독재자는 **absolute** 한 권력을 가진 사람이다.(= without limit)
- 검사는 그가 범인이라는 **absolute** 한 증거를 갖고 있었기 때문에 재판에 자신이 있었다.(= perfect; complete)

compliment [kámpləmənt] → 동 compliment 명
- 그녀는 파티에서 입었던 옷에 대해 사람들로부터 많은 **compliment** 를 받아서 기분이 좋았다.(= an expression of praise or admiration)

enthusiasm [enθú:ziǽzəm] → 형 enthusiastic 명
- 그는 30대 중반을 넘었지만 야구에 대한 **enthusiasm** 은 결코 식지 않았다.(= strong interest or liking)

grab [græb] 동
- 소매치기는 은행에서 돈을 찾아 나오는 여인의 지갑을 **grab** 해서 달아났다.(= take suddenly; snatch; seize)
- 원숭이는 내 손에 있는 땅콩을 **grab** 했다.

merchant [mə́:rtʃənt] → 명 merchandise 명
- 그 **merchant** 는 장사가 잘돼서 그의 가게를 확장했다.(= a person who buys and sells goods)

훔 쳐 보 기

* concern	· 관련하다, 관계하다		· 완전한, 확실한
	· be concerned 걱정하다	* compliment	· 칭찬
* dump	· 내버리다, 던져놓다	* enthusiasm	· 열정, 열광, 관심
* surpass	· 능가하다, 초과하다	* grab	· 낚아채다, 움켜쥐다, 꽉잡다
* absolute	· 절대적인	* merchant	· 상인

prejudice [prédʒədis] → 통 prejudice   명
- 클래식 음악을 좋아하는 그는 팝송과 같은 대중적인 음악에 **prejudice** 를 갖고 있다.(= an opinion formed unfairly or without knowing all the facts ; bias ; unreasonable dislike)

scratch [skrætʃ] → 명 scratch   통 통
- 그가 숲속을 헤매고 다닐 때, 나무의 가시들이 그의 팔과 다리를 **scratch** 했다.(= tear or mark a surface with something sharp)
- 나는 모기한테 물린 곳이 가려워서 **scratch** 했다.(= rub or scrape with the fingernails)

tactics [tǽktiks]   명
- 선거에서 승리하기 위한 **tactics** 를 세워야 한다.(= a method for achieving a goal)

acquainted [əkwéintid] → 명 acquaintance   형 형
- 나는 일 때문에 그를 몇 번 만난 적이 있어서 서로 **acquainted**하지만, 친구 사이는 아니다.(= knowing somebody, but usually not very closely)
- 영어에 관한 문제는 그에게 물어보면 될 것이다. 그는 영어에 **be acquainted with** 하다.(= familiar with)

conversation [kànvərséiʃən]   명
- 버스를 기다리는 동안 옆에 있는 사람과 날씨에 관해 짧은 **conversation** 을 나누었다.(= talk between two or more people)

estate [istéit]   명
- 그는 부자였지만 자녀가 없었다. 그래서 그는 죽기 전에 그의 모든 **estate** 을 조카에게 주었다.(= everything owned by a person, especially the property left by someone who has dead)

guarantee [gæ̀rəntí:]   명 통
- 그 오디오는 구입한 때로부터 1년간의 **guarantee** 를 갖고 있다.(= a promise to replace something sold if it is does not work as it should)
- 안개 낀 날씨에는 비행기의 정시 도착을 **guarantee** 할 수 없다.(=

훔 쳐 보 기

* prejudice	• 편견, 선입견, 싫어함		• 잘 알고 있는, ～에 정통한
* scratch	• 긁히다	* conversation	• 대화
	• 가려워서 긁다	* estate	• 재산, 유산
* tactics	• 전술, 작전	* guarantee	• 보증, 보장,
* acquainted	• 알고 있는, 아는 사이의		A/S(애프터서비스)

promise or assure)

modest [mádist] → 명 modesty 형
- 그는 각종 대회에서 많은 상을 탔지만, 그는 **modest** 해서 그것을 사람들 앞에서 자랑하지 않는다.(= not boastful about one's worth, skills, deeds, etc.; humble)

proclaim [proukléim / prə-] 동
- 대통령은 7월 1일을 국경일로 **proclaim** 했다.(= announce publicly)

shove [ʃʌv] 동
- 방 가운데 놓여 있는 무거운 탁자를 한 쪽 구석으로 옮기려고 했다. 그런데 탁자가 너무 무거워서 들지 못하고, 그 대신 있는 힘을 다해 손으로 그 탁자를 **shove** 했다.(= push hard or roughly)

testify [téstəfài] → 명 testimony 동
- 법정에서 증인은 사건이 발생한 시각에 피고가 그 건물로 들어가는 것을 보았다고 **testify** 했다.(= tell what one knows as a witness in a court of law)

anniversary [æ̀nəvə́ːrsəri] 명
- 12월 1일은 우리 부부의 4번째 결혼(wedding) **anniversary** 이다.(= yearly date on which some special event occurred in past)

cripple [krípl] 명
- 그는 전쟁에서 다리를 다쳐 결국 **cripple** 이 되었다.(= a person or animal that is lame or injured so as to unable to move in a normal way)

hinder [híndər] → 명 hindrance 동
- 계속되는 전화 벨소리가 나의 작업을 **hinder** 했다.(= get in the way of; interrupt; slow up)

navigate [nǽvəgèit] → 명 navigation 동 동
- 조그만 보트는 위험해서 그것으로 바다를 **navigate** 할 수 없다.(= travel

훔쳐보기

	• 보장하다, 장담하다	* anniversary	• 기념일
* modest	• 검손한	* cripple	• 신체장애자, 절름발이
* proclaim	• 선언하다, 공고하다	* hinder	• 방해하다
* shove	• 밀다, 떠밀다	* navigate	• 강, 바다, 하늘을 항해하다
* testify	• 증언하다		

over or across)
- 수백년 전에 선원들은 배를 ***navigate*** 하는 데 별을 이용하였다.(= direct the course of a ship or aircraft)

prophecy [práfəsi] → 통 prophesy 명 prophet   명
- 그곳에서 지진이 발생한다는 그 점술가의 ***prophecy*** 는 정확히 들어맞았다.(= a prediction or foretelling of the future)

slender [sléndər]   형
- 그녀가 몸매를 ***slender*** 하게 유지할 수 있는 것은 꾸준한 운동과 적절한 식이요법 때문이다.(= having little width; pleasingly thin)

torment [tɔ́ːrment]   통 명
- 상점에서 물건을 훔쳤다는 죄책감이 그를 ***torment*** 했다.(= make suffer in body or mind)
- 전쟁 중에 적군에게 포로로 잡힌 그는 갖은 ***torment*** 를 겪었다.(= great pain of the body or mind)

attempt [ətémpt] → 명 attempt   통
- 우리는 저 험한 산을 오르려고 여러 차례 ***attempt*** 했지만 결국은 성공하지 못했다.(= try ; make an effort)

bankrupt [bǽŋkrʌpt, -rəpt] → 명 bankruptcy   형
- 그 회사는 자금난에 허덕이다가 결국 ***bankrupt*** 하고 말았다.(= unable to pay one's debts)

delicious [dilíʃəs]   형
- 이 음식은 내가 먹어본 것 중에서 가장 ***delicious*** 한 음식이다. 친구들에게 추천해 주고 싶다.(= very pleasing to the taste)

ignorant [ígnərənt] → 통 ignore 명 ignorance   형
- 흡연자와 같이 생활하는 사람들 중 많은 사람들이 간접 흡연의 위험에 대해서 ***ignorant*** 하다. 따라서 그들에게 간접 흡연이 얼마나 위험한 것인지 인식시켜 줄 필요가 있다.(= lacking in knowledge; without education)

훔쳐보기

	• 항로를 지시하다, 조정하다	* attempt	• 시도하다, 꾀하다
* prophecy	• 예언	* bankrupt	• 파산한
* slender	• 날씬한	* delicious	• 맛있는, 기분 좋은
* torment	• 괴롭히다	* ignorant	• 지식이 없는, 무지한,
	• 고통, 걱정		교육을 받지 못한

array [əréi] → 명 array   동
- 이번 전투에서 우리 부대의 군인들이 맨 앞줄에 ***arrayed***되었다.(= set in order; arrange)

notorious [nout5:riəs] → 명 notoriety   형
- 그 클럽에 가면 조심해라. 그곳은 폭력으로 ***notorious*** 한 곳이다.(= well known for something bad or unpleasant)

quote [kwout] → 명 quotation   동
- 그는 연설 중에 유명한 철학자의 말을 ***quote*** 했다.(= repeat exactly the written or spoken words of another)

solemn [sáləm]   형
- 교회에서 치러진 장례식은 ***solemn*** 한 행사여서, 웃거나 떠드는 사람이 아무도 없었다.(= serious; grave)

treaty [trí:ti]   명
- 다섯 나라의 대통령(총리)이 제네바에 모여서 경제 협력에 관한 ***treaty*** 에 서명했다.(= an agreement between two or more nations)

blunder [blʌ́ndər] → 동 blunder   명
- 그가 문을 잠그지 않은 것은 커다란 ***blunder*** 였다. 귀중품이 없어졌다.(= a careless and stupid mistake)

desolate [désəlit] → 명 desolation   형
- 북적대던 그곳의 여름 해변과는 달리 겨울 해변은 ***desolate*** 했다.(= not lived in; deserted)

exclusive [iksklúsiv] → 동 exclude 명 exclusion   형
- 그 회사는 이 수입품을 한국에서 판매할 ***exclusive*** 한 권리를 갖고 있기 때문에, 다른 회사가 그 물건을 한국에서 판매하려면 그 회사의 허락을 얻어야 한다.(= not shared; sole; belonging to a particular individual or group)

훔 쳐 보 기

* array	• 배치하다, 정렬시키다	* treaty	• 조약, 협정
* notorious	• 악명 높은, 나쁜 것으로 유명한	* blunder	• 실수
* quote	• 인용하다	* desolate	• 텅빈, 황량한, 쓸쓸한
* solemn	• 엄숙한, 진지한	* exclusive	• 독점적인, 배타적인

impression [impréʃən] → 통 impress 명
• 나의 새 친구는 예의 바르게 행동해서 우리 부모님에게 좋은 **impression** 을 심어 주었다.(= an effect, image, or feeling that stays in the mind)

offensive [əfénsiv] → 통 offend 명 offense 형 형
• 많은 사람들은 썩은 달걀의 냄새가 **offensive** 하다고 말한다.(= unpleasant to the sense ; disgusting)
• 대부분의 무기는 **offensive** 한 무기에 속하지만, 방어를 목적으로 하는 무기도 있다.(= attacking or used for attacking)

reckless [réklis] 형
• 그는 언제나 **reckless** 한 운전을 한다. 지금까지 사고가 나지 않은 것이 기적이다.(= not careful ; dangerous thoughtless ; rash)

splash [splæʃ] → 명 splash 통
• 자동차가 물웅덩이를 빠른 속도로 지나가면서, 옆에 있던 사람들에게 더러운 물을 **splash** 했다.(= fly about in drops make wet)

tumble [tʌ́mbəl] 통
• 그는 계단을 내려오다 미끄러져서 계단 아래로 **tumble** 했다.(= fall in a sudden or clumsy way)

bruise [bru:z] 명
• 그녀는 단단한 물질에 무릎을 부딪혀 무릎에 시퍼런 **bruise** 가 생겼다.(= an injury to the outer part that does not break the skin but discolors it ; black and blue mark)

disaster [dizǽstər] → 형 disastrous 명
• 지진, 홍수, 가뭄 등은 인간의 힘으로 막기 어려운 **disaster** 다.(= a sudden great act of destruction and loss ; catastrophe)

explore [iksplɔ́:r] → 명 exploration 통
• 연구소의 지질학자 몇 명이 남극 대륙을 **explore** 했다.(= travel in a place

훔쳐보기

* impression	• 인상, 감동, 감명	* splash	• 액체가 튀다, 액체를 튀기다, 뿌리다
* offensive	• 불쾌한, 비위에 거슬리는 • 공격의	* tumble	• 넘어지다, 떨어지다
* reckless	• 무모한, 분별없는, 앞뒤 생각하지 않는	* bruise	• 타박상, 멍
		* disaster	• 재난, 재해, 참사

in order to find out more about it)

inhabit [inhǽbit] → 명 inhabitant 형 inhabitable 　　　　통
- 이 섬에는 희귀한 새와 동물들이 *inhabit* 하고 있어서, 많은 동물학자들이 이곳을 찾고 있다.(= live in or on)

outstanding [àutstǽndiŋ] 　　　　형
- 그의 누나는 국내에서 가장 *outstanding* 한 피아니스트 중의 한 사람이다.(= excellent; well- known)

register [rédʒəstər] → 명 register 　　　　통
- 호텔에 투숙하려면 숙박부에 *register* 해야 한다.(= write one's name on an official list)

stale [steil] 　　　　형
- 네가 재미있다고 우리에게 한 이야기는 이미 2년 전에 들었던 *stale* 한 것이다.(= not new or fresh; uninteresting)

upset [ʌpsét] → 형 upset 　　　　통
- 갑작스런 폭풍우는 우리의 피크닉 계획을 *upset* 했다.(= disturb; knock over)

canal [kənǽl] 　　　　명
- 파나마 *Canal* 은 태평양과 대서양(카리브 해)을 연결시킨다.(= a man-made waterway used by boats or ships)

dispute [dispjúːt] → 명 dispute 　　　　통
- 어젯밤에 그 부부는 돈 문제로 *dispute* 해서 서로 감정이 상했다.(= argue against; quarrel)

fatigue [fətíːg] 　　　　명
- 몇 시간 동안 계속해서 컴퓨터 화면을 보았더니 눈에 *fatigue* 가 느껴졌다.(= great tiredness)

훔쳐보기

* explore	· 탐험하다, 탐사하다	* upset	· 망쳐놓다, 뒤엎다
* inhabit	· 살다, 거주하다	* canal	· 운하
* outstanding	· 뛰어난, 눈에 띄는	* dispute	· 다투다, 논쟁하다
* register	· 등록하다, 기록하다	* fatigue	· 극심한 피로, 피곤
* stale	· 진부한		

interpret [intə́:rprit] → 몡 interpretation   통 통

- 관광 가이드는 미국인 관광객들에게 프랑스어로 되어 있는 글들을 영어로 ***interpret*** 해 주었다.(= translate from one language to another)
- 나는 그의 침묵을 찬성한다는 뜻으로 ***interpret*** 했다.(= understand in one's way)

peculiar [pikjú:ljər]   혱 혱

- 그의 ***peculiar*** 한 행동은 주위의 모든 사람을 당황하게 했다.(= unusual ; strange ; odd)
- 그 부족에게만 있는 ***peculiar*** 한 관습은 나의 호기심을 불러 일으켰다.(= belonging only to one specific person, group of people, place, etc)

remedy [rémədi]   몡

- 햇빛에 탄 피부에는 이것이 좋은 ***remedy*** 다. 이것을 바르면 금방 나을 것이다.(= a medicine or treatment that cures)

stray [strei] → 혱 stray   통

- 한 마리의 양이 무리로부터 ***stray*** 해서, 양치기는 그 양을 찾아 다녔다.(= go away from a usual or proper place)

verdict [və́:rdikt]   몡

- 피고에 대한 배심원의 ***verdict*** 는 무죄였다.(= the decision of a jury in a trial)

charity [tʃǽrəti] → 혱 charitable   몡

- 곤궁에 처한 사람들에게 주는 도움이나 돈, 또는 그들에게 베푸는 마음을 ***charity*** 라고 한다.(= money or help given to people in need ; kindness and sympathy)

consequence [kánsikwèns]   몡 몡

- 내가 많은 어휘를 습득하게 된 것은 책을 많이 읽은 ***consequence*** 였다.(= result)
- 세계 2차 대전은 인류 역사상 커다란 ***consequence*** 를 갖는 사건이다.(= importance)

훔쳐보기

* interpret	• 통역하다, 번역하다	* stray	• 벗어나다, 헤매다
	• 이해하다	* verdict	• 평결, 판결
* peculiar	• 이상한, 괴상한	* charity	• 자비, 자선
	• 특유한, 독특한	* consequence	• 결과
* remedy	• 치료, 치료약		• 중요성, 의미

domestic [douméstik]

형 형

- 많은 직장인들이 밖으로 나가지 않는 주말에는 그 동안 쌓였던 **domestic** 한 일을 한다.(= of the household and family)
- 어떤 사람들은 **domestic** 제품보다 외국 제품을 더 좋아한다.(= of or made in one's own country ; not foreign)

flavor [fléivər] → 통 flavor

명

- 그 아이스크림은 딸기, 초코, 바닐라의 세 가지 **flavor** 가 있다.(= a specific taste)

lame [leim]

형

- 그는 교통 사고를 당하여 다리를 다쳤는데, 결국 **lame** 한 상태가 되어서 목발이 필요하게 되었다.(= having a hurt leg or foot that makes walking difficult)

restrain [ristréin] → 명 restraint

통

- 나오려는 웃음을 간신히 **restrain** 했다.(= hold back ; keep under control)

stumble [stʌ́bəl]

통

- 그는 걸어가다가 돌에 **stumble** 되어 넘어졌다.(= trip while walking or running)
- 그는 너무 술을 많이 먹어서, 걷는 모습이 **stumble** 했다.

warrant [wɔ́(ː)rənt, wɑ́r-] → 통 warrant

명

- 경찰은 집을 수색하는 데 필요한 **warrant** 를 그에게 제시하고 그의 집을 조사했다.(= an official paper that gives the right to do something)

abstain [əbstéin] → 명 abstention, abstinence

통 통

- 건강이 회복되기 전까지는 술마시는 것을 **abstain from** 해야 할 것이다.(= keep oneself from doing something)
- 그 안건에 대하여 10명이 찬성을 했고, 다섯 명이 반대를 했으며, 3명이 **abstain** 했다.(= not to vote)

훔쳐보기

* domestic	• 집안의, 가정의	* stumble	• 발이 걸려 비틀거리다
	• 국산의, 국내의	* warrant	• 영장, 허가서
* flavor	• 맛	* abstain	• ~ from 삼가다, 그만두다
* lame	• 절름발이의, 다리를 저는		• 기권하다
* restrain	• 억제하다, 제지하다, 억누르다		

classify [klǽsəfài] → 몡 classification   통

- 그녀는 책꽂이의 참고서를 과목별로 **classify** 했다.(= arrange in a class; sort)

discern [disə́:rn, -zə́:rn]   통

- 어두워서 누가 누군지 **discern** 할 수 없었다.(= see or understand clearly; distinguish; recognize)

flexible [fléksəbəl] → 통 flex 몡 flexibility   형

- 우리는 화요일에 영화를 보러 가기로 했지만, 그 계획은 **flexible** 해서 다른 요일에 보러 갈 수도 있다.(= able to change or be changed easily)

lament [ləmént] → 몡 lament   통

- 백화점 건물의 붕괴로 많은 사람들이 사망했다. 그들의 가족들이 사고 현장으로 달려와서 그들의 죽음을 **lament** 하고 있다.(= feel or express sorrow; mourn)

petty [péti]   형

- 식량이 없어서 굶주리고 있는 사람들의 고통에 비하면 우리의 고통은 정말 **petty** 한 것이다.(= of little importance; small; trivial)

roam [roum]   통

- 우리는 점심을 먹은 후에, 숲속을 이리저리 **roam** 했다.(= wander; move around without a plan or aim)

suitable [sú:təbəl]   형

- 폭력 장면이 많은 그 영화는 미성년자가 보기에는 **suitable** 하지 않다.(= right for a purpose; convenient)

adequate [ǽdikwit]   형

- 나의 수입은 가족을 부양하기에 **adequate** 하기 때문에 큰 불만은 없다.(= sufficient; enough)

commit [kəmít]   통

- 그는 돈을 마련하기 위해 범죄를 **commit** 하고 말았다.(= do something

훔쳐보기

* classify	· 분류하다	* petty	· 사소한, 하찮은
* discern	· 식별하다, 분간하다	* roam	· 돌아다니다, 방랑하다
* flexible	· 구부리기 쉬운, 휘기 쉬운	* suitable	· 적합한, 편리한
* lament	· 슬퍼하다, 애도하다	* adequate	· 충분한

bad or wrong)

dissolve [dizálv]   동

• 얼음이 뜨거운 햇빛에 **dissolved** 되고 있다.(= make or become liquid;
  melt)

fraud [frɔːd]   명

• 그는 유령 회사를 차린 후에, 회원 모집을 통하여 얻은 돈을 가로채서
  달아났다. 수십 명이 그에게 **fraud** 를 당했다.(= an act of trickery, lying or
  cheating)

literal [lítərəl]   형 형

• 어떤 관용구들은 **literal** 하게 해석하면 어색한 경우가 있기 때문에 은유
  적으로 이해해야 한다.(= following the original piece of writing; word for
  word)

• 'pig' 의 **literal** 한 의미는 '돼지' 이지만, 다른 의미로 사용되는 경우도 있
  다.(= based on the actual words in their usual meaning)

polish [páliʃ]   동

• 자동차를 왁스로 **polish** 했다.(= make smooth and shiny by rubbing)

• 그는 브러시로 구두를 **polish** 했다.

savage [sǽvidʒ]   형 명

• 동물에 대한 그의 **savage** 한 행위는 사람들의 분노를 일으켰다.(= cruel;
  brutal)

• 아프리카에 아직도 살고 있는 **savage** 들은 창을 던져 동물을 사냥한
  다.(= an uncivilized person)

surroundings [səráundiŋ]   명

• 그녀는 안락한 **surroundings** 에서 생활하고 있다.(= the things or
  conditions around a place or person)

• 그는 좋은 **surroundings** 에서 일하고 있어서, 불만은 없는 것 같다.

훔쳐보기

* commit	• 나쁜 일, 잘못을 저지르다	* polish	• 닦아서 광을 내다
* dissolve	• 녹다, 용해하다	* savage	• 잔인한, 난폭한
* fraud	• 사기, 부정		• 미개인, 야만인
* literal	• 원문에 충실한, 직역의	* surroundings	• 주변, 상황, 환경
	• 단어 본래 의미의		

anticipate [æntísəpèit] → 몡 anticipation 튕

- 전문가들은 내년에는 경제가 나아질 것으로 **anticipate** 하고 있다.(= believe something will happen in the future)

comply [kəmplái] 튕

- 환자들은 의사의 지시와 처방을 **comply with** 해야 한다.(= do what is asked or demanded)

dominate [dámənèit] → 몡 domination 튕

- 영국은 19세기에 세계의 1/4을 **dominate** 할 정도로 강한 나라였다.(= rule or control by power or authority)

genuine [dʒénjuin] 혱

- 그것이 **genuine** 다이아몬드라면 유리를 긁을 수 있다. 그렇지 않으면 가짜다.(= real ; true)

magnitude [mǽgnətjùːd] 몡 몡

- 그는 그 문제의 **magnitude** 를 깨닫지 못하고 다른 일에만 신경을 썼다.(= importance)
- 아직 물이 빠지지 않았기 때문에 홍수 피해의 **magnitude** 를 정확히 알지 못한다.(= great size or extent)

prescribe [priskráib] → 몡 prescription 튕

- 의사는 그녀에게 이 약을 하루에 3번 식후에 복용하라고 **prescribe** 했다.(= direct the use of a medicine or treatment)

scream [skriːm] 튕

- 누군가가 공포에 질려서 **scream** 하는 것을 들었다.(= cry out loudly because you are afraid, excited, angry, in pain, etc)

tangle [tǽŋgəl] 튕

- 낚싯줄이 서로 **tangled** 되어서 도저히 풀 수가 없다.(= make or become twisted, knotted, confused, etc.)

훔쳐보기

* anticipate	• 예상하다		• 크기, 정도
* comply	• 규칙 · 요구에 따르다, 응하다	* prescribe	• 처방하다
* dominate	• 지배하다, 통치하다	* scream	• 비명을 지르다, 고함치다
* genuine	• 진짜의, 진품의	* tangle	• 엉키(게 하)다, 얽히(게 하)다
* magnitude	• 중요성		

artificial [ɑ̀ːrtəfíʃəl]   휑 휑
- 이 꽃은 플라스틱으로 만들어진 ***artificial*** 한 꽃이다.(= made by a human being ; not natural)
- 그녀가 나에게 보인 눈물은 ***artificial*** 한 것이었다. 실제로 그녀는 나에게 아무런 관심도 없었다.(= not genuine ; not honest ; not sincere)

concrete [kánkriːt, káŋ-, kɑnkríːt]   휑
- 석탄은 ***concrete*** 한 개념이지만, 에너지는 추상적인 개념이다.(= real ; specific)

duplicate [djúːpləkit] → 통 duplicate   명
- 하나뿐인 열쇠를 잃어 버리면 곤란하므로 그 열쇠의 ***duplicate*** 을 만들었다.(= an exact copy)

grant [grænt]   통 통
- 그녀의 부모는 컴퓨터를 사달라는 그녀의 요구를 어쩔 수 없이 ***grant*** 했다.(= give or allow what is asked for or wanted)
- 너의 말이 옳다는 것은 ***grant*** 하지만, 그의 말도 어느 면에서는 틀리지 않았다.(= admit that something is true)

mercy [mə́ːrsi] → 휑 merciful   명
- 장군은 전쟁에서 잡힌 포로들에게 ***mercy*** 를 베풀어서 포로들을 모두 석방했다.(= kindness or forgiveness shown toward someone whom you punish)

profession [prəféʃən] → 휑 professional   명
- 그의 아버지의 ***profession*** 은 변호사다.(= an occupation, such as law or medicine, requiring special knowledge or training)

shrewd [ʃruːd]   휑
- ***shrewd*** 한 소비자라면, 여러 상점에서 상품의 가격을 비교한 뒤에 상품을 구입할 것이다.(= clever in practical matters ; sharp ; keen)

thorn [θɔːrn]   명
- 정원에 있는 장미들은 날카로운 ***thorn*** 이 있기 때문에 조심해서 다루지

훔쳐보기

* artificial	• 인공적인, 모조의		• 인정하다
	• 거짓의, 꾸민, 부자연스러운	* mercy	• 자비, 관용
* concrete	• 구체적인, 실제적인	* profession	• 특별한 지식이나 훈련이 요구되는 직업
* duplicate	• 복사본, 복제		
* grant	• 들어주다, 허락하다	* shrewd	• 영리한, 날카로운, 빈틈 없는

않으면 찔릴 것이다.(= a short, sharp point growing on a branch or stem of a plant)

attitude [ǽtitjùːd] 명
- 너는 노인들에 대한 불친절한 **attitude** 를 고쳐야 할 것이다.(= a way of feeling, thinking, or behaving)

conservative [kənsə́ːrvətiv] → 명 conservative 형
- 부모님은 **conservative** 해서 변화와 개혁을 좋아하지 않는다.(= oppose to change and reform; wanting things to stay as they are)

embrace [embréis] → 명 embrace 동
- 남편이 1년만에 외국에서 돌아왔을 때, 남편은 아내를 보자마자 아내를 **embrace** 했다.(= hold in one's arms to show love or fondness; hug; clasp)

moisture [mɔ́istʃər] → 형 moist 명
- 방안의 **moisture** 가 부족할 때는 젖은 수건을 걸어 놓으면 효과가 있다.(= liquid that is present in the air or in the ground)

proportion [prəpɔ́ːrʃən] → 형 proportional 명명
- 우리 대학교의 학생 대 교수의 **proportion** 은 30 : 1이다.(= the relation of one thing to another in size, amount, etc.; ratio)
- 그의 월급에서 상당한 **proportion** 이 집세로 들어간다.(= a part; a section)

slim [slim] 형
- 그는 운동을 많이 하고 육류를 많이 먹지 않기 때문에 몸이 **slim** 하다.(= thin; slender)

tragedy [trǽdʒədi] → 형 tragic 명
- 학생들이 가정 형편 때문에 학교를 그만둔다는 것은 정말 **tragedy** 다.(= a sad or terrible event; disaster)

훔쳐보기

* thorn	• 가시	* proportion	• 비율, 비례
* attitude	• 태도, 자세, 마음가짐		• 부분, 할당
* conservative	• 보수적인	* slim	• 날씬한, 호리호리한
* embrace	• 껴안다, 포옹하다	* tragedy	• 비극
* moisture	• 수분, 습기		

barrier [bǽriər] 형

- 가로수가 도로 위에 쓰러져서 교통에 ***barrier*** 가 되었다.(= something that blocks the way ; an obstacle)

contemporary [kəntémpərèri / -prəri] 형 명

- 그녀는 고풍스런 가구보다는 ***contemporary*** 한 가구를 더 좋아한다.(= modern ; belonging to the present)
- 대학 때의 그의 ***contemporary*** 들은 대부분 교육계에서 일을 하고 있다.(= a person living at the same time as another)

entitle [entáitl] 동 동

- 이 티켓은 네가 공연장에 공짜로 들어갈 수 있게 ***entitle*** 한다.(= give a right to)
- 저자는 이번에 출시되는 책의 제목을 '바퀴벌레'라고 ***entitle*** 했다.(= give a title or name to ; name)

hollow [hálou] 형

- 겉으로 보기에는 기둥이 단단한 것처럼 보이지만, 실제로는 기둥 속이 ***hollow*** 하다.(= having a space or opening inside ; empty)

negative [négətiv] 형 형

- 그는 나의 요청에 ***negative*** 한 대답을 했다. 결국 나는 다른 사람에게 부탁해야만 했다.(= expressing a refusal or denial ; saying no)
- 너의 ***negative*** 한 태도는 친구를 사귀는 데 도움이 되지 않는다. 좀 더 적극적이어야 할 것이다.(= without any active qualities)

radiate [réidièit] → 명 radiation 형 radiant 동

- 태양은 빛과 열을 ***radiate*** 한다.(= send out in rays or waves)

solution [səljú:ʃən] → 동 solve 명 명

- 학생들이 10분이 지나도 그 문제를 풀지 못하자, 수학 선생님은 어쩔 수 없이 문제의 ***solution*** 을 알려줬다.(= the answer to a problem)
- 물(용매) 500ml에 설탕(용질) 10g을 녹여서 설탕 ***solution*** 을 만들었다.(= a mixture made dissolving a solid substance in a liquid)

훔쳐보기

* barrier	• 방해, 장애	* hollow	• 속이 비어 있는, 움푹 파인
* contemporary	• 현대의	* negative	• 부정적인, 거절의
	• 동시대의 사람, 동년배		• 소극적인
* entitle	• 권리를 주다	* radiate	• 발산하다, 방출하다
	• 제목을 붙이다	* solution	• 해답, 해결

tremendous [triméndəs] 　　　　　　　　　　　　　　[형]

- 오늘 오후에 학교 앞의 공사장에서 **tremendous** 한 폭발음이 들렸다. 가스가 폭발한 것 같다.(= very large or great; huge; enormous)

blush [blʌʃ] 　　　　　　　　　　　　　　　　　　　[동]

- 그녀는 많은 사람들 앞에서 얘기할 때는 부끄러워서 항상 얼굴이 **blush** 해진다.(= become red in the face from shame, shyness, or confusion)

convince [kənvíns] → [명] conviction 　　　　　　　　[동]

- 나는 그가 법정에서 진실을 말할 것이라고 **convinced** 했다.(= make feel sure; persuade)
- 그녀는 마침내 완고한 부모님을 **convince** 해서 친구들과 여행을 갈 수 있었다.

esteem [istí:m] 　　　　　　　　　　　　　　　　　[동]

- 선생님들뿐만 아니라 학생들도 위대한 교육자인 교장선생님을 **esteem** 했다.(= respect; think highly of; have a good opinion of)

illegal [ilí:gəl] 　　　　　　　　　　　　　　　　　[형]

- 운전면허가 없는 사람이 자동차를 운전하는 것은 **illegal** 한 행위이다.(= against the law or the rules; not legal)
- 마약을 소지하거나 흡입하는 것은 **illegal** 하다.

nourish [nɔ́:riʃ, nʌ́r-] → [명] nourishment 　　　　　[동]

- 어머니는 모유대신 우유로 아기를 **nourish** 하고 있다.(= feed; provide with what is needed for growth and development)

recollect [rèkəlékt] → [명] recollection 　　　　　　[동]

- 나는 그 사건이 정확히 언제 발생했는지 **recollect** 하지 못했다.(= remember)

splendid [spléndid] 　　　　　　　　　　　　　　[형][형]

- 그는 옛날에 왕이 살았던 **splendid** 한 궁전을 보고 매우 감탄했다.(= very beautiful or impressive; magnificent; brilliant)

훔쳐보기

	• 용액	* illegal	• 불법의, 위법의
* tremendous	• 엄청난, 많은	* nourish	• 기르다, 영양분을 공급하다
* blush	• 얼굴이 붉어지다	* recollect	• 생각해내다, 기억하다
* convince	• 확산시키다, 설득하다	* splendid	• 웅대한, 호화로운, 훌륭한
* esteem	• 존경하다, 높이 평가하다		• 멋진, 근사한

• 그가 말한 것은 정말 **splendid** 한 생각이다. 우리는 모두 그의 말을 따르기로 했다.(= very good; excellent)

tutor [tjúːtər]   명

• 그는 수학을 잘하지 못하기 때문에, 그의 부모는 그에게 수학을 가르쳐 줄 **tutor** 한 사람을 구했다.(= a teacher who gives private lessons)

budget [bʌ́dʒit] → 통 budget   명

• 올해 정부에서 교육 분야에 배정한 **budget** 은 1000억원이다.(= a plan of expected income and expense for a period of time)

criticism [krítisìzəm] → 통 criticize 형 critical   명 명

• 평론가는 그 영화에 대하여 건설적인 **criticism** 을 했다.(= evaluation of the good and bad points of art, music, film, etc.)

• 정부는 언론을 통제함으로써 정부에 대한 **criticism** 을 못하게 했다.(= unfavorable judgment)

execute [éksikjùːt] → 명 executive, execution 형 executive   통 통

• 감독이 결정을 내리지만, 그 결정을 **execute** 하는 사람은 매니저다.(= carry out ; perform; do)

• 그 체조 선수는 공중 3회전을 완벽하게 **execute** 했다.

• 군인들은 반역자를 나무에 묶어 놓고 지휘관의 명령에 따라 총을 쏘아 그들을 **execute** 했다.(= put to death according to law)

impulse [ímpʌls] → 형 impulsive   명

• 백화점에 가면 계획한 것과 관계 없이 **impulse** 에 의해 물건을 사게 되는 경우가 많다.(= a sudden desire to do something)

omit [oumít] → 명 omission   통

• 그의 이름이 착오로 명단에서 **omitted** 되어서, 그는 파티에 초대를 받지 못했다.(= leave out ; not include)

regulate [régjəlèit] → 명 regulation   통

• 혼잡한 출퇴근 시간 때는 경찰이 수신호로 교통을 **regulate** 한다.(=

훔쳐보기

* tutor	• 가정교사, 지도교사	• 사형 집행하다
* budget	• 예산, 비용	* impulse • 충동
* criticism	• 비평, 평론	* omit • 빠뜨리다, 빼먹다
	• 비평, 비판	* regulate • 통제하다, 제한하다, 규제하다
* execute	• 실행하다, 수행하다	

control according to rules)

stammer [stǽmər]   동
- 그는 면접 시험 중에 너무 긴장해서 면접관의 질문에 대답할 때 말을 **stammer** 했다.(= speak with pauses and repeated sounds)

urgent [ɔ́:rdʒənt]   형
- 의사는 환자의 살려달라는 **urgent** 한 연락을 받고 곧장 그곳으로 달려 갔다.(= needing immediate attention)

candidate [kǽndədèit, -dit-]   명
- 이번 대통령 선거에서는 모두 6명의 **candidate** 이 경쟁하고 있다.(= a person who seeks or is suggested for an office or an honor)

demolish [dimáliʃ] → 명 demolition   동
- 그들은 낡은 건물을 **demolish**하고 그 자리에 새로운 빌딩을 세울 예정 이다.(= destroy; tear down)

expose [ikspóuz] → 명 exposure   동
- 그녀는 일광욕을 하려고 뜨거운 태양에 자신의 피부를 **expose** 했다.(= leave unprotected; uncover)

inherit [inhérit] → 명 inheritance   동
- 삼촌의 친척이 그 이외에는 아무도 없었기 때문에 그는 삼촌의 유산을 **inherit** 했다.(= receive from someone when that person dies)

overwhelm [òuvərhwélm]   동
- 그 전투에서 첨단 무기를 갖추고 체계적으로 훈련 받은 다수의 군인들 이 재래식 무기의 허약한 군인들을 **overwhelm** 했다.(= defeat by great force or numbers; overcome completely)

render [réndər]   동 동
- 그 백화점은 소비자들에게 언제나 좋은 서비스를 **render** 하기 때문에, 소비자들로부터 평판이 좋다.(= give; provide)

훔 쳐 보 기

* stammer	• 말을 더듬다	* inherit	• 유산으로 물려받다
* urgent	• 긴급한, 절박한	* overwhelm	• 제압하다, 압도하다
* candidate	• 후보(자)	* render	• 주다, 제공하다
* demolish	• 파괴하다, 부수다, 넘어뜨리다		• ~이 되게 하다
* expose	• 노출하다, 드러내다		

- 화재는 많은 사람들을 집이 없는 상태로 ***render*** 했다.(= make ; cause to be)

stretch [stretʃ] → 몡 stretch   튕튕

- 그는 책꽂이의 높은 곳에 있는 책을 꺼내기 위해 팔을 위로 ***stretch*** 했다.(= extend the body or a part of the body)
- 고무줄은 탄력이 있어서 쉽게 ***stretch*** 된다.(= make or become wider or longer)

verify [vérəfài]   튕튕

- 증인들의 진술은 그가 그 시간에 범행 현장에 없었다는 것을 ***verify*** 했다. 그는 곧 풀려날 것이다.(= prove to be true ; confirm)
- 경찰은 목격자들의 진술을 들음으로써, 범인이 말한 것이 사실인지 아닌지를 ***verify*** 했다.(= check the accuracy of)

chase [tʃeis] → 몡 chase   튕

- 경찰은 도둑의 뒤를 계속 ***chase*** 했다.(= follow in order to catch)

desperate [déspərit]   혱

- 이제 먹을 것과 물이 바닥이 났고 의료 장비도 없다. 정말 ***desperate*** 한 상태다.(= very serious or dangerous)

favorable [féivərəbəl] → 튕 favor   혱

- 수술이 끝난 후에 가족들은 의사로부터 환자의 상태에 대해 ***favorable*** 한 답변을 들어서 매우 기뻤다.(= approving ; positive)

intervene [ìntərvíːn] → 몡 intervention   튕

- 중재위원회는 그 회사의 노사간의 심각한 대립에 ***intervene*** 했다.(= come between in order to settle, solve, or adjust)
- 싸우고 있는 두 친구를 나머지 친구들이 ***intervene*** 했다.

peep [piːp] → 몡 peep   튕

- 그 아이는 문의 열쇠구멍으로 그들을 ***peep*** 했다.(= look secretly ; look

엿보기			
* stretch	· 뻗다, 뻗치다		절망적인
	· 늘어나다	* favorable	· 긍정적인, 유리한
* verify	· 진실임을 입증하다	* intervene	· 중재하다, 화해시키다,
	· 확인하다		개입하다
* chase	· 쫓아가다, 추적하다	* peep	· 엿보다, 훔쳐보다
* desperate	· 매우 위험한, 매우 어려운,		

through a small hole)

restrict [ristríkt] → 몡 restriction   동
• 그는 담배를 하루에 한 갑씩 피웠는데, 건강을 위해 담배 피우는 양을 하루에 담배 3개피로 **restrict** 했다.(= limit ; confine)

sturdy [stə́ːrdi]   형
• 그는 **sturdy** 한 다리를 갖고 있어서, 수 km를 걸어도 끄떡 없다.(= strong; well-built)

weary [wíəri]   형
• 그녀는 아침부터 하루 종일 걸어다녀서 **weary** 해졌다.(= tired; worn out; exhausted)

abstract [æbstrǽkt]   형
• 책상·의자·가방 등은 구체적인 개념이고, 사랑·정직·행복 등은 **abstract** 한 개념이다.(= related to ideas, feelings, quality, etc)

client [kláiənt]   몡
• 그 변호사는 자신을 찾아온 **client** 에게 언제나 친절하게 상담해 주고 있다.(= someone who receives a service from a professional person(a lawyer))

discharge [distʃáːrdʒ] → 몡 discharge   동 동
• 4명이 함께 사업을 시작했다가 사업이 어려워지자, 그 중 2명이 사업에서 **discharged** 했다.(= relieve from work or responsibility ; allow someone to go)
• 깨진 수도관에서 물이 거리로 **discharged** 되고 있다.(= send out ; give forth)

float [flout]   동
• 돌이나 금속은 물에 넣으면 가라앉지만, 나무와 얼음은 물 위에 **float** 한다.(= stay at the top of liquid)

lash [læʃ] → 몡 lash   동
• 기수는 말을 빨리 달리게 하려고 말을 채찍으로 **lash** 했다.(= strike or hit

홈쳐보기

* restrict	· 제한하다, 한정하다	* client	· 법률가의 자문을 받는 사람
* sturdy	· 튼튼한, 건장한	* discharge	· 해방시키다, 떠나게 하다
* weary	· 피곤한, 지친		· 액체, 가스 등을 방출하다
* abstract	· 추상적인	* float	· 물에 뜨다

with a whip)

pierce [piərs]   동
- 못이 자동차의 타이어를 ***pierce*** 했다.(= make a hole in or through)
- 그녀는 귀걸이를 하기 위해 귀를 ***pierce*** 했다.

rot [rɑt] → 형 rotten   동
- 단 것을 많이 먹으면, 치아가 ***rot*** 할 것이다.(= go bad; (cause to) decay)

sultry [sʌ́ltri]   형
- 이런 ***sultry*** 한 여름 날에는 불쾌지수가 매우 높다.(= hot and damp)

adopt [ədɑ́pt] → 명 adoption   동 동
- 그 부부는 자식이 없었기 때문에 고아를 ***adopt*** 했다.(= choose and take as a member of one's family by law)
- 위원회에서 나의 제안을 만장일치로 ***adopt*** 하기로 결정했다.(= take and use as one's own)

committee [kəmíti]   명
- 어떤 일이나 문제를 연구, 처리하기 위하여 만들어진 모임을 ***committee*** 라고 한다.(= a group of people organized for a purpose)

distinct [distíŋkt] → 명 distinction 형 distinctive   형 형
- 그의 필체는 ***distinct*** 하기 때문에 누구나 쉽게 읽을 수 있다.(= clear; easy to smell, see, hear, or understand)
- 그 쌍둥이 형제는 비슷한 겉모습과는 달리 각각 ***distinct*** 한 개성을 갖고 있다.(= different; unlike)

freight [freit]   명
- 그 기차는 여객 수송을 위한 것이 아니라, ***freight*** 운반을 위한 기차 다.(= transported goods; cargo)

literate [lítərit] → 명 literacy   형
- 문맹이었던 그는 아내의 가르침을 받아 마침내 ***literate*** 하게 되었다.(=

훔쳐보기

* lash	• 때리다, 갈기다		• 받아들이다, 채택하다
* pierce	• 뚫다, 구멍을 내다	* committee	• 위원회
* rot	• 썩다, 썩게 하다, 부패하다	* distinct	• 분명한, 뚜렷한
* sultry	• 후덥지근한		• 다른
* adopt	• 양자로 삼다	* freight	• 화물

able to read and write)

portion [pɔ́:rʃ/ən]　　　　　　　　　　　　　　　　　　　　명

• 나는 월급에서 많은 **portion** 을 은행에 저축하고 있다.(= a part of a whole ; a share)

scarce [skɛərz] → 부 scarcely　　　　　　　　　　　　　　　형

• 사막에서는 물이 **scarce** 하다.(= not plentiful ; hard to get)

• 전쟁 중에는 가솔린, 설탕 등의 생활필수품이 **scarce** 하다.

antique [æntí:k]　　　　　　　　　　　　　　　　　　　　　명

• 그는 오래된 도자기를 수집하는 취미를 갖고 있어서 **antique** 를 파는 상점에 자주 들른다.(= an object that has particular value because of its age)

compound [kámpaund]　　　　　　　　　　　　　　　　통 명

• 약사는 의사가 지시한 대로 약을 **compound** 해서 환자에게 주었다.(= make by combining parts or materials)

• 물은 수소와 산소의 **compound** 이다.(= chemical substance of two or more elements)

drain [drein] → 명 drain　　　　　　　　　　　　　　　　통

• 수영장 바닥을 청소하기 위해 수영장 안의 물을 모두 **drain** 했다.(= draw off a liquid gradually)

germ [dʒəːrm]　　　　　　　　　　　　　　　　　　　　　명

• 그녀는 요리하기 전에 음식에 **germ** 이 묻지 않도록 손을 깨끗이 씻었다.(= a very small living thing can cause illness or disease)

majority [mədʒɔ́(:)rəti, -dʒár-] → 형 major　　　　　　　명

• 몇 명을 제외한 노동자들의 **majority** 가 파업에 찬성했다.(= the greater number or part)

prevail [privéil] → 형 prevalent　　　　　　　　　　　통 통

• 몇몇 부족들 사이에 태양을 숭배하는 종교가 널리 **prevail** 되어 있다.(=

훔쳐보기

* literate	• 읽고 쓸 줄 아는		• 화합물
* portion	• 부분, 일부, 몫	* drain	• 액체를 빼 내다
* scarce	• 드문, 많지 않은, 불충분한	* germ	• 세균, 병균
* antique	• 골동품	* majority	• 대다수, 대부분
* compound	• 혼합하여 만들다	* prevail	• 널리 퍼지다, 보급되다

be common or widespread)

- 만화 영화를 보면 선(善)과 악(惡)의 대결에서 언제나 선이 ***prevail*** 한
다.(= win out)

scrub [skrʌb] → 명 scrub 동

- 그는 걸레로 마루 바닥을 ***scrub*** 해서 깨끗하게 했다.(= clean by rubbing hard)

tariff [tǽrif, -rəf] 명

- 수입 상품에 ***tariff*** 을 부과하는 목적은 국내 산업을 보호하기 위해서
다.(= a tax that a government places on imported or exported goods)

ascend [əsénd] 동

- 굴뚝에서 나온 연기가 하늘로 ***ascend*** 하고 있다.(= climb or move upward ; rise)

condemn [kəndém] 동

- 단지 너의 의견에 동의하지 않는다고 해서 나를 ***condemn*** 하지 말아
라.(= say that a person or thing is bad)

dwarf [dwɔːrf] → 동 dwarf 명

- 백설공주와 일곱 명의 ***dwarfs***.(= a person, animal, or plant much smaller in size than normal)

survey [sə:rvéi] → 명 survey 동 동

- 그는 언덕의 꼭대기에 올라 서서 들판을 ***survey*** 했다.(= take a wide view of an entire area)
- 그들은 그 건물이 안전한가를 면밀히 ***survey*** 했다.(= examine the condition of)

grasp [græsp] → 명 grasp 동

- 그 줄을 놓치면 떨어져 죽을 수도 있다. 줄을 ***grasp*** 해라.(= seize and hold firmly with the hands)

훔쳐보기

	• 이기다, 승리하다	* dwarf	• 난쟁이
* scrub	• 문질러 닦다	* survey	• 한 눈에 바라보다
* tariff	• 관세		• 조사하다, 검사하다
* ascend	• 올라가다, 오르다	* grasp	• 손으로 꽉 붙잡다, 움켜쥐다
* condemn	• 비난하다, 책망하다		

mess [mes] → 통 mess 형 messy   명
- 그녀의 방이 이렇게 *mess* 인 것은 본 적이 없었다. 모든 것이 여기 저기에 흩어져 있다.(= confusion; disorder)

professor [prəfésər]   명
- 그는 M대학에서 역사학을 연구하고 학생들을 가르치는 *professor* 다.(= a teacher of the highest rank in a university or college)

shrink [ʃriŋk]   통
- 털옷을 뜨거운 물에 세탁했더니 털옷의 크기가 *shrink* 되었다.(= make or become smaller)

threaten [θrétn] → 명 threat   통
- 강도는 그녀에게 돈이 어디 있는지 말하지 않으면 그녀를 죽이겠다고 *threaten* 했다.(= make a threat; say that one plans to harm)

attribute [ətríbjuːt]   통 명
- 이번 테니스 대회에서 우승한 선수에게 소감을 물어 보았을 때, 그는 우승의 원인을 끊임없는 연습의 결과로 *attribute* 했다.(= believe something to be the result or work of)
- 플라스틱의 중요한 *attribute* 중의 하나는 여러 가지 모양으로 변형이 쉽다는 것이다.(= a characteristic, quality of a person or thing)

conserve [kənsə́ːrv] → 명 conservation   통
- 우리들은 외래 문화로부터 우리의 관습과 언어를 *conserve* 하려고 노력한다.(= preserve; protect from loss or harm; avoid wasting something)

emergency [imə́ːrdʒənsi]   명
- 유람선은 *emergency* 에 대비하여 항상 구명보트 몇 개를 갖추고 있다.(= unexpected and dangerous happening; a crisis; disaster)

halt [hɔːlt]   통
- 기차는 승객들을 내려주고 태우기 위해 기차역에 2분간 *halt* 했다.(= come or cause to come to a stop for a short time)

훔쳐보기

* mess	• 엉망, 어질러진 상태	~의 탓으로 돌리다,
* professor	• 교수	• 속성, 특성
* shrink	• 줄어들다, 줄어들게 하다	* conserve • 보호하다, 보존하다
* threaten	• 협박하다	* emergency • 비상사태, 긴급사태
* attribute	• ~의 결과라고 생각하다,	* halt • 멈추다, 멈추게 하다, 정지하다

monotonous [mənátənəs] → 명 monotony · 형

- 그의 연설이 ***monotonous*** 해서 많은 청중들이 졸았다.(= boring and without change)

prospect [práspekt] → 형 prospective · 명

- 중동 지역은 잦은 분쟁으로 인하여 많은 사람들이 고통 받고 있다. 언제 전쟁이 발생할지 모르기 때문에 그 지역의 평화에 대한 ***prospect*** 은 어두운 편이다.(= a possibility of something happening)

slope [sloup] · 명

- 지붕의 ***slope*** 은 약 30도 정도다.(= the amount of slant)
- 언덕의 ***slope*** 이 가파르기 때문에 오르기가 힘들다.

trail [treil] · 동 동 명

- 그녀의 긴 드레스는 그녀가 움직일 때마다 바닥에 ***trail*** 해서 드레스의 끝 부분이 지저분해졌다.(= drag or allow to drag behind)
- 사냥꾼들은 발자국을 따라서 노루를 계속 ***trail*** 했다.(= follow the tracks of)
- 상처를 입은 사자는 바닥에 피의 ***trail*** 을 남겼다.(= a mark, scent, footprint, or other evidence of passage left behind)

benefit [bénəfit] → 형 beneficial, beneficent · 명

- 석유의 발견은 그 나라에게 많은 ***benefit*** 을 가져다주었다.(= advantage; help)

contempt [kəntémpt] · 명

- 우리는 그 악랄한 사기꾼에게 ***contempt*** 의 감정을 가질 수밖에 없다.(= scorn; a feeling that a person or thing is low or worthless)

entrance [éntrəns] · 명 명

- 대학에 가고자 하는 학생은 고등학교 3학년 때 치러지는 대학 ***entrance*** 시험을 봐야 한다.(= the act of entering)
- 나는 사람들의 눈에 띄지 않기 위해 빌딩의 뒤쪽 ***entrance*** 를 통하여 빌딩 안으로 들어갔다.(= a place for entering; door; gate)

훔쳐보기

* monotonous	• 지루한, 단조로운	
		• 흔적, 자국
* prospect	• 일이 일어날 가능성, 전망	* benefit • 이익, 유리, 도움
* slope	• 경사, 기울기	* contempt • 경멸, 멸시
* trail	• 질질 끌다(끌리다)	* entrance • 입장, 입학
	• 추적하다, 뒤를 쫓다	• 입구, 현관, 출입문

horrible [hɔ́:rəbəl, hάr-] → 몡 horror 〔혱〕

- 오늘 아침에 보았던 자동차 사고는 소름이 끼칠 정도로 **horrible** 한 사고였다.(= causing horror; dreadful)

negligence [néglidʒəns] → 혱 negligent 〔몡〕

- 그 사고는 운전자의 **negligence** 에 의해 일어난 것이다. 조금만 신경을 썼으면 사고는 일어나지 않았을 텐데…(= a lack of care or attention; carelessness)

radical [rǽdikəl] 〔혱〕〔혱〕

- 그가 시골에서 도시로 이사온 이후 생활에 **radical** 한 변화가 있었다. 그는 아직도 도시 생활에 적응을 못하고 있는 것 같다.(= fundamental; basic; very great)
- 나이가 든 보수적인 사람들은 **radical** 한 생각을 가진 청년들을 좋아하지 않는다.(= wanting great changes)

sore [sɔ:r] 〔혱〕

- 3일전에 문틈에 끼였던 손가락이 아직도 **sore** 하다.(= painful; aching)

trial [tráiəl] 〔몡〕〔몡〕

- 그 살인 사건에 대한 첫 번째 **trial** 이 다음주 월요일 지방 법원에서 열린다.(= the act of hearing a case in a law court to decide whether a charge or claim is true)
- 그가 자동차를 타고 트랙을 돌고 있는 것은 자동차의 성능을 알아보기 위한 **trial** 이다.(= the act of testing or attempting)

boom [bu:m] → 몡 boom 〔동〕〔동〕

- 천둥 소리가 공기 중으로 **boom** 했다.(= make a long, deep sound)
- 국민들의 여가에 대한 관심이 높아지자 레저 산업이 **boom** 되고 있다.(= grow or develop rapidly; thrive)

coordinate [kouɔ́:rdənit] 〔동〕

- 이 프로젝트를 제 시간에 완성하기 위해서는 각 부서들이 **coordinate**해야 한다.(= bring together various people and activities for a common purpose)

훔쳐보기

* horrible	· 끔직한, 무서운	* trial	· 재판, 공판
* negligence	· 부주의		· 시험, 테스트
* radical	· 근본적인, 커다란	* boom	· 울려 퍼지다
	· 급진적인		· 번창하다
* sore	· 아픈, 쑤시는	* coordinate	· 협력하다, 조정하다

estimate [éstəmèit] → 명 estimate　　　　　　　　　　　　　　　동

- 감정 전문가는 내가 갖고 있는 그림이 100만 달러의 가치를 지니고 있다고 ***estimate*** 했다.(= make a careful guess about ; calculate roughly)

illuminate [ilú:mənèit] → 명 illumination　　　　　　　　　　　동

- 거리의 가로등이 밤거리를 ***illuminate*** 하고 있다.(= give light to)

nuisance [njú:səns]　　　　　　　　　　　　　　　　　　　　명

- 잠자는 나에게 모기는 정말 ***nuisance*** 다.(= a thing or person that causes trouble or annoys)

reconcile [rékənsàil] → 명 reconciliation　　　　　　　　　　동

- 그녀와 부모님은 돈 문제로 싸우고 나서 며칠 동안 서로 말을 하지 않다가, 결국 ***reconcile*** 해서 예전의 관계로 돌아왔다.(= make friendly again)

split [split]　　　　　　　　　　　　　　　　　　　　　　　동

- 그는 도끼를 사용해서 나뭇토막을 두 조각으로 ***split*** 했다.(= divide or become divided into parts by cutting or breaking)

tyrant [táiərənt] → 명 tyranny　　　　　　　　　　　　　　　명

- 그 나라의 ***tyrant*** 는 더 이상 폭정을 참지 못하는 국민들에게 붙잡혀서 사형 당했다.(= a person(ruler) who uses power in a cruel or unjust way)

bulge [bʌldʒ] → 명 bulge　　　　　　　　　　　　　　　　　동

- 고무 풍선에 바람을 불어넣자, 풍선이 ***bulge***해졌다.(= swell out)
- 그녀가 아기를 가졌기 때문에 그녀의 배는 ***bulge***하다.

cultivate [kʌ́ltəvèit] → 명 cultivation　　　　　　　　　　　동

- 농부는 씨앗을 뿌리고 작물을 재배하기 위하여 땅을 ***cultivate*** 하고 있다.(= prepare and use land for growing crops)

exhibition [èksəbíʃən] → 동 exhibit　　　　　　　　　　　　명

- 그는 ***exhibition*** 에 출품할 작품을 만들고 있는 중이다.(= a display)

훔쳐보기

* estimate	· 평가하다, 산정하다, 판단하다	* split	· 쪼개다, 찢다
* illuminate	· 비추다, 밝히다	* tyrant	· 전제군주, 독재자
* nuisance	· 성가신 것, 귀찮은 것, 불쾌한 것	* bulge	· 부풀어오르다
* reconcile	· 화해시키다	* cultivate	· 땅을 갈다, 경작하다
		* exhibition	· 전시회

incline [inkláin] → 명 inclination
　　　　　　　　　　　　　　　　　　　　　　　　　　　　　　동
- 그 평면은 왼쪽으로 ***incline*** 되어 있어서, 공을 놓으면 왼쪽으로 굴러간다.(= lean; slope)

opponent [əpóunənt]
　　　　　　　　　　　　　　　　　　　　　　　　　　　　　　명
- 결승전에서 만나는 나의 ***opponent*** 는 전에 대결해 본 적이 있는 선수다.(= a person who opposes or is against another in a fight, contest, or debate)

relation [riléiʃən] → 동 relate
　　　　　　　　　　　　　　　　　　　　　　　　　　　　　　명
- 그의 발언은 토론하고 있는 주제와 아무런 ***relation*** 이 없다.(= connection)

startle [stáːrtl]
　　　　　　　　　　　　　　　　　　　　　　　　　　　　　　동
- 내가 조용한 방안에서 혼자 있을 때, 갑작스런 노크 소리는 나를 ***startle*** 했다.(= surprise suddenly; frighten)

utilize [júːtəlàiz]
　　　　　　　　　　　　　　　　　　　　　　　　　　　　　　동
- 천연 자원을 잘 ***utilize*** 하면, 국가의 산업을 발전시킬 수 있다.(= make use of; use)

capable [kéipəbəl] → 명 capability, 숙 be capable of
　　　　　　　　　　　　　　　　　　　　　　　　　　　　　　형
- 그는 어려운 내용을 쉽게 가르쳐 주는 ***capable*** 한 선생님이다.(= able; having the power, skill)

demonstrate [démənstrèit] → 명 demonstration
　　　　　　　　　　　　　　　　　　　　　　　　　　　　　　동 동
- 그는 컴맹들에게 컴퓨터가 어떻게 작동하는지를 ***demonstrate*** 했다.(= show clearly)
- 일부 시민들은 새로운 법에 반대하여 거리에 나와 ***demonstrate*** 했다.(= march in protest)

expression [ikspréʃən] → 동 express
　　　　　　　　　　　　　　　　　　　　　　　　　　　　　　명
- 민주주의 하에서는 생각(사상)을 자유롭게 ***expression*** 을 할 수 있어야 한다.(= the act of expressing)

훔쳐보기

* incline ・경사지다, 기울이다	* capable ・유능한
* opponent ・적수, 상대, 반대자	* demonstrate ・설명하다, 보여주다
* relation ・관련, 관계	・시위하다, 데모하다
* startle ・깜짝 놀라게 하다	* expression ・표현, 표시
* utilize ・이용하다	

initiate [iníʃièit] → 명 initiative, initial   동
- 누가 먼저 이 싸움을 *initiate* 했느냐?(= begin; start)

panic [pǽnik] → 동 panic   명
- 건물이 약간 흔들릴 정도의 지진이었지만, 그 지진은 사람들에게 *panic* 을 느끼게 했다.(= a sudden feeling of great fear)

repent [ripént]   동
- 그는 자신의 잘못을 *repent* 하고, 그녀에게 미안하다고 말했다.(= feel guilt or regret for past conduct)

stride [straid]   동
- 그가 문을 열고 자신만만하게 내 앞으로 *stride* 해서 내게 악수를 청했다.(= walk with long steps)

vibrate [váibreit, vaibréit] → 명 vibration   동
- 대형 트럭이 지나갈 때마다 도로 옆의 낡은 집들이 *vibrate* 했다.(= shake; tremble; quiver)

circuit [sə́ːrkit]   명
- 지구는 태양 주위를 일년에 한 번 *circuit* 을 한다.(= the act of going around something)

destination [dèstənéiʃən]   명
- 우리의 첫 번째 여행의 *destination* 은 런던이다.(= the place that a person or thing is going to)

favorite [féivərit] → 동 favor   형 명
- 그녀가 *favorite* 하는 색깔은 파란색이다.(= preferred; best liked)
- 팝송 중에서 비틀즈의 '예스터데이(Yesterday)'가 나의 *favorite* 이다.(= a person or thing liked best or preferred)
- 음식중에서 스파게티는 그의 *favorite* 이다.

intimate [íntəmit] → 명 intimacy   형 형
- 그 둘은 매우 *intimate* 한 친구여서 서로 숨기는 것이 없다.(= very close)

훔쳐보기

* initiate	• 시작하다, 착수하다	* circuit	• 순회, 순환
* panic	• 공포, 겁먹음	* destination	• 목적지, 도착지
* repent	• 뉘우치다, 후회하다	* favorite	• 매우 좋아하는
* stride	• 성큼성큼 걷다		• 좋아하는 사람, 것
* vibrate	• 흔들리다, 진동하다	* intimate	• 절친한, 가까운

- 별로 친하지 않는 사람에게 너의 **intimate** 한 일들을 얘기하는 것은 좋지 않다.(= private)

penetrate [pénətrèit] → 몡 penetration   통
- 주사 바늘이 아이의 피부를 **penetrate** 했을 때, 아이는 울음을 터트렸다.(= pass into or through ; enter by pierce)

retain [ritéin] → 몡 retention   통
- 아내는 죽은 남편의 소지품들을 여전히 **retain** 하고 있다.(= hold ; continue to possess)

subdue [səbdjú:]   통
- 한 때, 나폴레옹은 유럽의 대부분을 **subdue** 했다.(= conquer; defeat)

whirl [hwə:rl] → 몡 whirl   통
- 비행기가 활주로에서 이륙하려 할 때, 프로펠러는 더 빨리 **whirl** 했다.(= move round very quickly)

absurd [əbsə́:rd, -zə́:rd] → 몡 absurdity   혱
- 지구가 둥글다는 것은 누구나 아는 사실인데, 지구가 평평하다는 너의 말은 **absurd** 해서 말이 안 나온다.(= so unreasonable as to be laughable)

clue [klu:]   몡
- 경찰은 범인을 알아내는 데 도움이 될 만한 **clue** 를 찾고 있다.(= a fact or thing that helps to solve a problem or a mystery)

discipline [dísəplin] → 통 discipline   몡
- 어떤 스포츠 분야든지 우수한 성적을 거두려면 엄격하고 체계적인 **discipline** 을 해야 한다.(= training of mind and body to obey rules and control one's behavior)

flourish [flə́:riʃ, flʌ́riʃ]   통
- 수분과 햇빛이 충분한 곳에서는 나무들이 **flourish** 하고 있다.(= grow or develop successfully)

훔쳐보기

	• 개인적인, 사적인	* absurd	• 터무니없는, 어리석은
* penetrate	• 꿰뚫다, 파고들다, 관통하다	* clue	• 단서, 실마리
* retain	• 간직하다, 보유하다	* discipline	• 훈련
* subdue	• 정복하다, 제압하다	* flourish	• 번창하다, 번영하다
* whirl	• 빙빙 돌리다, 회전하다		

launch [lɔːntʃ, lɑːntʃ] → 몡 launch 　　　　　　　　　　동 동
* 조선소에서는 새로 만들어진 배를 시험해 보려고 바다에 배를 **launch** 했다.(= push into the water)
* 어제 미항공우주국(NASA)에서 달에 로켓을 **launch** 했다.(= send forcefully upward)

pinch [pintʃ] 　　　　　　　　　　　　　　　　　　　　　　동
* 남편이 사람들에게 해서는 안될 말을 하자, 아내는 남편의 말을 막기 위해 남편의 팔을 손가락으로 **pinch** 했다.(= press tightly between the thumb and a finger)

rotate [róuteit] → 몡 rotation 　　　　　　　　　　　　　동
* 지구, 화성, 목성 등의 행성들은 일정한 주기로 태양주위를 **rotate** 하고 있다.(= turn around a center point)

summon [sʌ́mən] 　　　　　　　　　　　　　　　　　　　　동
* 대통령은 긴급 회의를 하기 위해 장관들을 **summon** 했다.(= formally command to come)

affection [əfékʃən] → 휑 affectionate 　　　　　　　　　　명
* 그녀는 어린 여동생에게 커다란 **affection** 을 갖고 있어서, 여동생에게 많은 선물을 사주었다.(= a feeling of fondness or love)

communication [kəmjùːnəkéiʃən] → 몡 communicate 　　명
* 사람들이 같은 언어를 사용하지 않는다면, **communication** 이 어려울 것이다.(= the act of communicating)

distort [distɔ́ːrt] → 몡 distortion 　　　　　　　　　　　　동
* 어떤 잡지에서는 독자들의 관심을 끌기 위해 사실을 **distort** 하여 기사를 쓰기도 한다.(= change so as to make false)

frustrate [frʌ́streit] → 몡 frustration 　　　　　　　　　　동
* 험악한 날씨는 우리의 등산 계획을 **frustrate** 했다.(= keep from reaching a goal or carrying out a plan)

훔쳐보기

* launch	• 띄우다 • 발사하다	* affection	• 애정, 애착
* pinch	• 꼬집다	* communication	• 통신, 의사전달
* rotate	• 돌다, 회전하다	* distort	• 왜곡하다
* summon	• 소집하다, 소환하다	* frustrate	• 좌절시키다, 달성하지 못하게 하다

loan [loun] → 통 loan　　　　　　　　　　　　　　　　　　　　　　명
- 그는 주택을 구입하는 데 돈이 부족해서 8%의 이자를 지급하기로 하고 은행으로부터 1000만원의 ***loan*** 을 받았다.(= that which is lent)

portrait [pɔ́:rtrit, -treit] → 통 portray　　　　　　　　　　　　　　명
- 그는 거리의 화가에게 자신의 ***portrait*** 을 그려달라고 부탁했다.(= a painting, drawing, or photograph of a person, especially of the face)

scare [skɛər] → 명 scare　　　　　　　　　　　　　　　　　　　　　통
- 고요한 한밤중에 거실에서 들려오는 발자국 소리에 그녀는 ***scare*** 했다.(= make or become afraid)

suspicion [səspíʃən] → 통 suspect, 형 suspicious　　　　　　　　　명
- 그는 살인 사건이 있던 시각에 범행 현장 주변에 있었다는 사실로 인하여 경찰로부터 살인의 ***suspicion*** 을 받고 있다.(= the act or condition of suspecting; the state of being suspected)

apologize [əpálədʒàiz, əpɔ́l-] → 명 apology　　　　　　　　　　　통
- 그는 약속시간에 늦은 것에 대해서 사람들에게 정중히 ***apologize*** 했다.(= express regrets for a mistake made or injury done)

comprehend [kàmprihénd] → 형 comprehensive 명 comprehension　通
- 그의 표정을 보면 내 말의 뜻을 ***comprehend*** 하지 못한 것 같다.(= understand)

drastic [drǽstik]　　　　　　　　　　　　　　　　　　　　　　　　형
- 경찰은 강력 범죄가 계속 증가하자, 범죄를 줄이기 위해 매우 ***drastic*** 한 방법을 취하기로 했다.(= having a strong effect; severe)

gleam [gli:m] → 명 gleam　　　　　　　　　　　　　　　　　　　　통
- 호수의 물이 달빛에 ***gleam*** 했다.(= shine brightly)

manufacture [mæ̀njəfǽktʃər] → 명 manufacture　　　　　　　　　통
- 그 회사는 도시 근교에서 가구를 ***manufacture*** 해서 가구 판매점에 공급

훔 쳐 보 기

* loan	• 대출금, 대여물	* comprehend	• 이해하다
* portrait	• 초상화, 인물사진	* drastic	• 강력한, 과감한, 철저한
* scare	• 겁먹다, 두려워하다	* gleam	• 반짝거리다
* suspicion	• 혐의, 의심	* manufacture	• 생산하다, 제조하다
* apologize	• 사과하다		

하고 있다.(= make or produce goods in large quantities by machinery)

prick [prik] → 명 prick 〔통〕

• 그는 바늘에 손가락을 **pricked** 해서, 피가 나왔다.(= make a small hole in the skin with a sharp point)

sculpture [skʌ́lptʃər] 〔명〕

• 그 전시회에 가면 유명 조각가의 **sculpture** 를 볼 수 있다.(= a work of sculpture)

technical [téknikəl] 〔형〕

• 그 책에는 컴퓨터에 관련된 **technical** 한 용어들이 많이 나온다.(= of or relating to a subject or field; specialized)

assent [əsént] → 명 assent 〔통〕

• 회의에 참석한 사람들은 만장일치로 그 제안에 **assent** 했다.(= agree; consent; approve)

condense [kəndéns] → 명 condensation 〔통〕

• 온도의 급격한 하강은 수증기를 물로 **condense** 시킨다.(= change from a gas to a liquid)

dwell [dwel] 〔통〕〔통〕

• 미국 대통령은 백악관에서 **dwell** 하고 있다.(= live; reside)
• 지나간 일에 대해서 그렇게 **dwell on** 하지 말아라. 아직도 해결해야 할 문제들이 많이 남아있다.(= think or talk about continuously)

gratify [grǽtəfài] 〔통〕

• 시험 점수가 좋게 나온 것을 알았을 때, 나는 매우 **gratified** 되었다.(= satisfy; please)

migrate [máigreit] → 명 migration 〔통〕

• 아버지가 미국에서 직장 생활을 하게 되어서 가족 모두가 미국으로 **migrate** 했다.(= make from one place or country to another)

훔 쳐 보 기

* prick	• 찌르다	* dwell	• 살다, 거주하다
* sculpture	• 조각품		• 곰곰이 생각하다,
* assent	• 동의하다, 승인하다, 허락하다		계속해서 얘기하다
* condense	• 응축시키다, 기체를 액체 ·	* gratify	• 만족시키다, 기쁘게 하다
	고체로 변화시키다	* migrate	• 이주하다

profound [prəfáund] **형**

• 그는 어제 잠을 자지 못해서 집에 돌아오자마자 **profound** 한 잠에 빠졌다.(= very deep ; complete)

shudder [ʃʌ́dər] → **명** shudder **동**

• 그는 얇은 옷을 입고 약속 장소에서 기다리는 동안 추워서 **shudder** 했다.(= shake suddenly with fear, cold, disgust, etc.)

thrive [θraiv] **동**

• 이곳의 식물들은 충분한 햇빛과 수분을 공급받고 있기 때문에 **thrive** 하고 있다.(= grow strong and healthy)

authority [əθɔ́ːriti, əθɑ́r-] → **동** authorize **형** authoritative **명** **명** **명**

• 무슨 **authority** 로 나에게 명령을 하느냐?(= the right to control, command or order)

• 세계적으로 유명한 피터슨 교수는 유기화학 분야의 **authority** 다.(= expert, master)

• 관공서의 **authorities** 는 그곳에서의 건물 신축을 승인했다.(= people who have the right to govern or the power to enforce laws)

considerable [kənsídərəbəl] → **동** consider **형**

• 작년 여름에는 **considerable** 한 양의 비가 와서 많은 피해가 발생했다.(= fairly large in amount, size, or degree)

emigrate [éməgrèit] → **명** emigration, emigrant **동**

• 19세기에 많은 유럽인들이 유럽을 떠나 미국으로 **emigrate** 했다.(= leave one's own country or region to settle in another)

handicap [hǽndikæp] **명**

• 앞을 볼 수 없다는 것은 커다란 **handicap** 이다.(= a disability or disadvantage ; hindrance)

• 취직을 하는 데 있어서, 일정 수준의 교육을 받지 못했다는 것은 커다란 **handicap** 이 될 수 있다.

훔쳐보기

* profound	· 깊은, 완전한	· authorities (복수) : 법률 등을 시행할 수 있는 권한을 가진 집단, 관계 당국
* shudder	· 공포 · 추위 · 혐오 등으로 인하여 떨다	
* thrive	· 튼튼하게 자라다	* considerable · 많은, 상당한
* authority	· 권한, 권위	* emigrate · 이주하다, 이민가다
	· 전문가, 권위자	* handicap · 불리, 불리한 조건, 장애

monument [mάnjəmənt] → 형 monumental 명

- 호텔 앞의 광장에는 전쟁에서 죽은 사람들을 기리는 **monument** 가 세워져 있다.(= a statue, building, etc. built in memory of a person or event)

protest [prətést] → 명 protest 통

- 우리가 밤에 시끄럽게 놀고 있을 때, 잠을 못 자는 이웃들이 우리 집에 찾아와서 **protest** 했다.(= speak against ; object to ; complain)

sly [slai] 형

- 그의 말과 행동을 보면, 그가 **sly** 한 여우처럼 느껴진다.(= good at deceiving people or doing things in secret; cunning; crafty)

trait [treit] 명

- 그의 손가락이 짧은 것은 집안의 유전적 **trait** 이다.(= a characteristic; a special quality)

bestow [bistóu] 통

- 그 대학은 나라를 빛낸 유명한 작가에게 명예박사 학위를 **bestow** 하고 있다.(= give or present as a gift)

contend [kənténd] 통

- 아군과 적군은 그 요새를 점령하기 위해 서로 **contend** 했다.(= fight ; struggle)

envelop [envéləp] 통

- 짙은 안개가 공항을 **envelop** 해서 비행기의 이착륙이 금지되었다.(= wrap up ; cover completely)

hostile [hάstil] → 명 hostility 형

- 내가 처음 이곳으로 왔을 때 그는 나에게 **hostile** 했지만, 지금은 친한 친구가 되었다.(= unfriendly; against)

negligible [néglidʒəbəl] 형

- 다른 사람들과 비교하면 네가 입은 손해는 **negligible** 한 것이다.(= small

훔 쳐 보 기

* monument	· 기념비(탑), 기념 건조물	* contend	· 겨루다, 싸우다
* protest	· 항의하다, 불복하다, 불평하다	* envelop	· 둘러싸다, 덮다
* sly	· 교활한, 간사한	* hostile	· 비우호적인, 적대적인
* trait	· 특성, 특징	* negligible	· 사소한
* bestow	· 주다, 수여하다		

or not important)

rash [ræʃ]　　　　　　　　　　　　　　　　　　　　　　　형
- 전문가와 상의도 하지 않고, 부품을 변경하기로 한 것은 **rash** 한 결정이었다.(= doing something without careful thought)

sour [sáuər] → 동 sour　　　　　　　　　　　　　　　　　형
- 일반적으로 레몬, 풋사과, 포도 등은 **sour** 한 맛이 난다.(= having a sharp, acid taste)

tribute [tríbjuːt]　　　　　　　　　　　　　　　　　　　명
- 그 음악가는 현대 음악의 발전에 많은 공헌을 했다. 최근에 그의 90번째 생일을 맞이하여 그에 대한 **tribute** 로서 특별한 콘서트가 열렸다.(= something given to show respect, thanks, admiration, etc.)

bound [baund]　　　　　　　　　　　　　　　　　　　명 동
- 아무도 그것을 알지 못한다. 그것은 인간 지식의 **bounds** 를 벗어났다.(= a limit; boundary)
- 공이 벽에 부딪힌 다음 내게로 다시 **bound** 되었다.(= jump or leap)

cordial [kɔ́ːrdʒəl / -diəl] → 명 cordiality　　　　　　　형
- 내가 그 집을 처음 방문했을 때, 그들은 나에게 **cordial** 한 환영을 해주어서 나는 매우 기뻤다.(= warm and friendly)

eternal [itə́ːrnəl] → 명 eternity　　　　　　　　　　　형
- 지구가 둥글다는 것은 **eternal** 한 진리다.(= lasting forever)

imaginary [imǽdʒənèri] → 동 imagine 형 imaginative 명 imagination　　형
- 이 책의 등장인물은 모두 실재 인물이 아니라 **imaginary** 한 인물이다.(= not real; existing only in the mind)

nutrition [njuːtríʃən] → 형 nutritious　　　　　　　　명
- 환자가 빨리 회복되기 위해서는 충분한 휴식과 좋은 **nutrition** 이 필수

훔쳐보기

* rash	• 경솔한, 성급한, 무모한	* cordial	• 진심에서 우러나는, 성심성의의
* sour	• 신, 시큼한	* eternal	• 영원한, 변함없는
* tribute	• 존경, 칭찬, 찬사, 감사(의 표시)	* imaginary	• 가상의, 상상의
* bound	• 한계, 범위	* nutrition	• 영양, 영양섭취
	• 튀다, 뛰다		

적이다.(= the process of nourishing or being nourished)

recruit [rikrú:t] → 명 recruit   통

• 학교의 등산 동아리(클럽)는 새학기를 맞아서 3명의 신입 회원을 *recruit* 했다.(= get a person to join)

spontaneous [spɑntéiniəs]   형

• 관중들이 부르기 시작한 노래는 누가 시켜서 한 것이 아니라, 흥에 겨워 *spontaneous* 하게 나온 것이다.(= happening, done, or produced naturally or without outside cause)

ultimate [ʎltəmit]   형 형

• 우리의 *ultimate* 한 목적은 완전한 독립 국가를 건설하는 것이다.(= final; last)

• 경주용 자동차를 테스트하기 위해 카레이서는 트랙을 도는 동안 *ultimate* 속도를 냈다.(= greatest; best; highest)

bulk [bʌlk]   명 명

• 그 상자는 무겁지는 않지만, 커다란 *bulk* 때문에 운반하기가 어렵다.(= (great) size, mass, or volume)

• 학생들의 *bulk* 는 그 시험에 통과했고, 일부만 시험에 떨어졌다.(= the largest or main part)

decent [dí:sənt]   형 형

• 그는 *decent* 한 언어를 구사하기 때문에 좀처럼 비난 받는 일이 없다.(= proper; correct)

• 그는 *decent* 한 월급을 받고 있기 때문에 직장을 옮기려고 생각하지 않는다.(= moderate but sufficient)

exile [égzail, éks-]   통

• 난폭한 독재자였던 그는 성난 국민들에 의해 국외로 *exiled* 되었다.(= force a person to leave his home and country)

훔쳐보기

* recruit	• 가입시키다, 모집하다	• ~의 대부분
* spontaneous	• 자연발생적인, 자발적인	* decent • 적당한, 알맞은, 어울리는
* ultimate	• 궁극적인, 최종의	• 충분한, 적당한
	• 최고의, 최상의	* exile • 추방하다, 유배시키다
* bulk	• (커다란) 크기, 부피	

independence [ìndipéndəns] → 형 independent · 명
- 미국은 1776년에 영국으로부터 **independence** 를 얻었다.(= freedom from the control of others)

opportunity [àpərtjúːnəti] · 명
- 오늘은 직장이 쉬는 날이기 때문에 쇼핑하러 갈 좋은 **opportunity** 다.(= a favorable time or occasion for doing something ; a good chance)

relationship [riléiʃənʃip] → 동 relate · 명
- 같은 지역에서 잇달아 발생한 두 개의 살인 사건을 조사해 보았지만 서로 아무런 **relationship** 이 없다.(= the condition of being related ; connection)

statistics [stéitistiks] · 명
- 오른쪽 페이지에 나와 있는 **statistics** 는 세계의 인구가 점점 증가하고 있다는 것을 보여주고 있다.

utmost [ʌ́tmòust / -məst] · 형
- 그는 대학 입학 시험에 합격하기 위해 **utmost** 한 노력을 기울였다.(= of the greatest degree; highest)

casualty [kǽʒuəlti] · 명
- 우리는 전투에서 승리했지만, 약 50명의 **casualty** 가 발생했다.(= one hurt or killed)

depart [dipáːrt] → 명 departure · 동
- 파리행 비행기가 오후 2시에 **depart** 할 것이므로 오후 1시까지는 공항에 도착해야 한다.(= go away ; leave)

extinguish [ikstíŋgwiʃ] · 동
- 긴급 구조대원들은 호스로 물을 뿌려서 불을 **extinguish**했다.(= put out)

inquire [inkwáiər] · 동
- 외국인은 공항의 위치를 몰라서 지나가는 사람에게 공항으로 가는 길을

훔쳐보기

* independence	· 독립, 자유	* casualty	· 사상자
* opportunity	· 기회, 적절한 시기	* depart	· 떠나다, 출발하다
* relationship	· 관계, 관련	* extinguish	· 불을 끄다
* statistics	· 통계(학)	* inquire	· 묻다, 물어보다
* utmost	· 최대의, 최고의		

inquire 했다.(= ask a question)

participate [pɑ:rtísəpèit] → 몡 participation   됭
- 오늘 오후 시청 앞에서 있었던 '지구 살리기 캠페인'에 많은 시민들이 **participate** 했다.(= take part in an activity or event ; join with others)

reputation [rèpjətéiʃən]   몡
- 그 음식점은 음식 맛이 뛰어나고 서비스가 훌륭해서 좋은 **reputation** 을 얻고 있다.(= what people generally think about character of a person or thing)

strife [straif]   몡
- 그 지역에서는 기독교인과 이슬람인 사이의 **strife** 이 끊이질 않는다.(= fighting; quarreling; struggle)

vital [váitl] → 몡 vitality   혱
- 심장과 폐는 몸에서 **vital** 한 기관이다. 만약 심장이나 폐에 물리적인 손상을 입으면 생명에 커다란 위험을 줄 수 있다.(= necessary or important to life)

circulate [sə́:rkjəlèit] → 몡 circulation   됭
- 심장에서 나온 혈액은 몸안에서 **circulate** 된다.(= move around a path and return to the starting point)

determine [ditə́:rmin] → 몡 determination   됭
- 다음 모임의 시간과 장소를 **determine** 하자.(= decide ; conclude)

feature [fí:tʃər]   몡
- 이곳에 있는 빌딩들의 일반적인 **feature** 는 현관 입구가 넓다는 것이다.(= an important part or characteristic ; notable quality)

investigate [invéstəgèit] → 몡 investigation   됭
- 경찰은 어제 그 빌딩에서 발생한 화재의 원인을 **investigate** 하고 있다.(= look into carefully; examine officially)

pension [pénʃən]   몡
- 그는 나이가 많아서 정년 퇴직한 후에, 회사로부터 매달 얼마씩 **pension**

훔쳐보기

* participate	· 참여하다	* circulate	· 돌다, 순환하다
* reputation	· 평판	* determine	· 결정하다, 결심하다
* strife	· 분쟁, 싸움	* feature	· 특징, 특색
* vital	· 생명유지에 필요한, 중요한	* investigate	· 조사하다, 연구하다

을 받고 있다.(= money that is paid regularly to a person who has retired from work)

retreat [ritríːt] → 명 retreat 　　　　동
- 전투에서 우리 쪽이 불리해지자, 우리는 어쩔 수 없이 안전한 곳으로 **retreat** 했다.(= move backwards ; withdraw)

submit [səbmít] 　　　　동 동
- 결국 우리들은 힘센 적에게 **submit** 하고 말았다.(= give in; yield)
- 그는 위원회에 새로운 계획을 **submit** 했다.(= offer something in writting, such as a proposal, report, plan, etc.)

withdraw [wiðdrɔ́ː, wiθ-] 　　　　동
- 마을을 점령했던 군대는 임무를 마치고 난 후에, 마을로부터 **withdraw** 해서 본국으로 돌아갔다.(= move back or away)

abundant [əbʌ́ndənt] → 명 abundance 　　　　형
- 이 섬에는 희귀한 식물들이 **abundant**하다. 그래서 매년 많은 식물학자들이 이곳을 방문하고 있다.(= more than enough)

cluster [klʌ́stər] → 명 cluster 　　　　동
- 시험 결과가 게시판에 붙었다는 소식이 전해지자, 학생들은 게시판 앞으로 **cluster** 했다.(= gather together)

disclose [disklóuz] → 명 disclosure 　　　　동
- 국방부는 병역 의무를 이행하지 않고 해외로 도피한 사람들의 이름을 언론에 **disclose**했다.(= make known; reveal)

flush [flʌʃ] → 명 flush 　　　　동
- 그녀는 주위 사람들의 칭찬에 어쩔 줄을 몰라 얼굴이 **flush** 해졌다.(= make or become red in the face)

leap [liːp] → 명 leap 　　　　동
- 바닥에 있던 고양이가 테이블 위로 껑충 **leap** 했다.(= jump over)

훔쳐보기

* pension	• 연금	* abundant	• 풍부한
* retreat	• 후퇴하다, 철수하다	* cluster	• 모이다, 모여들다
* submit	• 굴복하다, 복종하다	* disclose	• 알리다, 밝히다, 폭로하다
	• 제안하다, 제출하다	* flush	• 붉은 색을 띠다
* withdraw	• 철수하다, 후퇴하다	* leap	• 뛰어오르다, 뛰어넘다

• 소년은 돌다리로 개울을 건너지 않고 개울을 훌쩍 *leap* 했다.

pit [pit] 명

• 그들은 새로운 건물을 짓기 위해 기초를 세우려고 땅에 깊은 *pit* 을 팠다.(= a large hole in the ground)

routine [ru:tí:n] → 형 routine 명

• 아침에 강아지와 함께 산책하는 것은 *routine* 이다. 거의 빼먹지 않는다.(= a series of regular or usual activities)

superficial [sù:pərfíʃəl] 형

• 양자화학 분야에 대한 그녀의 지식은 *superficial* 해서, 그 분야에 깊이 들어가면 잘 모른다.(= not deep; with little attention, understanding, feeling, etc.)

agitate [ǽdʒətèit] → 명 agitation 동

• 그는 소금을 물에 넣고, 소금이 녹을 때까지 유리 막대로 물을 *agitate* 했다.(= shake; move violently)

companion [kəmpǽnjən] 명

• 그들은 어렸을 때부터 지금까지 친한 *companion* 이었다.(= a person who goes with or spends time with another)

distress [distrés] → 동 distress 명

• 그녀의 계속된 늦은 귀가는 어머니에게 커다란 *distress* 를 주고 있다.(= pain; suffering; worry; trouble)

fulfill [fulfíl] → 명 fulfillment 동

• 의사의 지시를 *fulfill* 하지 않으면 병이 더 악화될 것이다.(= perform; carry out)

locate [loukéit] → 명 location 동 동

• 그의 집은 강가에 *located* 하고 있다.(= place; situate)
• 헬리콥터 수색대가 엔진 고장으로 바다에서 표류하고 있는 배의 위치를

훔 쳐 보 기

* pit	• 구멍, 구덩이	* distress	• 고통, 불안, 고민
* routine	• 일상적인 일, 정해진 일	* fulfill	• 이행하다, 수행하다
* superficial	• 피상적인, 깊이가 없는	* locate	• 위치하다, 자리잡다
* agitate	• 흔들다, 휘젓다		• (위치를) 찾아내다
* companion	• 시간을 함께 보내는 친구, 동료		

locate 했다.(= find the place or position of)

possibility [pὰsəbíləti] → 혱 possible 명
- 그는 열심히 공부했기 때문에 시험에 떨어질 ***possibility*** 는 거의 없다.(= something that may happen)

scatter [skǽtər] 동
- 강한 바람은 모아 놓은 낙엽을 ***scatter*** 했다.(= separate and (cause to) go in many directions)

sustain [səstéin] 동
- 커다란 기둥 두 개가 지붕의 무게를 ***sustain*** 하고 있다.(= support from below)

apparent [əpǽrənt, əpέər-] 혱
- 그가 생각을 바꿀 의도가 없다는 것이 ***apparent*** 하므로 더 이상 얘기할 필요가 없다.(= obvious ; evident ; easy to see or understand)

compromise [kάmprəmàiz] → 동 compromise 명
- 노동자와 경영자간의 임금 인상에 관한 분쟁은 어제 양측이 ***compromise*** 함으로써 원만히 해결되었다.(= the settlement of an argument by each side giving up something)

dread [dred] → 혱 dreadful 동
- 그는 과거의 주사 바늘에 대한 경험 때문에 지금도 병원에서 주사 맞는 것을 ***dread*** 한다.(= fear greatly)

glimpse [glimps] → 명 glimpse 동
- 나는 거리에서 그를 자세히 본 것이 아니라, ***glimpse*** 했기 때문에 그의 정확한 인상착의를 알지 못한다.(= look at briefly ; glance at)

margin [mάːrdʒin] 명 명
- 그녀는 노트가 없어서 책의 ***margin*** 에 메모를 했다.(= the space between the edge of a page and the printing on the page)

훔쳐보기

* possibility	· 가능성	* dread	· 몹시 두려워하다
* scatter	· 뿌리다	* glimpse	· 흘끗 보다, 언뜻 보다
* sustain	· 지탱하다	* margin	· 가장자리의 여백
* apparent	· 명백한, 분명한		· 수익, 이윤
* compromise	· 타협, 절충, 조정		

• 그 물건 한 개를 팔면 2달러의 ***margin*** 이 생긴다.(= the amount of profit)

primitive [prímətiv]   휑

• 옛날에 ***primitive*** 사람들은 돌과 동물의 뼈를 이용하여 도구를 만들었다.(= of or living in earliest times ; prehistoric)

secure [sikjúər] → 휑 security 통 secure   휑 휑

• 높은 곳에 위치한 그 성은 어떤 공격에 대해서도 ***secure*** 하다.(= safe against danger)

• 우리는 많은 노력을 했고, 운도 따라주었기 때문에 우리가 성공하리라는 것은 ***secure*** 하다.(= confident; sure)

tedious [tí:diəs, -dʒəs]   휑

• 하루 종일 똑같은 일을 반복하는 것은 ***tedious*** 한 일이다.(= long and boring)

assign [əsáin] → 휑 assignment   통 통

• 수학 선생님은 우리에게 5문제를 숙제로 ***assign*** 했다.(= give as a job or a task)

• 우리는 헤어질 때 다음 모임의 날짜를 ***assign*** 했다.(= fix exactly ; designate)

confer [kənfə́:r] → 휑 conference   통

• 올림픽 위원들은 경기에서 우승한 선수들에게 금메달을 ***confer*** 했다.(= give something as an honor; award)

economical [ì:kənámikəl, èkə-] → 휑 economy   휑

• 일반적으로 소형차가 대형차보다 휘발유 값이 적게 들기 때문에 소형차가 더 ***economical*** 하다.(= thrifty; not wasting money or time)

gratitude [grǽtətjù:d] → 휑 grateful   휑

• 내가 얼마 전에 그를 도와준 것에 대해, 그는 나에게 ***gratitude*** 의 표시로 선물을 보내 주었다.(= the feeling of being grateful ; thankfulness)

훔쳐보기

* primitive	• 원시의, 초기의	• 정하다
* secure	• 안전한	* confer • 수여하다
	• 확신하는, 의심없는	* economical • 절약하는, 검소한
* tedious	• 지루한, 싫증나는	* gratitude • 감사
* assign	• 일 또는 임무를 주다	

mingle [míŋgəl]　　　　　　　　　　　　　　　　　　　　　　　동

- 산에서 내려오는 맑은 물이 공장에서 버려지는 폐수와 **mingle** 되어 강으로 흘러 들어가고 있다.(= combine; mix; unite)

project [prədʒékt]　　　　　　　　　　　　　　　　　　　　명 동 동

- 우리의 다음 **project** 은 정원에 조그만 연못을 만드는 것이다.(= a plan for doing something)
- 발코니가 벽으로부터 1미터 정도 **project** 되어 있다.(= extend or stick out)
- 나는 다음 달의 여름휴가 때 친구들과 유럽 여행을 **project** 했다.(= plan; design; propose)

siege [si:dʒ]　　　　　　　　　　　　　　　　　　　　　　　　명

- 그들이 지키고 있는 성은 적군들에 의해 **siege** 되어서 외부와 연락을 할 수 없는 상태로 한 달을 견뎌냈다.(= the surrounding of a fort, a city, etc. in order to force its surrender)

throne [θroun]　　　　　　　　　　　　　　　　　　　　　　　명

- 1926년에 태어난 영국의 엘리자베스 2세는 1952년에 부왕인 George 6세가 사망하자 그의 뒤를 이어 **throne** 에 올랐다.(= the position of being king or queen)

avert [əvə́:rt]　　　　　　　　　　　　　　　　　　　　　　　동

- 브레이크를 빨리 밟았기 때문에 자동차 사고를 **avert**할 수 있었다.(= prevent; avoid)

considerate [kənsídərit] → 동 consider　　　　　　　　　　　형

- **considerate** 한 사람은 다른 사람들의 상태와 기분을 살필 줄 안다.(= thoughtful of other people's feelings; kind)

eminent [émənənt]　　　　　　　　　　　　　　　　　　　　　형

- 그의 아버지는 대통령의 주치의를 할 정도로 **eminent** 한 의사다.(= famous; distinguished)

훔쳐보기

* mingle	• 섞(이)다, 혼합하(되)다	* throne	• 왕위
* project	• 계획, 기획	* avert	• 피하다, 예방하다
	• 돌출하다, 내밀다	* considerate	• 사려 깊은, 이해심이 많은
	• 계획하다	* eminent	• 저명한, 유명한
* siege	• 포위, 포위공격		

harness [háːrnis] → 명 harness 　　　　　　　　　　　　　　　　　동

- 떨어지는 물의 에너지를 **harness** 하여 전기를 발생시킨다.(= control so as to use the power of)

mortal [mɔ́ːrtl] → 명 mortality 　　　　　　　　　　　　　　　　　형

- 신은 영원하다. 그러나 인간은 **mortal** 해서 언젠가는 죽을 것이다.(= certain to die at some time)

provision [prəvíʒən] → 형 provisional 　　　　　　　　　　　　명 명

- 그녀가 저축하는 것은 그녀의 노후를 위한 **provision** 이다.(= a preparation for the future)
- 계약서에 나와 있는 **provision** 을 보면, 이런 경우는 그가 계약을 해지할 수 있다.(= a part of an agreement, contract, law, or document)

smash [smæʃ] 　　　　　　　　　　　　　　　　　　　　　　　동

- 돌이 유리창으로 날아와서 유리창이 완전히 **smash** 되었다.(= break or be broken into many pieces violently)

traitor [tréitər] 　　　　　　　　　　　　　　　　　　　　　　　명

- 그는 군사 기밀을 적군에게 팔아 넘긴 **traitor** 다. 그를 사형시켜야 한다.(= one who betrays one's country, friends, a cause, etc.)

betray [bitréi] → 명 betrayal 　　　　　　　　　　　　　　　　　동

- 그는 우리가 있는 장소를 적에게 알려줌으로써 우리를 **betray** 했다.(= help the enemy of one's country, sides, or friends)

continent [kántənənt] 　　　　　　　　　　　　　　　　　　　　명

- 지구에는 유럽, 아시아, 아프리카, 오세아니아, 북아메리카, 남아메리카, 남극 등 모두 7개의 **continent** 가 있다.(= any of the main large land areas of the earth)

envelope [énvəlòup] 　　　　　　　　　　　　　　　　　　　　명

- 우편을 보낼 때 주소는 **envelope** 의 앞쪽에 써야 한다.(= a paper cover for letters)

훔쳐보기

* harness	• 동력으로 이용하다	* traitor	• 반역자, 배반자
* mortal	• 죽을 운명의	* betray	• 배반하다
* provision	• 대비, 준비	* continent	• 대륙
	• 조항, 규정	* envelope	• 봉투
* smash	• 박살나다, 박살내다		

howl [haul] 동

• 한밤중에 늑대들이 언덕에서 계속 **howl** 했다.(= make a long, loud, sad cry of wolves, dogs, etc.)

negotiate [nigóuʃièit] → 명 negotiation 동

• 그 집을 팔려는 사람과 사려는 사람이 적당한 가격을 놓고 **negotiate** 하고 있다.(= talk together in order to reach an agreement)

rational [ræʃənl] → 동 rationalize 형 형

• 그때는 그녀가 너무 화가 났기 때문에 **rational** 하질 못했다.(= able to reason)

• 네가 왜 그런 행동을 했는지 **rational** 한 설명을 해야 할 것이다. 그렇지 않으면 비난을 받을 것이다.(= reasonable ; sensible)

sparkle [spá:rkəl] 동

• 햇빛에 다이아몬드가 **sparkle** 했다.(= give off sparks or flashes of light ; glitter)

trifle [tráifəl] → 형 trifling 명

• 그도 교통 사고에서 부상을 당했지만, 그의 상처는 내가 다친 것과 비교하면 **trifle** 이다.(= something of little importance or value)

breach [bri:tʃ] 명

• 통신 분야를 개방하지 않은 것은 1990년에 맺은 무역 협정의 명백한 **breach** 다.(= the act or result of breaking ; a violation)

corporation [kɔ̀:rpəréiʃən] 명

• 그 **corporation** 이 파산하면, 그 **corporation** 의 주식은 아무런 가치가 없게 된다.(= a group of persons allowed by law to act as one person when managing a business)

evidence [évidəns] → 형 evident 명

• 이 발자국은 누군가가 이곳에 있었다는 명백한 **evidence** 다.(= indication ; proof)

훔쳐보기

* howl	• 늑대, 개 등이 짖다, 울부짖다	* trifle	• 사소한 것
* negotiate	• 협상하다, 협의하다	* breach	• 위반, 불이행
* rational	• 이성적인, 분별있는	* corporation	• 회사
	• 합리적인, 논리적인	* evidence	• 증거
* sparkle	• 반짝거리다		

imagination [imǽdʒənéiʃən] → 통 imagine 형 imaginary, imaginative   명

- 그 소설의 등장 인물은 작가의 ***imagination*** 에 의해 만들어진 것이다.(= the ability to imagine)
- 독서는 어린이의 ***imagination*** 을 발달시켜 준다.

obedient [oubí:diənt] → 통 obey 명 obedience   형

- 모범적인 학생은 언제나 부모님에게 ***obedient*** 하다.(= doing what is asked or ordered)

refer [rifə́:r] → 명 reference   통 통

- 선생님이 '몇몇 학생들' 이라고 말했을 때, '몇몇 학생들' 이란 우리들을 ***refer to*** 하는 것인가?(= mention; talk about)
- 그는 그 단어의 의미를 알지 못해서 사전을 ***refer to*** 했다.(= look at for information)

sprinkle [spríŋkəl]   통

- 그녀는 음식에 소금과 후추를 ***sprinkle*** 했다.(= scatter in drops or very small pieces)

unanimous [ju:nǽnəməs] → 명 unanimity   형

- 모임의 회장 선거에 그가 단독 후보로 출마했는데, 투표 결과는 찬성 35 표, 반대 0표, 기권 0표 였다. 즉, ***unanimous*** 하게 그가 회장으로 선출되었다.(= completely in agreement; with no one opposed)

bullet [búlit]   명

- 그는 숲속 어딘가에서 날아온 ***bullet*** 에 맞아 사망했다.(= a small piece of metal that is shot from a gun)

declare [diklɛ́ər] → 명 declaration   통

- 선거관리위원회에서는 선거가 끝난 지 24시간만에 선거 결과를 ***declare*** 했다.(= make known; announce openly)

expel [ikspél]   통 통

- 그 학생은 도둑질을 한 것이 발각되어서 학교로부터 ***expelled*** 되었

훔쳐보기

* imagination	• 상상력	* sprinkle	• 뿌리다, 끼얹다
* obedient	• 순종하는, 말을 잘 듣는	* unanimous	• 만장일치의, 모두 같은 의견의
* refer	• 언급하다,	* bullet	• 총알, 탄환
	～에 관하여 이야기하다	* declare	• 발표하다, 공포하다
	• 참조하다, 참고하다	* expel	• 퇴학하다, 추방하다

다.(= force to leave as punishment)
- 의사는 나에게 공기를 들이마시고 5초 동안 숨을 멈춘 다음, 공기를 **expel** 하라고 했다.(= drive or force out)

induce [indʒúːs] 동 동

- 영화 감상을 좋아하지 않는 그를 **induce** 해서, 우리와 함께 영화를 보러 가게 했다.(= lead a person into doing something; persuade)
- 과음은 그의 건강 악화를 **induce** 했다.(= cause; make happen)

optimistic [ὰptəmístik] → 명 optimism 형

- 우리 학교 야구팀은 강한 전력을 갖고 있기 때문에 나는 이번 대회에서 우리 학교 야구팀이 우승하는 것에 대해 **optimistic** 하다.(= tending to take a hopeful or cheerful view)

relative [rélətiv] 명 형

- 그는 교통 사고로 부모님을 잃었는데, 남아 있는 **relative** 는 삼촌밖에 없다.(= a person of the same family by blood or marriage; a relation)
- 섭씨 28도를 덥다고 말하는 사람도 있는 반면, 덥지 않다고 느끼는 사람 도 있다. 따라서 '덥다', '춥다' 라는 말은 사람 또는 상황에 따라 다르게 느껴질 수 있는, **relative** 한 표현이다.(= having meaning only through a comparison with something else; comparative; not absolute)

status [stéitəs, stǽtəs] 명

- 개인이 소유하고 있는 자동차가 그의 **status** 를 나타내는 경우가 많 다.(= a person's professional or social position)

utter [ʌ́tər] → 명 utterance 형 utter 동

- 그는 그녀를 바라보다가 한 마디도 **utter** 하지 않고 떠나버렸다.(= speak; produce sounds)

catastrophe [kətǽstrəfi] 명

- 며칠 전에 발생한 지진은 수백 명의 사상자를 낸 **catastrophe** 였다.(= a great disaster)

훔 쳐 보 기

* induce	• 배출하다 • 설득하다, 권유하다 • 야기하다, 일으키다	* status * utter	• 상대적인, 비교적인 • 지위, 신분 • 말하다, 소리를 내다
* optimistic	• 낙관적인	* catastrophe	• 참사, 재해, 불행
* relative	• 친척		

deposit [dipázit] → 명 deposit   통 통

- 그는 자동차를 사기 위해 매달 월급의 일부를 은행에 **deposit** 하고 있다.(= place money in a bank account)
- 어머니는 우편함에서 나의 우편물을 가져다가 내 책상 위에 **deposit** 했다.(= put down ; place)

extract [ikstrǽkt] → 명 extraction   통

- 그 소년은 흔들리는 이를 다른 사람의 도움 없이 스스로 **extract** 했다.(= pull out ; remove)

install [instɔ́ːl]   통

- 어제 내 방에다 에어컨을 **install** 했다.(= place in position for use)

passion [pǽʃən] → 형 passionate   명

- 젊은이들은 그들이 느끼는 **passion** 들을 숨기지 않고 그대로 표현한다.(= a strong emotion such as love, hate and anger)

resent [rizént] → 형 resentful 명 resentment   통

- 그녀는 같은 상황에서 자신이 남성보다 불리하게 대우 받는 것에 대해 몹시 **resent** 했다.(= feel angry about)

stripe [straip]   명

- 호랑이는 오렌지색의 바탕에 검은 색의 **stripe** 이 있다.(= a band of color against a background of an different color)

vocation [voukéiʃən]   명

- 글쓰는 일이 그녀의 **vocation** 은 아니다. 그녀는 취미로 글을 쓰고 있다.(= a person's profession or career)

circumstance [sə́ːrkəmstæns / -stəns]   명

- 우리는 사고 당시의 정확한 **circumstance** 를 알 필요가 있다.(= the conditions, facts or events connected with another fact or event)

훔쳐보기

* deposit	• 저축하다, 예금하다		한 감정
	• 놓다, 내려놓다	* resent	• 분개하다, 불쾌하게 생각하다
* extract	• 뽑다, 빼내다	* stripe	• 줄무늬
* install	• 장치를 설비하다, 설치하다	* vocation	• 사명감을 갖는 직업
* passion	• 사랑, 증오, 분노 등의 강렬	* circumstance	• 환경, 상황, 원인

devote [divóut] → 명 devotion 통

- 그는 연구실에서 역사 연구에 **devote** 하고 있다.(= give one's time completely to some person, purpose or activity)

fertile [fə́:rtl / -tail] → 통 fertilize 명 fertility 형

- 농부들은 식물들이 잘 자랄 수 있도록 땅을 **fertile** 하게 가꾸어야 한 다.(= favorable to the growth of crops and plants)

irony [áirəni] 명 명

- 어리석은 계획을 훌륭하다고 한 것은 **irony** 를 사용한 것이다.(= the use of words to express something different to and often opposite from what they mean literally)
- 가장 가난한 국가들이 가장 풍부한 천연 자원을 갖고 있다는 것은 **irony** 다.(= an event or a result that is the opposite of what might be expected)

perceive [pərsí:v] → 명 perception 통 통

- 똑같아 보이는 두 그림의 차이점을 **perceive** 하는 것은 매우 어렵다.(= become aware of through the senses(sight, hearing, touch, etc))
- 형은 내가 말한 것을 즉시 **perceive** 했지만, 누나는 그렇지 못했다.(= understand)

revenge [rivéndʒ] → 통 revenge 명

- 그들이 나를 놀린 것에 대한 **revenge** 로 나는 그들에게 물을 뿌렸다.(= the act of harming or injuring in repayment)

subscribe [səbskráib] → 명 subscription 통

- 우리 집은 일간 신문 2개와 월간 시사잡지 1권을 **subscribe** 하고 있 다.(= pay for and receive a publication regularly)

wither [wíðər] 통

- 꽃에 오랫동안 물을 주지 않았기 때문에, 많은 꽃들이 **wither** 해서 죽게 되었다.(= make or become dry and faded)

훔 쳐 보 기

* devote	• 전념하다, 몰두하다, 할애하다	• 이해하다
* fertile	• 기름진, 비옥한	* revenge • 보복, 복수
* irony	• 반어법(사실과 반대되는 표현)	* subscribe • 정기 구독하다
	• 아이러니, 반대되는 결과	* wither • 시들다, 시들게 하다
* perceive	• 알아채다, 감지하다	

accommodate [əkámədèit] → 명 accommodation 동

- 이 호텔은 최대 100명의 손님을 **accommodate** 할 수 있다.(= have enough room for)
- 이 극장은 약 500명의 관객을 **accommodate** 할 수 있다.

clutch [klʌtʃ] → 명 clutch 동

- 물에 빠진 남자는 살기 위해서 구조원들이 던져준 로프를 **clutch** 했다.(= hold or seize tightly)

disguise [disgáiz] 동

- 그는 가발을 써서 여자로 **disguise** 했다.(= change the dress or appearance in order not to be known)

flutter [flʌ́tər] 동

- 깃발이 바람에 **flutter** 했다.(= move back and forth quickly ; wave)

legislate [lédʒislèit] → 명 legislation 동

- 국회가 하는 가장 중요한 일은 **legislate** 하는 것이다.(= make a law)

pitch [pitʃ] 동 동

- 우리는 강가에 텐트를 **pitch** 했다.(= set up; establish)
- 제임스는 존이 **pitch** 한 공을 받아쳤다.(= throw; toss)

rural [rúərəl] 형

- 우리 가족은 혼잡한 도시를 벗어나서 한가로운 **rural** 지역에 살고 있다.(= of or relating to the country, not the city)

superstition [sù:pərstíʃən] 명

- 거울이 깨지면 좋지 않은 일이 일어난다는 것은 단지 **superstition** 일 뿐이다. 걱정할 것 없다.(= belief based on fear or ignorance rather than reason)

alert [ələ́:rt] → 명 alert 동 alert 형

- 대통령의 경호원은 언제나 **alert** 해야 한다.(= watchful ; attentive)
- 훌륭한 운전자는 주위에 대해 항상 **alert** 한 태도로 운전한다.

훔쳐보기

* accommodate	• 수용하다	* pitch	• 세우다, 치다
* clutch	• 꽉 잡다		• 던지다
* disguise	• 변장하다, 위장하다	* rural	• 시골의, 시골생활의
* flutter	• 펄럭이다	* superstition	• 미신
* legislate	• 법률을 제정하다	* alert	• 주의깊은, 방심하지 않는

comparable [kάmpərəbəl]   휑
- 두 대의 자동차는 겉모습이 매우 **comparable** 해서 구분하기가 쉽지 않다.(= similar)

distribute [distríbju:t] → 띵 distribution   동
- 그 기업은 상품을 팔아서 얻은 이익을 근로자에게 골고루 **distribute** 했다.(= divide and give out)

fundamental [fʌ̀ndəméntl]   휑
- 옷, 식량, 집(의식주)은 인간이 살아가는데 **fundamental** 한 욕구다.(= of or relating to a foundation ; basic; primary)

lodge [lɑdʒ] → 띵 lodge   동
- 시골에서 서울로 올라온 그는 일자리를 얻을 동안 삼촌댁에서 **lodge** 하고 있다.(= live in a place for a time)

practical [prǽktikəl]   휑 휑
- 영어 실력이 부족한 학생에게는 꽃보다 영어 사전이 **practical** 한 선물이 될 것이다.(= useful)
- 그는 그 사업에 대한 이론적인 지식만 있을 뿐 **practical** 한 경험은 없다.(= learned from practice or experience)

scold [skould]   동
- 엄격한 아버지는 그녀가 밤늦게 귀가하자, 그녀를 몹시 **scold** 했다.(= find fault with; tell in an angry way)

swear [swɛər]   동
- 법정에 나온 증인은 손을 들어 진실만을 말할 것을 **swear** 했다.(= make a serious promise)

appetite [ǽpitàit]   띵
- 그는 운동 선수라서 그런지 **appetite** 이 왕성하다. 특히 소고기를 잘 먹는다.(= a desire to eat or drink)

훔쳐보기

* comparable • 유사한	* practical • 실용적인, 유용한
* distribute • 분배하다, 나누어주다	• 실제적인
* fundamental • 기초적인, 근본적인	* scold • 야단치다, 꾸짖다
* lodge • 잠시동안 묵다, 숙박하다,	* swear • 맹세하다
하숙하다	* appetite • 식욕

compulsory [kəmpʌ́lsəri]   형

- 비행기의 이착륙시 안전 벨트의 착용은 ***compulsory*** 한 것이다.(= that must be done ; required)

dreary [dríəri]   형

- 하루 종일 흐리고 비가 오니 세상이 ***dreary*** 하다.(= dark and sad ; gloomy ; depressing)

glitter [glítər]   동

- 캄캄한 동굴 속에서 그녀의 손가락에 있는 다이아몬드 반지가 ***glitter*** 했다.(= shine brightly with flashes of light ; sparkle)

marvel [mɑ́ːrvəl] → 형 marvelous 동 marvel   명

- 버스가 절벽 아래로 굴러 떨어졌는데도 사망한 사람이 없다는 것은 정말 ***marvel*** 이다.(= something or someone that causes surprise or wonder)

principal [prínsəpəl]   명 형

- 우리 학교의 ***principal*** 은 모든 선생님들뿐만 아니라 학생들에게도 존경을 받고 있다.(= the head of a school)
- 각 나라의 대통령과 총리들이 이 곳에 모인 ***principal*** 한 목적은 군사 무기를 줄이기 위해서다.(= main ; most important)

sensitive [sénsətiv] → 명 sense   형 형

- 개의 귀는 ***sensitive*** 해서 인간이 듣지 못하는 소리를 들을 수 있다.(= quick to feel, notice, respond to, etc.)
- 그녀는 ***sensitive*** 한 피부를 갖고 있어서, 태양에 노출되는 것을 피하고 있다.(= easily hurt or affected emotionally)

tempt [tempt] → 명 temptation   동

- 그는 시험에서 좋은 성적이 나올 수 있다고 하면서 부정 행위를 하자고 나를 ***tempt*** 했으나, 나는 그의 꾐에 넘어가지 않았다.(= (try to) persuade to do something wrong or foolish)

훔쳐보기

* compulsory	· 필수적인, 의무적인
* dreary	· 울적한, 우울한
* glitter	· 반짝거리다
* marvel	· 경이, 놀라운 일
* principal	· 교장
	· 주된, 주요한
* sensitive	· 민감한, 예민한, 느끼기 쉬운
	· 연약한, 상하기 쉬운
* tempt	· 유혹하다, 충동하다

assimilate [əsíməlèit] → 명 assimilation   동
- 미국에서 살게 된 우리 가족들은 큰 어려움 없이 미국 문화에 쉽게 ***assimilated***되었다.(= become part of (a nation's culture))

confess [kənfés] → 명 confession   동
- 마침내 그는 자신이 돈을 훔쳤다는 것을 경찰에게 ***confess*** 했다.(= admit a crime or tell one's faults)

edible [édəbəl]   형
- 버섯 중에는 송이버섯이나 표고버섯처럼 ***edible*** 한 것도 있지만, 독버섯처럼 먹을 수 없는 것도 있다.(= good or safe to eat)

grave [greiv] → 명 gravity   형 명
- 수술실에서 나온 의사의 ***grave*** 한 얼굴 표정을 보았을 때, 환자의 상태가 좋지 않다는 것을 알았다.(= extremely important or serious; dangerous)
- 그는 한 달에 한 번씩 어머니의 ***grave*** 를 찾아가서 헌화한다.(= a place where a dead person is buried)

minority [minɔ́:riti, -nár-, mai] → 형 minor   명
- 모임에 참석한 대다수의 사람들이 그 방법에 찬성했지만, 다른 방법으로 하자는 ***minority*** 의견도 있었다.(= the smaller part or number)

prolong [proulɔ́:ŋ, -láŋ]   동
- 우리는 이곳이 너무 마음에 들어서 이곳에 머무르는 기간을 하루 더 ***prolong*** 하기로 했다.(= make longer in time)

significant [signífikənt] → 명 significance   형
- 러시아 혁명은 20세기에 일어난 사건 중에서 가장 ***significant*** 한 것으로 생각된다.(= important)

throng [θrɔ(:)ŋ, θrɑŋ] → 동 throng   명
- 국회의원 후보자들의 연설을 들으러 일련의 ***throng*** 이 공원으로 모여들었다.(= a very large group; crowd)

훔 쳐 보 기

* assimilate	• 동화하다, 적응하다	* minority	• 소수, 소수파
* confess	• 인정하다, 자백하다	* prolong	• 연장시키다, 늘이다
* edible	• 먹기에 알맞은	* significant	• 중요한
* grave	• 중대한, 심각한, 엄숙한	* throng	• 군중, 떼, 무리
	• 무덤		

awful [ɔ́ːfəl] → 명 awe　　　　　　　　　　형
- 저 쓰레기 더미에서 **awful** 한 냄새가 난다. 정말 참기 어렵다.(= very bad ; unpleasant)
- 이번 여행은 온종일 교통 지옥에 시달렸던 **awful** 한 여행이었다.

consistent [kənsístənt] → 명 consistency　　형 형
- 너의 말과 행동이 **consistent** 하지 않는다.(= in agreement or harmony)
- 벼락치기 식의 공부보다는 **consistent** 한 공부 습관을 가져야 한다.(= acting or thinking always in the same way)

emphasis [émfəsis] → 동 emphasize　　　　명
- 외국어 고등학교는 다른 과목보다 외국어 과목에 **emphasis** 를 두고 학생들을 가르친다.(= special importance given to something)

harsh [hɑːrʃ]　　　　　　　　　　　　　형 형
- 사소한 규칙 위반에 대해 그에게 내린 벌은 너무 **harsh** 한 것 같다.(= severe ; cruel)
- 그의 목소리는 듣기가 **harsh** 해서 처음 만난 사람들에게 좋지 않은 인상을 심어줄 수 있다.(= rough, unpleasant or sharp to the senses)

mourn [mɔːrn] → 형 mournful 명 mourning　　동
- 존경 받는 대통령이 사망하자 온 국민은 대통령의 죽음을 **mourn** 했다.(= feel or express sorrow)

provoke [prəvóuk] → 명 provocation　　　　동 동
- 그는 그녀에게 너무 뚱뚱해서 보기 싫다고 말함으로써 그녀를 **provoke** 했다.(= make a person or an animal angry by annoying them)
- 감정을 자극하는 그의 발언은 두 사람 사이의 싸움을 **provoke** 했다.(= cause ; bring into being)

snap [snæp] → 명 snap　　　　　　　　　동 동
- 사나운 개가 나의 발목을 **snap** 해서 발목에 피가 났다.(= bite ; attempt to bite)

훔쳐보기

* awful	• 지독한, 몹시 나쁜	* mourn	• 슬퍼하다, 애도하다
* consistent	• 일치하는	* provoke	• 화나게 하다, 기분 나쁘게 하다
	• 변함없는, 일관된		• 일으키다, 발생시키다
* emphasis	• 중점, 강조	* snap	• 물다, 물려고 하다
* harsh	• 가혹한, 엄한, 사나운		• 소리내며 부러지다
	• 불쾌한, 거슬리는		

• 나뭇가지가 눈의 무게를 이기지 못하고 **snap** 했다.(= break suddenly with a sharp, cracking sound)

tramp [træmp] → 몡 tramp   통

• 군인들이 거리를 따라서 **tramp** 했다.(= walk with a heavy step)

bewilder [biwíldər]   통

• 철수는 예상하지 못한 시험 문제가 나오자 **bewildered** 되었다.(= puzzle or confuse greatly)

contradict [kὰntrədíkt] → 몡 contradiction 휑 contradictory   통 통

• 증인은 피고가 한 말을 정면으로 **contradict** 했다. 피고는 유죄가 될 가능성이 크다.(= say the opposite of)

• 그는 믿을 만한 사람이 아니다. 그의 말과 행동은 **contradict** 하다.(= be opposite to ; be different from)

environment [inváiərənmənt]   몡

• 많은 오염 물질로부터 우리의 **environment** 를 보호해야 한다.(= the air, water, and land in or on which people, animals and plants live)

hug [hʌg]   통

• 오랜만에 만난 두 친구는 보자마자 서로 **hug** 했다.(= hold tightly in the arms ; embrace)

• 그 소녀는 가끔 인형을 **hug** 하고 잠을 잔다.

nerve [nəːrv]   몡 몡

• **nerve** 는 뇌에서 나오는 메시지를 전달하여 근육을 움직이게 하고, 아픔의 느낌을 뇌에 전달하기도 한다.(= a long fiber that carries messages between the brain and other parts of the body)

• 고층 건물의 유리창 청소는 상당한 **nerve** 를 필요로 한다.(= courage ; daring)

reaction [riːǽkʃən] → 통 react   몡

• 고급 관료와 기업 간의 뇌물 사건에 대한 국민들의 **reaction** 은 어떻습

훔 쳐 보 기

* tramp	• 쿵쿵 걷다	* hug	• 포옹하다, 껴안다
* bewilder	• 당황케하다	* nerve	• 신경
* contradict	• 부인하다, 반박하다		• 용기, 담력
	• 모순되다, 불일치하다	* reaction	• 반응, 반발, 반작용
* environment	• 환경		

니까?(= a response to something)

specific [spisífik] → 图 specify 图 specification 〔형〕〔형〕

- 그의 집이 학교 근처라고 했는데, 좀 더 ***specific*** 하게 얘기해주겠습니까?(= detailed and exact; definite)
- 그 파티에 빨간 색의 옷을 입고 가야만 하는 ***specific*** 한 이유가 있습니까?(= particular; unique)

trim [trim] 〔동〕

- 그녀는 살코기만 요리에 쓰려고 고기의 비계를 ***trim*** 했다.(= remove something not needed)

breathe [bri:ð] → 图 breath 〔동〕

- 높은 산의 꼭대기처럼 산소가 부족한 곳에서는 ***breathe*** 하기가 어렵다.(= take air into and out of the lungs)

correspond [kɔ̀:rəspánd] → 图 correspondence, correspondent 〔동〕〔동〕

- 내가 외국에 있을 때, 한국에 있는 여자 친구와 전화 통화 이외에 정기적으로 ***correspond*** 했다.(= communicate with someone by letters)
- 너의 말과 행동이 ***correspond*** 하지 않는다.(= agree with; match)

exaggerate [igzǽdʒərèit] 〔동〕

- 30cm 정도의 물고기를 잡았는데, 친구들에게 50cm가 넘는 물고기를 잡았다고 얘기하는 것은 ***exaggerate*** 하는 것이다.(= describe something as being larger, more important or greater than it really is)

imitate [ímitèit] → 图 imitation 〔동〕

- 그는 선생님의 말투를 그대로 ***imitate*** 할 수 있다.(= copy the actions, looks, or sounds of)

objective [əbdʒéktiv] 〔형〕〔명〕

- 심판은 감정에 좌우되지 않는 ***objective*** 한 판정을 해야 한다.(= not influenced by personal feelings; fair; without bias)
- 광고의 ***objective*** 는 상품의 판매를 촉진시키는 것이다.(= purpose; goal)

훔쳐보기

* specific	• 명확한, 상세, 구체적인, 특정된	* correspond	• 편지를 주고받다
	• 특별한, 독특한		• 일치하다
		* exaggerate	• 과장해서 말하다
* trim	• 불필요한 것을 없애다	* imitate	• 모방하다, 흉내내다
* breathe	• 호흡하다, 숨쉬다	* objective	• 공정한, 편견 없는, 객관적인

refine [rifáin] → 혱 refined   통
- 석유 회사는 사막에서 얻은 원유를 **refine** 하여 가솔린, 등유, 경유 등을 만들어 낸다.(= make pure; remove unwanted matter from a substance)

spur [spəːr] → 몡 spur   통
- 1등에게 주어지는 상금은 우리가 경기를 열심히 하도록 **spur** 했다.(= urge on)

undergo [ʌndərgóu]   통
- 전쟁중에 포로로 잡힌 사람들은 엄청난 고통을 **undergo** 했다.(= experience; suffer)

burden [bə́ːrdn]   몡 몡
- 코끼리는 힘이 세서 무거운 **burden** 을 운반할 수 있다.(= load)
- 젊은 부부에게는 비싼 집을 사는 것이 재정적으로 큰 **burden** 이 된다.(= difficulty, worry, or responsibility that one must endure)

decline [dikláin] → 몡 decline   통 통
- 우리는 그를 저녁 식사에 초대했으나, 그는 다른 약속이 있었기 때문에 초대를 **decline** 했다.(= refuse politely)
- 인간의 체력은 20대를 정점으로 나이를 먹어감에 따라 **decline** 해진다.(= become less in health, power, value, etc)

expend [ikspénd] → 몡 expenditure   통
- 그녀는 옷을 사는 데 가진 돈 전부를 **expend** 했다.(= use up; spend)

industrious [indʌ́stiəs] → 몡 industry   혱
- 《개미와 베짱이》라는 우화를 보면 개미는 매우 **industrious** 한 곤충(동물)으로 나온다.(= hardworking; diligent)

original [ərídʒənəl] → 몡 origin 통 originate   혱 혱 몡
- 우리의 **original** 계획은 낚시하러 가는 것이었으나, 낚시를 강력하게 반대하는 사람들 때문에 등산으로 결정했다.(= first; earliest)

훔쳐보기

	• 목적, 목표	* decline	• 거절하다
* refine	• 정제하다, 불순물을 제거하다		• 쇠퇴하다, 감소하다
* spur	• 자극하다, 고무하다	* expend	• 소비하다, 써 버리다
* undergo	• 경험하다, 겪다, 받다	* industrious	• 부지런한, 열심히 일하는
* burden	• 짐	* original	• 최초의
	• 부담, 책임, 고통		• 독창적인, 창조적인

- 다른 학생들의 작품은 남의 것을 모방한 것이 많았으나, 그의 작품은 **original** 하다.(= not copied; fresh; new)
- 이 그림은 복사 본이다. 그것의 **original** 은 박물관에 있다.(= a thing which is not a copy)

relevant [rélәvәnt] → 명 relevance 형

- 이 사건과 **relevant** 한 모든 증거물은 경찰에게 제공되어야 한다.(= connected with what is happening or being discussed)

steer [stiәr] 동

- 배의 조타수는 불빛이 반짝이는 항구를 향해 배를 **steer** 했다.(= control the direction of a vehicle)

vain [vein] 형 형

- 우리는 산의 정상에 오르려고 몇 번이나 노력했지만, 나쁜 날씨 때문에 모두 **vain** 한 시도가 되고 말았다.(= useless; not successful)
- 그녀는 자신의 외모에 대해 **vain** 해서, 사람들은 그녀가 공주병에 걸렸다고 생각한다.(= too proud)

cautious [kɔ́ːʃәs] → 명 caution 형

- 길을 건널 때는 **cautious** 해야 한다.(= careful)

derive [diráiv] 동 동

- 활발한 성격의 그는 사람들을 만나는 데서 많은 즐거움을 **derive** 한다.(= get or receive from a source)
- 많은 영어 단어들이 라틴어로부터 **derive** 되었다.(= come from; originate)

facility [fәsílәti] 명 명

- 테니스 코트, 수영장, 레스토랑, 바(bar) 등 그 호텔의 **facilities** 는 매우 훌륭하다.(= something that provides a service or convenience)
- 날짜와 이름을 정확하게 기억하는 그녀의 **facility** 는 매우 놀랍다.(= an ability; skill)

훔쳐보기

	• 원본, 원형, 원작	* cautious	• 조심하는, 주의 깊은
* relevant	• 관련된, 관련이 있는	* derive	• 얻다
* steer	• 조종하다, 운전하다		• 유래하다
* vain	• 헛된, 쓸모 없는	* facility	• 시설, 편의시설
	• 자만심이 강한, 몹시 뽐내는		• 능력, 재능

institution [ìnstətjúːʃən] → 동 institute 명 institute ⟨명⟩⟨명⟩

- 특수한 목적을 위해 설립된 기관이나 단체, 즉 학교, 병원, 교회 등을 **institution** 이라고 한다.(= a large organization such as a bank, a university, etc.)
- 결혼이라는 것은 오래 전부터 내려온 사회의 **institution** 이다.(= a social custom or habit that has existed for a long time)

patent [pǽtənt, péit-] ⟨명⟩

- 신 발명품이 보호 받기 위해서는 **patent** 를 출원(신청)해야 한다. 그렇게 함으로써 남들이 모방하는 것을 막을 수 있다.(= the exclusive right given by a government to make, use, and sell an invention)

reside [rizáid] → 명 residence, resident 형 resident ⟨동⟩

- 그의 삼촌은 작년에 미국으로 이민 가서, 현재 미국 로스앤젤레스에서 **reside** 한다.(= live in a place)

strive [straiv] ⟨동⟩

- 우리들이 그 많은 작업량을 오늘 끝내려면 **strive** 해야 한다.(= work hard; make a great effort)

void [vɔid] ⟨형⟩

- 한밤중에 이상한 소리가 나서 불을 켜고 그 방에 들어가 보았지만, 그 방은 **void** 했다.(= empty; vacant)

civilization [sìvəlizéiʃən] → 동 civilize ⟨명⟩

- 고대 그리스의 **civilization** 은 로마 문화에 커다란 영향을 끼쳤다.(= culture and manner of living of a people)

devour [diváuər] ⟨동⟩

- 배고픈 호랑이는 사냥한 사슴을 짧은 시간에 **devour** 했다.(= eat hungrily or greedily)

fetch [fetʃ] ⟨동⟩

- "내가 책상 위에다 열쇠를 두고 나왔다. 내가 바빠서 집에 갈 수 없기

훔쳐보기

* institution	• 기관, 단체	* void	• 텅빈, 아무것도 없는
	• 관습, 관례	* civilization	• 문명
* patent	• 특허권 (증)	* devour	• 게걸스럽게 먹다
* reside	• 거주하다, 살다	* fetch	• 가서 가지고 오다, 데리고 오다
* strive	• 열심히 일하다, 노력하다		

때문에, 네가 집에 가서 그 열쇠를 나에게 **fetch** 해 주겠니?"(= go for and bring back someone or something)

irritate [irətèit] → 명 irritation   통
- 그는 형의 방을 온통 엉망으로 만들어 놓아서 형을 **irritate** 했다.(= make angry or nervous; annoy)

perfume [pə́:rfju:m, pərfjú:m]   명
- 장미의 **perfume** 이 방안을 가득 채웠다.(= a sweet smell; fragrance)

revise [riváiz] → 명 revision   통 통
- 작가는 자신의 책이 출판되기 전에 틀린 곳이 없도록 여러 번을 **revise** 했다.(= change in order to improve or correct)

substitute [sʌ́bstitjù:t] → 명 substitute   통
- Tom은 친구가 그 모임에 참석할 수 없게 되자 친구를 **substitute** 해서 그곳에 참석했다.(= put or use in place of another; take the place of another; replace)

wrap [ræp]   통
- 그녀는 남자 친구에게 줄 선물을 예쁜 포장지로 **wrap** 했다.(= put a covering on; cover by winding or folding)

accompany [əkʌ́mpəni]   통
- 이 영화는 미성년자 관람불가지만, 미성년자라도 부모님이 **accompanied** 되면 볼 수 있다.(= go along with; happen together with)

coarse [kɔ:rs]   형 형
- 그녀는 그의 **coarse** 한 농담을 무시하려고 노력했다.(= not polite; crude)
- 그 모래는 **coarse** 해서, 그 모래 위를 맨발로 걸으면 발바닥이 아프다.(= rough; not fine)

disgust [disgʌ́st]   통
- 거리의 쓰레기 냄새는 사람들을 **disgust** 했다.(= cause feelings of strong

---

훔쳐보기

* irritate	• 화나게 하다, 짜증나게 하다	* wrap	• 포장하다, 싸다
* perfume	• 향기	* accompany	• 동행하다, 동반하다
* revise	• 개정하다, 수정하다	* coarse	• 무례한, 상스러운
* substitute	• 대신하다, 대체하다		• 거친, 굵은

dislike)

folly [fáli]   명
- 빙판 길에서 빨리 달리는 것은 정말 **folly** 다.(= a lack of good sense ; foolishness)

liberal [líbərəl]   형 형
- 그녀는 **liberal** 한 양의 음식을 내놓아서 우리가 마음껏 먹을 수 있었다.(= generous; large)
- 그 국회의원 후보는 여성들의 권리 신장에 대해 **liberal** 한 태도를 취해 왔기 때문에 많은 여성들로부터 좋은 점수를 받고 있다.(= open to new ideas; broad = minded; not limited)

plead [pli:d] → 명 plea   동
- 전쟁에서 잡힌 포로들은 목숨만은 살려달라고 왕에게 **plead** 했다.(= make an urgent request ; appeal)

rust [rʌst] → 형 rusty 형 rust   명
- 칼을 비에 맞은 채로 내버려두었더니, 칼에 **rust** 가 생겼다.(= the reddish- brown material that forms on metal when oxygen reacts with it)

supervise [sú:pərvàiz]   동
- 그가 맡은 일은 건설 현장의 근로자들을 **supervise** 하는 것이다.(= direct; manage)

allocate [ǽləkèit] → 명 allocation   동
- 주최측은 다음 주 일요일의 야구 경기에서 원정팀의 응원단에게 3000석의 좌석을 **allocate**했다.(= set apart for a special purpose)

compensate [kámpənsèit] → 명 compensation   동
- 그가 그 일로 인하여 손해를 입었을 경우에는 회사가 그 손해에 대해 **compensate** 해주어야 한다.(= make up for ; pay or repay)

훔쳐보기

* disgust	• 메스껍게 하다, 역겹게 하다	* plead	• 간청하다, 호소하다
* folly	• 어리석은 짓	* rust	• 녹
* liberal	• 아낌없이 주는, 풍부한	* supervise	• 감독하다, 관리하다
	• 열려 있는, 편견 없는,	* allocate	• 할당하다, 따로 떼어 놓다
	관대한	* compensate	• 손실을 보상하다, 메우다

divert [divə́:rt, dai-] 통

• 그들은 마을에 물을 공급하기 위해 강물의 흐름을 **divert** 했다.(= turn aside)

funeral [fjú:nərəl] 명

• 할아버지의 **funeral** 때 많은 사람들이 와서 우리 가족들을 위로해 주었다.(= the ceremonies held when a dead person was buried or cremated)

lofty [lɔ́:fti / lɔ́fti] 형

• 이곳에는 작은 건물밖에 없지만, 대도시에 가면 **lofty** 한 빌딩을 볼 수 있다.(= high; very tall)

preach [pri:tʃ] 통

• 주말이면 많은 사람들이 목사가 **preach** 하는 것을 들으러 교회에 간다.(= give a talk on a religious or moral subject)

scorn [skɔ:rn] → 형 scornful 통 scorn 명

• 오만한 그는 가난하고 힘없는 사람들을 **scorn** 의 눈초리로 바라보았다.(= a feeling of disrespect and dislike)

sweep [swi:p] → 명 sweep 통

• 그녀는 빗자루로 마당을 **sweep** 했다.(= clean with a broom or brush)
• 책상 위의 먼지를 **sweep** 하다.

applaud [əplɔ́:d] → 명 applause 통

• 연극이 끝나자 앉아 있던 관객들은 모두 일어서서 배우들에게 **applaud** 했다.(= express enjoyment or approval especially by clapping the hands)

conceal [kənsí:l] → 명 concealment 통

• 사람이 다가오자 도둑은 나무 뒤에 몸을 **conceal** 했다.(= hide or keep secret)

drench [drentʃ] 통

• 우산 없이 외출했다가 폭우를 만나서 옷이 **drenched** 되었다.(= wet

훔쳐보기

* divert	• 다른 방향으로 돌리다, 전환하다	* scorn	• 경멸, 깔봄
* funeral	• 장례식	* sweep	• 쓸다, 청소하다
* lofty	• 높은	* applaud	• 박수를 쳐서 칭찬하다
* preach	• (목사가) 설교하다	* conceal	• 숨기다, 알려지지 않게 하다
		* drench	• 흠뻑 적시다

completely)

gloomy [glú:mi] → 뗑 gloom 혱

• 갑자기 정전이 되자 **gloomy** 해져서 앞이 잘 보이질 않았다.(= partially or totally dark)

means [mi:nz] 뗑 뗑

• 그는 게임에서 승리하기 위해 가능한 모든 **means** 를 이용했다.(= something used to help reach a goal; method)

• 그는 고급자동차를 갖고 싶었지만, 그것을 살만한 **means** 가 없다.(= wealth; money; riches)

priority [praiɔ́(:)rəti, -ár-] → 혱 prior 뗑

• 병원에서 응급 환자들은 치료받는데 있어서 일반 환자보다 **priority** 가 있다.(= the right to receive attention, service, etc. ahead of others)

sentiment [séntəmənt] → 혱 sentimental 뗑

• 사업에는 개인의 사사로운 **sentiment** 가 개입되지 말아야 한다.(= words or thoughts based on feeling rather than reason or judgment)

tense [tens] → 뙝 tense 뗑 tension 혱

• 너의 얼굴을 보니 너무 **tense** 한 것 같다. 마음을 편안히 갖고 면접 시험에 임하는 것이 좋겠다.(= nervous; anxious)

associate [əsóuʃièit] → 뗑 association 뙝 뙝

• 사람들은 '고대 이집트'라고 하면 대개 피라미드를 **associate** 한다.(= connect in thought)

• 낮은 교육 수준은 가난과 밀접하게 **associated** 되어 있다.

• 경쟁 관계에 있는 두 회사는 공동의 이익을 위하여 그 분야에서 일시적으로 **associate** 하기로 했다.(= join as a companion or partner)

confide [kənfáid] 뙝

• 그녀는 남편에게 자신의 모든 과거 이야기를 **confide** 했다.(= tell secrets to someone)

훔쳐보기

* gloomy	• 어두컴컴한	* tense	• 긴장한, 걱정하는
* means	• 수단, 방법	* associate	• 연상하다, 관련시키다
	• 돈, 재산, 자산		• 어울리다, 결합하다, 제휴하다
* priority	• 우선권	* confide	• 털어놓다
* sentiment	• 감정		

elaborate [ilǽbərèit] → 형 elaborate 동

- 시간이 남았기 때문에 그는 앞에서 간략하게 언급한 것을 좀 더 **elaborate** 했다.(= explain with more details ; give more details)

gravity [grǽvəti] → 형 grave 명 명

- 보건 당국은 15명이 병원에 입원할 때까지 그 병의 **gravity** 를 깨닫지 못했다.(= seriousness ; importance)
- 물체가 땅으로 떨어지는 것은 **gravity** 때문이다.(= a natural force that pulling objects to the ground)

mischief [místʃif] → 형 mischievous 명 명

- 홍수가 발생해서 농작물에 커다란 **mischief** 을 입혔다.(= harm or damage)
- 학생들은 새로 전학 온 아이를 놀려 주려고 그에게 **mischief** 을 했다.(= bad, but not serious behavior)

promote [prəmóut] → 명 promotion 동 동

- 그는 회사에서 능력을 인정받아 이번에 과장으로 **promoted** 되었다.(= advance rank or position)
- 정부는 지방으로 인구 분산을 **promote** 하기 위해 지방으로 이주하는 사람들에게 많은 혜택을 주기로 결정했다.(= encourage ; help something to happen)

silly [síli] 형

- 햇볕이 쨍쨍 내리쬐는 더운 여름날에 밖에서 땀 흘리며 돌아다니는 것은 **silly** 한 짓이다.(= foolish; stupid)

timid [tímid] 형

- 새들은 사람들이 다가오는 것에 **timid** 해서 날아가 버렸다.(= easily frightened)

awkward [ɔ́:kwərd] 형 형

- 그가 칼과 포크를 다루는 것이 아직 **awkward** 하다. 시간이 지나면 익숙해질 것이다.(= lacking in grace or skill ; clumsy)

훔 쳐 보 기

* elaborate	· 상세히 덧붙이다, 설명하다	* promote	· 승진시키다
* gravity	· 심각성, 중대함		· 장려하다, 촉진하다
	· 중력	* silly	· 어리석은, 바보같은
* mischief	· 피해, 손해	* timid	· 놀란, 겁먹은
	· 장난	* awkward	· 서투른, 보기 흉한

• 그 사람의 개인 사생활과 관련된, 대답하기에 **awkward** 한 질문을 해서는 안된다.(= not convenient; embarrassing)

conspicuous [kənspíkjuəs] 　　　　　　　　　　　　　　　형

• 교통 표지판은 운전자가 잘 볼 수 있도록 **conspicuous** 해야 한다.(= noticeable; attracting attention)

encounter [enkáuntər] 　　　　　　　　　　　　　　　　　통

• 나는 집으로 돌아오는 길에 옛 친구를 **encounter** 했다.(= meet unexpectedly)

hazard [hǽzərd] → 통 hazard 　형 hazardous 　　　　　　명

• 과속으로 운전하는 것은 자신뿐만 아니라 다른 운전자에게도 **hazard** 가 된다.(= danger; peril; risk)

multiply [mʌ́ltəplài] → 명 multiplication 　　　　　　　　통 통

• 2에 4를 **multiply** 하면 8이 된다.(= add same number as many times as stated)

• 요즘 그 잡지가 잘 팔리는 걸 보면 그 잡지를 읽는 독자의 수가 **multiply** 한 것 같다.(= increase; make or become more)

pulse [pʌls] 　　　　　　　　　　　　　　　　　　　　　　명

• 의사는 환자의 손목에 손을 갖다대고 환자의 **pulse** 를 검사했다.(= the regular beating of the heart as it pumps blood through the body)

snatch [snætʃ] 　　　　　　　　　　　　　　　　　　　　　통

• 도둑은 행인의 지갑을 **snatch** 해서 달아났다.(= seize suddenly; grab)

tranquil [trǽŋkwil] 　　　　　　　　　　　　　　　　　　　형

• 그녀는 주말이면 시끄럽고 혼잡한 도시를 벗어나서 시골에서의 **tranquil** 한 생활을 즐겼다.(= calm; peaceful)

bias [báiəs] 　　　　　　　　　　　　　　　　　　　　　　명

• 유색인종이 백인종보다 열등하다는 **bias** 는 버려야 할 것이다.(= a

훔 쳐 보 기

	• 불편한, 곤란한, 다루기 어려운	* multiply	• 곱하다, 곱셈을 하다
* conspicuous	• 눈에 잘 띄는,		• 증가하다, 늘리다
	주목을 받는	* pulse	• 맥박
* encounter	• 예상치 못한 것을 만나다	* snatch	• 낚아채다, 갑자기 잡아채다
* hazard	• 위험	* tranquil	• 평온한, 고요한, 잔잔한

tendency to be in favor of or against ; prejudice)

contrary [kántreri]   휑

- 우리는 그 소식을 듣고 놀랐다. 결과가 기대한 것과 ***contrary*** 했기 때문이다.(= opposite; different from)
- 'Hot' 과 'Cold' 는 서로 ***contrary*** 한 용어다.

equipment [ikwípmənt] → 통 equip   명

- 캠핑하는 데 필요한 ***equipment*** 로 텐트, 슬리핑백 등이 있다.(= the things needed for some special purpose)

humble [hʌ́mbəl]   휑 휑

- 그는 자신의 능력이나 업적을 떠들어대거나 자랑하지 않는 ***humble*** 한 사람이다.(= not proud ; modest)
- 그는 가난하고 ***humble*** 한 집안(가문)에서 태어났지만, 훗날에 미국의 대통령이 되었다.(= of low rank or position; unimportant)

noble [nóubəl] → 명 nobility   휑 휑

- 그의 재산을 기부함으로써 굶주림에 고통 받고 있는 사람들을 도와주겠다는 생각은 ***noble*** 한 것이다.(= having or showing a very good character or high morals; lofty; honorable)
- ***noble*** 한 출신의 사람들도 평민과 결혼할 때도 있다.(= of or having a high rank)

reality [riǽləti]   명

- 정말 꿈 같은 일주일간의 휴가였다. 이제 ***reality*** 로 돌아가야 할 때다.(= the condition of being real)

specify [spésəfài] → 휑 specific 명 specification   통

- 네가 상품을 주문할 때는 네가 원하는 상품의 종류와 수량을 ***specify*** 해야 한다.(= mention or tell in detail; state clearly)

triumph [tráiəmf] → 휑 triumphant   명

- 세계 2차 대전에서 연합군의 ***triumph*** 는 수십만 명의 희생을 대가로 하

훔쳐보기

* bias	• 편견, 경향	* noble	• 고귀한, 숭고한
* contrary	• 반대되는, 어긋나는		• 귀족의, 지위가 높은
* equipment	• 장비, 비품	* reality	• 현실, 실재
* humble	• 겸손한, 겸허한	* specify	• 지정하다, 명확히 말하다
	• 천한, 보잘 것 없는	* triumph	• 승리, 성공

여 얻어진 것이다.(= a victory; success)

breed [bri:d]   동 동
- 우리 집 강아지는 오늘 아침에 새끼 3마리를 ***breed*** 했다.(= produce young)
- 그는 취미로 열대어를 ***breed*** 한다.(= raise animals or plants)

corrupt [kərʌ́pt] → 명 corruption 동 corrupt   형
- 그는 뇌물을 여러 번 받은 ***corrupt*** 한 관리다.(= dishonest; rotten)

exceed [iksí:d] → 명 excess 형 excessive   동
- 각 도로에 지정되어 있는 제한 속도를 ***exceed*** 하지 말아라.(= be or do more than)

immediate [imí:diit] → 부 immediately   형
- 이 약은 ***immediate*** 한 효과가 있다. 약을 먹은 후 5분 이내에 효과가 나타난다.(= happening at once)

obstacle [ábstəkəl]   명
- 그녀는 남자 친구를 자신의 성공을 가로막는 ***obstacle*** 로 생각했다.(= something that blocks or gets in the way)

reform [rifɔ́:rm] → 명 reformation, reform   동
- 교육부는 수험생들의 부담을 덜어주고, 학생들의 사고력을 향상시키는 방향으로 입시제도를 ***reform*** 했다.(= make better by changing)

stable [stéibl]   형
- 건물을 지을 때는 ***stable*** 한 기초 공사를 해야 건물이 쉽게 무너지지 않는다.(= firm; solid)

undertake [ʌ̀ndərtéik]   동 동
- 선생님은 성금을 걷는 일을 누가 ***undertake*** 하겠냐고 학생들에게 물어봤다.(= try; attempt; take up)
- 그는 나에게 3개월 이내에 빌려간 돈을 갚겠다고 ***undertake*** 했다.(=

훔쳐보기

* breed	• 새끼를 낳다 • 기르다, 번식하다	* obstacle * reform	• 장애(물), 방해(물) • 개선하다, 개혁하다
* corrupt	• 부도덕한, 타락한	* stable	• 튼튼한, 단단한
* exceed	• 초과하다	* undertake	• 해보다, 떠맡다
* immediate	• 즉시의		• 약속하다

promise; pledge)

bustle [bʌ́sl] 동
- 종업원은 점심 시간 때 손님들의 시중을 드느라 **bustle** 했다.(= move about busily)

dedicate [dédikèit] → 명 dedication 동
- 그 의사는 암의 치료법을 연구하는 데 평생을 **dedicate** 했다.(= give all your energy, time, efforts, etc to something ; devote)

expense [ikspéns] → 형 expensive 명
- 새 차를 구입하는 데 드는 **expense** 가 만만치 않다.(= a cost ; price)

infant [ínfənt] 명
- 그녀는 **infant** 를 등에 업고 시장에 갔다.(= a very young child)

originate [ərídʒənèit] 동
- 그 게임은 약 100년전에 영국에서 **originate** 되었다.(= begin ; come from ; bring or come into being)

reliable [riláiəbəl] → 동 rely 명 reliance 형 reliant 형
- 내년에 이곳에 도로가 생긴다는 정보를 입수했다. 이 정보는 **reliable** 하다.(= able to be trusted ; dependable)

stern [stə́ːrn] 형
- 기자들은 그 나라의 정부로부터 위험 지역에 들어가지 말라는 **stern** 한 경고를 받았다.(= severe; strict)

vanish [vǽniʃ] 동
- 마술사는 주문을 외워 상자 속에 들어 있는 새를 **vanish** 했다. 상자를 열어보니 그 속에는 아무 것도 없었다.(= disappear; become invisible)

cease [siːs] 동
- 그 회사는 최근에 나온 신제품에 문제가 발생하자, 그 제품의 생산을 일시적으로 **cease** 했다.(= stop ; come to an end)

훔쳐보기

* bustle	· 분주하다, 야단떨다	
* dedicate	· 바치다, 헌신하다	· 창설하(되)다
* expense	· 비용, 대가	* stern · 엄격한, 준엄한
* infant	· 유아	* vanish · 사라지다, 보이지 않다
* originate	· 시작하(되)다, 비롯되다,	* cease · 멈추다, 중지하다

descend [disénd] → 명 descendant   동
- 비행기는 착륙하려고 아래로 서서히 **descend** 했다.(= move from a higher to a lower place)

faculty [fǽkəlti]   명
- 그녀는 외국어를 쉽게 익히는 **faculty** 를 갖고 있다. 그녀는 4개의 외국어를 할 줄 안다.(= an ability ; talent)

instrument [ínstrəmənt]   명
- 그 회사는 고급의 필기 **instrument** 를 생산하고 있다.(= a tool; device)

patience [péiʃəns] → 형 patient   명
- 그의 재미 없고 지루한 이야기를 듣기 위해서는 **patience** 가 필요하다.(= the ability to endure pain, trouble, waiting, boredom, etc)

resident [rézidənt] → 동 reside   형 resident   명 residence   명
- 그 지역의 **resident** 모두가 그 지역의 화학공장 건설 계획에 반대하고 있다.(= a person who lives in a place)

stroll [stroul]   동
- 두 연인은 팔짱을 끼고 해안을 따라 **stroll** 했다.(= walk slowly)

voluntary [váləntèri] → 동 volunteer   형
- 부모님이 학교에 돈을 기부한 것은 강요에 의한 것이 아니라 **voluntary** 한 것이다.(= acting, given, or done of one's own free will)

clamor [klǽmər] → 명 clamor   동
- 그가 노래를 마치고 무대 뒤로 사라지자, 청중들은 그에게 무대에 다시 나와달라고 **clamor** 했다.(= demand noisily)
- 아이들은 어머니에게 아이스크림을 사달라고 **clamor** 했다.

diagnose [dáiəgnòus] → 명 diagnosis   동
- 의사는 그녀의 병을 암으로 **diagnose**했다.(= discover or identify as disease, sickness)

훔쳐보기

* descend	• 내려오다, 떨어지다	* stroll	• 천천히 걷다, 산책하다
* faculty	• 능력, 재능	* voluntary	• 자발적인, 자유 의사의
* instrument	• 도구, 기구	* clamor	• 외쳐대다, 졸라대다
* patience	• 인내심, 인내력, 참을성	* diagnose	• 진단하다
* resident	• 거주자, 주민		

fever [fíːvər] 명
- 그가 아픈 것 같아서 그의 이마를 만져보니 **fever** 가 있다.(= a body temperature that is higher than normal)

issue [íʃuː / ísjuː] → 동 issue 명명명
- 그 신문의 일요일 **issue**엔 놀랄 만한 뉴스가 들어있다.(= a thing or group of things sent or given out)
- 정부의 새로운 우표 **issue** 가 내일이다.(= the act of giving out or publishing)
- 낙태는 이번 선거의 중요한 **issue** 다.(= a subject or problem that is often discussed or argued about)

peril [pérəl] → 형 perilous 명
- 그 배는 심한 폭풍우로 **peril** 에 처해 있다.(= a condition of great danger)

revolve [riválv] 동
- 지구는 일년에 한 번씩 태양 주위를 **revolve** 한다.(= move in an orbit ; circle around something)

subtle [sʌ́tl] 형
- 아무런 변화가 일어나지 않은 것처럼 보이지만, 아주 **subtle** 한 변화가 일어났다.(= not easy to sense)

wreck [rek] 동
- 그 빌딩은 기초가 튼튼하지 못했기 때문에, 지은 지 2년이 안돼서 **wrecked** 되었다.(= destroy; demolish; tear down)

accomplish [əkámpliʃ] → 명 accomplishment 동
- 그는 1시간만에 그 일을 **accomplish** 했다.(= do; perform; finish successfully)

combat [kámbæt, kʌ́m-] → 동 combat 명
- 그 군인은 어젯밤의 격렬한 **combat** 에서 심한 부상을 입었다.(= a

훔쳐보기

* fever	• 열	* subtle	• 알기 어려운, 미묘한, 섬세한
* issue	• 발행물, 간행물	* wreck	• 파괴시키다, 붕괴시키다
	• 발행, 발간, 분출	* accomplish	• 성취하다,
	• 핵심, 문제점, 논점, 쟁점		성공적으로 수행하다
* peril	• 위험	* combat	• 싸움, 전투
* revolve	• 돌다, 회전하다		

battle)

dismay [disméi] → 몡 dismay   동
- 지난 시험보다 낮게 나온 성적은 그의 부모님을 **dismay**했다.(= shock and discourage; surprise unpleasantly)

foundation [faundéiʃən] → 동 found   몡 몡
- 그녀에 관한 소문은 사실에 **foundation**을 둔 것이 아니다. 그녀를 질투하는 사람들이 만들어 낸 거짓말이다.(= the basis on which an idea or belief rests)
- 그녀는 모교의 새 도서관의 **foundation**에 많은 돈을 기부했다.(= the act of founding or establishing)

limp [limp] → 몡 limp   동
- 그는 사고로 다리를 다쳐서 걸을 때 **limp**한다.(= walk in an even way)

pledge [pledʒ] → 동 pledge   몡
- 회원이 되려면 모임의 규칙을 지키겠다는 **pledge**를 해야 한다.(= a formal promise)

sacred [séikrid]   형
- 사람들은 교회, 성당, 사원 등을 **sacred**한 곳으로 생각하고 있기 때문에 그곳에서 떠들거나 소란을 피지 않는다.(= connected with God, a god or religion; holy)

suppress [səprés]   동
- 군대는 반역자의 무리들을 신속하게 **suppress**했다.(= use force to hold down; crush)

alter [ɔ́:ltər] → 몡 alteration   동
- 주택을 점포(상점)로 **alter**했다.(= change; make different)
- 그는 사이즈가 큰 옷을 그의 몸에 맞게 **alter**했다.

compete [kəmpíːt] → 몡 competition 형 competitive   동
- 수십 명의 선수들이 금메달을 따려고 서로 **compete**하고 있다.(= be in

훔쳐보기

* dismay	• 당황하게 하다, 낙담시키다, 놀라게 하다	* pledge	• 맹세, 서약
		* sacred	• 신성한, 성스러운
* foundation	• 근거, 기초	* suppress	• 진압하다, 억압하다
	• 건립, 건축	* alter	• 변경하다, 고치다
* limp	• 절뚝거리며 걷다	* compete	• 경쟁하다

rivalry for)

divorce [divɔ́:rs] 명

• 아내는 남편과의 성격 차이를 극복하지 못하고 남편에게 **divorce** 를 요구했다.(= the legal ending of a marriage)

furnish [fə́:rniʃ] 동

• 이 강은 도시에 물을 **furnish** 해 준다.(= provide; supply)
• 날씨가 추워지자, 군대는 군인들에게 담요를 **furnish** 했다.

lower [lóuər] 동

• 우리는 해가 뜰 때 깃발을 올리고, 해가 질 때 깃발을 **lower** 한다.(= let or move down)

precede [pri:sí:d] → 명 precedence, precedent 동

• 조선 시대 왕의 순서를 따져 보면 태종은 세종보다 **precede** 한다.(= be first before another position, time or importance)

scramble [skrǽmbəl] 동 동

• 사자가 다가오자, 겁먹은 그는 나무 위로 **scramble** 했다.(= climb or crawl quickly)
• 그들은 좋은 자리를 차지하려고 서로 **scramble** 했다.(= struggle or compete with others in a disorderly way)

swift [swift] 형

• 강물의 흐름이 **swift** 할 때, 강물을 건너는 것은 위험하다.(= very fast)

appointment [əpɔ́intmənt] → 동 appoint 명

• 나는 치과 의사와 오후 3시에 **appointment** 가 되어 있다.(= an arrangement to meet at a particular time or space)

concede [kənsí:d] 동

• 목격자들이 그가 호수에 있었다는 것을 보았다고 말하자 그는 마침내

훔쳐보기

* divorce	• 이혼		• 무질서하게 다투다
* furnish	• 공급하다, 제공하다	* swift	• 빠른, 날쌘
* lower	• 내려가다, 끌어내리다	* appointment	• 시간, 장소가 정해진 만남, 약속
* precede	• 앞서다, 우선하다		
* scramble	• 빠르게 올라가다, 빠르게 움직이다	* concede	• 인정하다

자신이 호수에 있었다는 것을 ***concede*** 했다.(= admit as true)

drift [drift] → 명 drift 〔동〕〔동〕
- 그 뗏목은 바다 한가운데에서 파도가 밀리는 대로 ***drift*** 하고 있다.(= float, carried by wind or water currents)
- 떨어진 나뭇잎들이 바람에 날려서 담에 산더미처럼 ***drift*** 했다.(= heap or be heaped up by the wind)

gnaw [nɔ:] 〔동〕
- 쥐들이 이빨로 벽을 ***gnaw*** 해서 조그만 구멍을 냈다.(= bite or chew repeatedly)

medium [mí:diəm] → (복) media 〔명〕〔명〕
- 소리는 공기라는 ***medium*** 을 통하여 전달된다.(= a substance in which something lives, is kept, or is carried)
- 언어는 의사를 표현하는 하나의 ***medium*** 이다.(= a means of doing something)

privacy [práivəsi / prív-] → 형 private 〔명〕
- 이 건물의 벽이 너무 얇아서 옆방에서 말하는 소리가 들리기 때문에, 이 곳에서는 ***privacy*** 가 보장되지 않는다.(= the condition of being apart or away from others)

sermon [sə́:rmən] 〔명〕
- 지난 주에 있었던 목사의 ***sermon*** 은 감동적이었다.(= a speech given by a religious leader)

terms [tə:rms] 〔명〕
- 계약서의 1번에서 5번까지의 모든 ***terms*** 는 명백하고 완전하다.(= the condition of an agreement, contract, sale, etc.)

astonish [əstániʃ] → 명 astonishment 〔동〕
- 가정 생활이 그렇게 행복했던 친구가 그의 아내와 이혼했다는 소식은 우리를 ***astonish*** 했다.(= surprise greatly)

훔쳐보기

* drift	• 표류하다, 떠돌다	* privacy	• 사생활
	• 쌓이다	* sermon	• 설교
* gnaw	• 갉다	* terms	• 조항, 조건
* medium	• 매개물, 매체	* astonish	• 매우 놀라게 하다
	• 방법, 수단, 형태		

conflict [kánflikt] → 몡 conflict   통

• 아이의 교육에 대해 남편의 생각과 나의 생각이 ***conflict*** 하기 때문에, 남편과 충분한 협의를 한 후 신중히 결정하기로 했다.(= be in opposition to; disagree)

elastic [ilǽstik]   혱

• 고무공은 ***elastic*** 한 특성을 갖고 있기 때문에 벽에 던지면 튀어나온 다.(= able to return to its original shape or position after being stretched; flexible)

grip [grip] → 몡 grip   통

• 겁먹은 아이는 엄마의 손을 ***grip*** 했다.(= hold very tightly)

miserable [mízərəbəl] → 몡 misery   혱

• 그녀의 강아지가 죽은 후에 그녀는 ***miserable*** 해졌다.(= very unhappy; sad)

• 그는 춥고 배가 고파서 캠프에서의 첫날밤은 ***miserable*** 했다.

prompt [prɑmpt] → 통 prompt   혱

• 그는 언제나 자신이 맡은 일을 질질 끌지 않고 ***prompt*** 하게 수행한 다.(= done quickly and without delay; acting quickly)

skim [skim]   통 통 통

• 요리사는 수프의 표면에 떠 있는 기름을 숟가락으로 ***skim*** 했다.(= take off floating matter from the top of a liquid)

• 그는 아침에 시간이 없어서 신문을 짧은 시간 동안 ***skim*** 했다.(= read quickly but not thoroughly)

• 비행기가 매우 낮게 날면서, 물위를 ***skim*** 하듯이 지나갔다.(= move quickly over a surface)

toil [tɔil]   통

• 곡식들을 거둬들이기 위해 밭에서 ***toil*** 하는 농부들에게 감사드려야 한 다.(= work hard)

훔쳐보기

* conflict	• 대립하다, 상반되다	* prompt	• 신속한, 즉각의
* elastic	• 탄력이 있는, 탄력적인	* skim	• 걷어내다
* grip	• 꽉 쥐다, 꼭 잡다		• 대충 읽다
* miserable	• 몹시 불행한, 비참한, 고생스러운		• 표면을 스치면서 지나가다
		* toil	• 열심히 일하다, 힘써 일하다

bachelor [bǽtʃələr] 명

- 그 남자는 결혼하지 않고 40살까지 **bachelor** 로 남아 있었다.(= an unmarried man)

constitute [kánstətjùːt] → 명 constitution 동

- 12달은 1년을 **constitute** 한다.(= make up ; form ; compose)
- 환경을 오염시키는 기업이나 단체 등을 적발하기 위해 환경 감시단이 **constituted** 되었다.

endow [endáu] 동

- 회사의 사장은 자신의 모교에 연구 기금을 **endow** 했다.(= give money or property for the support of)

heal [hiːl] 동

- 그 약은 베인 상처나 타박상을 **heal** 하는 데 쓰인다.(= make or become healthy ; cure)

mutter [mʌ́tər] 동

- 그는 불만이 있는 것처럼 혼자서 뭐라고 **mutter** 했다.(= speak or say very quietly, when you are complaining about something)

punctual [pʌ́ŋtʃuəl] 형

- 그는 약속을 지키는 데 있어서 **punctual** 하기 때문에 사람들은 그를 신뢰한다.(= on time ; prompt)

sober [sóubər] 형

- 파티에서 **sober** 한 사람은 그밖에 없었으므로 그가 운전을 했다.(= not drunk)

transit [trǽnsit, -zit] 명

- 그녀는 통신 판매 회사에 상품을 주문했는데, 상품이 **transit** 되는 과정에서 파손되었다.(= the act of carrying things or persons from one place to another)

훔쳐보기

* bachelor	• 독신자	* mutter	• 투덜거리다
* constitute	• 구성하다, 조직하다	* punctual	• 늦지 않는, 시간을 시키는
* endow	• 돈을 거부하다	* sober	• 취하지 않은
* heal	• 낫다, 낫게 하다, 고치다	* transit	• 운송, 운반

blast [blæst]　　　　　　　　　　　　　　　명 명

- 갑자기 **blast** 가 일어나서 눈에 먼지가 들어갔다.(= a sudden strong movement of air)
- 오늘 오후에 도심 한 복판에서 가스가 **blast** 하는 것 같은 커다란 소리를 들었다.(= an explosion)

contribute [kəntríbjut] → 명 contribution　　　　　　동

- 그는 가난한 사람들을 위해 매년 많은 돈을 자선 단체에 **contribute** 한다.(= give together with others)

equivalent [ikwívələnt]　　　　　　　　　　　　　형

- 1인치(inch)는 2.54cm와 **equivalent** 하다.(= equal in quantity, value, or meaning)

humiliate [hju:mílièit] → 명 humiliation　　　　　　동

- 선생님은 많은 학생들 앞에서 나의 가난한 집안 얘기를 함으로써 나에게 **humiliate** 했다.(= cause to loose pride and self-respect)

nominate [námənèit] → 명 nomination　　　　　　　동

- 미국 공화당에서는 그를 대통령후보로 **nominate** 했다.(= propose someone for election to a position)

realm [relm]　　　　　　　　　　　　　　　　명

- 물리학 **realm** 에서 뛰어난 학자는 아인슈타인이 유명하다.(= an area of interest or activity)

specimen [spésəmən]　　　　　　　　　　　　명

- 환자의 간 검사를 위해 간호원은 환자로부터 피의 **specimen** 을 추출해 갔다.(= one of a group of things that can be taken to represent the group; an example; a sample)

trivial [tríviəl]　　　　　　　　　　　　　　형

- 그런 **trivial** 한 문제에 대해 신경 쓰지 말았으면 좋겠다. 다른 중요한 일들이 많이 있다.(= of little importance)

훔쳐보기

* blast	• 강한 바람, 돌풍
	• 폭발
* contribute	• 기부하다, 시간을 쏟다
* equivalent	• 같은, 동등한
* humiliate	• 굴욕감을 느끼게 하다, 창피를 주다
* nominate	• 추천하다, 지명하다
* realm	• 분야, 영역
* specimen	• 표본, 시험용 샘플, 견본
* trivial	• 사소한, 하찮은

brilliant [bríljənt] 〈형〉〈형〉

- 물 위에 떠오른 ***brilliant*** 한 태양.(= very bright ; glittering)
- 하늘은 구름 한점 없이 ***brilliant*** 하게 파랗다.
- 뉴턴은 역사상 가장 ***brilliant*** 한 과학자중의 한 사람으로 인정 받고 있다.(= very intelligent)

costume [kástjuːm] 〈명〉

- 그는 핼로윈(Halloween) 파티에 18세기의 ***costume*** 을 하고 참석했다.(= clothing worn at a certain time or place or for a certain purpose)

exercise [éksərsàiz] → 〈통〉 exercise 〈명〉〈명〉

- 먹기만 하고 적당한 ***exercise*** 를 하지 않으면 살이 찔 것이다.(= physical movement to train and strengthen the body)
- 수학 선생님은 남은 시간 동안 학생들에게 함수에 관한 ***exercise*** 를 내주었다.(= a problem or task to be studied and worked on in order to improve understanding or skill)

immense [iméns] 〈형〉

- 쥐, 토끼처럼 몸집이 작은 동물과 비교할 때, 코끼리는 ***immense*** 한 동물이다.(= very large; huge; very big)

obstinate [ábstənit] 〈형〉

- 그는 ***obstinate*** 해서 그의 의견을 좀처럼 바꾸려하지 않는다. 우리가 그를 설득하는 것은 거의 불가능하다.(= not willing to change one's mind or to give in)

refrain [rifréin] 〈통〉

- 그녀는 몸무게를 줄이기 위해 사탕, 초콜릿 등의 단 것을 ***refrain from*** 하고 있다.(= keep oneself from doing ; avoid doing something)

staff [stæf] 〈명〉

- 대통령의 ***staff*** 들은 뛰어난 사람들로 구성되어 있다.(= a group of assistants to a manager, chief, etc.)

훔쳐보기

* brilliant	• 찬란한, 눈부신 • 훌륭한, 뛰어난, 총명한	* immense	• 거대한
* costume	• 복장, 옷차림	* obstinate	• 고집센, 완고한
* exercise	• 운동 • 문제, 연습	* refrain	• 삼가다, 그만두다
		* staff	• 스탭, 참모, 간부

unique [ju:ní:k]　　　　　　　　　　　　　　　　　　　　　　　【형】
- 사람들은 자기만의 ***unique*** 한 개성을 갖고 있다.(= being the only one; having no equal; singular)

calamity [kəlǽməti]　　　　　　　　　　　　　　　　　　　　　　【명】
- 마을 전체를 파괴해 버린 지진은 그 마을 사람들에게 커다란 ***calamity*** 였다.(= disaster; catastrophe; misfortune)

defy [difái] → 【형】 defiant 【명】 defiance　　　　　　　　　　　　【동】
- 그녀는 '너무 늦기 전에 집에 들어오라'는 부모님의 말씀을 ***defy*** 하고 계속 밤늦게 들어왔다.(= refuse to obey; oppose openly)

experiment [ikspérəmənt] → 【동】 experiment　　　　　　　　　【명】
- 과학자는 ***experiment*** 를 통해 그 가설이 옳다는 것을 증명했다.(= a test made to prove a theory true or false or to find out something)

inferior [infíəriər] → 【명】 inferiority　　　　　　　　　　　　　　【형】
- 어떤 소비자들은 국산품이 외제품에 비해 ***inferior*** 하다고 생각하기 때문에 외제품을 산다.(= low or lower, as in quality or ability; low or lower in order, degree, or rank)

ornament [ɔ́:rnəmənt]　　　　　　　　　　　　　　　　　　　　　【명】
- 그들은 크리스마스 트리에 꽂을 ***ornament*** 들을 사러 갔다.(= something that decorates or make more beautiful; decoration)

relief [rilí:f] → 【동】 relieve　　　　　　　　　　　　　　　　　【명】【명】
- 정부는 홍수로 집을 잃은 사람들에게 ***relief*** 을 전달했다.(= assistance and help for people in trouble)
- 이 약은 두통으로 고생하고 있는 그에게 ***relief*** 을 줄 것이다.(= a decrease in pain, discomfort, worry, strain, etc.)

stoop [stu:p]　　　　　　　　　　　　　　　　　　　　　　　　【동】
- 그녀는 구두의 끈을 묶기 위해 몸을 ***stoop*** 했다.(= bend the body forward and down)

훔쳐보기

* unique	• 유일한, 독특한		열등한
* calamity	• 재난, 참사	* ornament	• 장식품, 장신구
* defy	• 무시하다, 거역하다	* relief	• 구호(품)
* experiment	• 실험		• 고통 · 걱정의 감소
* inferior	• 가치가 떨어지는, 좋지 않은,	* stoop	• (몸을) 숙이다, 구부리다

vanity [vǽnəti] ⟦명⟧
- 외모에 대한 그녀의 **vanity** 는 대단하다. 그녀는 틈만 나면 거울을 본다.(= too much pride in one's appearance, abilities, etc.)

celebrated [séləbrèitid] ⟦형⟧
- 그곳은 아름다운 건축물로 **celebrated** 한 도시이기 때문에, 관광객들의 발길이 끊이지 않는다.(= famous ; well-known)

descendant [diséndənt] → ⟦동⟧ descend ⟦명⟧
- 우리들은 우리의 **descendant** 에게 오염되지 않은 깨끗한 환경을 물려주어야 한다.(= a person who is descended from a certain ancestor)

fashion [fǽʃən] → ⟦형⟧ fashionable ⟦명⟧
- 몇 년 전에는 헐렁하게 입는 것이 **fashion** 이었다.(= a style that is popular at a certain time in clothes, hair, behaving, etc)

integrate [íntəgrèit] → ⟦명⟧ integration ⟦동⟧
- 조그만 두 개의 학교가 **integrate** 해서 하나의 커다란 학교를 만들었다.(= bring together into a whole)

patriot [péitriət, -àt / pǽtriət] → ⟦명⟧ patriotism ⟦형⟧ patriotic ⟦명⟧
- **patriot** 들은 나라의 독립을 위해 조직을 결성하여 침략자들과 싸웠다.(= a person who loves, supports, and defends his country)

resign [rizáin] → ⟦명⟧ resignation ⟦동⟧
- 그녀는 곰곰이 생각한 후에, 직장을 **resign** 하고 대학원에 진학하기로 결심했다.(= quit one's job, position, etc.)

struggle [strʌ́gəl] ⟦명⟧
- 종교가 다른 두 집단간에 **struggle** 이 일어나서, 몇 명이 크게 다쳤다.(= a fight; a contest)

vulgar [vʌ́lgər] ⟦형⟧
- 그녀는 그의 **vulgar** 한 농담에 매우 불쾌했다.(= very rude or low; bad-

훔쳐보기

* vanity	· 자만심, 허영심	* patriot	· 애국자
* celebrated	· 유명한	* resign	· 직장을 떠나다, 그만두다
* descendant	· 후손, 자손	* struggle	· 싸움, 전투
* fashion	· 유행(옷, 행동), 유행양식	* vulgar	· 상스러운, 저속한
* integrate	· 합치다, 통합하다		

mannered; crude)

clap [klæp] → 명 clap 동

• 첼로 연주자가 연주를 끝내고 인사를 하자 청중은 일어서서 **clap** 했
다.(= strike the hands together to show approval or enjoyment)

dictate [díkteit] → 명 dictation, dictator 동 동

• 그렇게 빨리 **dictate** 하면 내가 받아 쓸 수가 없다.(= speak or read
something aloud for someone else to write down)

• 정복자는 항복한 적에게 여러 가지 조건들을 **dictate** 했다.(= order)

fiery [fáiəri] 형

• 우리들의 시선은 저쪽의 **fiery** 한 화산에 집중되어 있다.(= flaming)

supreme [səprí:m, su(:)-] 형

• 우리 나라의 **supreme** 한 통치자는 대통령이다.(= highest in power, rank,
quality, etc.)

junction [dʒʌ́ŋkʃən] 명

• 지하철 2호선을 타고 가다가 2호선과 4호선의 **junction** 에서 지하철 4
호선으로 갈아탔다.(= a place of joining crossing)

perish [périʃ] 동

• 최근에 발생한 산불로 많은 동물들이 **perish** 되었다.(= die in a violent
way)

ridiculous [ridíkjələs] 형

• 이런 좁은 길에서 시속 150km의 속도로 달리는 것은 **ridiculous** 한 짓
이다.(= foolish ; silly ; absurd)

subtract [səbtrǽkt] → 명 subtraction 동

• 5에서 2를 **subtract** 하면, 3이 남는다.(= take away a number or amount
from another)

훔쳐보기

* clap	• 손뼉을 치다	* junction	• 연결, 연합, 결합점
* dictate	• 남에게 받아 적도록 말하다	* perish	• 끔찍하게 죽다, 파괴되다
	• 명령하다, 지시하다	* ridiculous	• 조롱받을 만한, 어리석은
* fiery	• 불타는	* subtract	• 빼다
* supreme	• 최고의		

yell [jel] 통

- 그 소년은 고통을 참지 못해서 **yell** 하자, 부모님이 그 소리에 깜짝 놀라서 그에게 달려왔다.(= scream loudly)

accumulate [əkjúːmjəlèit] → 몡 accumulation 통

- 그는 수년 동안 약 5백장의 음악 CD를 **accumulate**했다.(= add up; increase)

- 책상 위를 오랫동안 청소하지 않아서, 책상 위에 먼지가 **accumulate**했다.

commend [kəménd] → 혱 commendable 통

- 선생님은 몸이 불편한 사람들을 도와준 학생을 **commend** 했다.(= praise)

dispatch [dispǽtʃ] 통

- 외국에 머물고 있는 국무총리는 대통령에게 급한 메시지를 **dispatch** 했다.(= send off)

fragile [frǽdʒəl / -dʒail] 혱

- 찻잔, 유리병 등은 **fragile** 한 것이어서 잘 다루어야 한다.(= easily broken or damaged)

linger [líŋgər] 통

- 연극이 끝난 후에 연극 배우를 보려고 일부 관객들은 밖으로 나가지 않고 **linger** 했다.(= stay as if unwilling to leave)

plump [plʌmp] 혱

- 얼굴이 **plump** 해서 건강해 보이는 어린이.(= nicely rounded in form; somewhat fat)

sacrifice [sǽkrəfàis] → 몡 sacrifice 통

- 그는 조국을 위해 자신의 목숨을 **sacrifice** 했다.(= give up something for the sake of someone or something else)

훔쳐보기

* yell	• 고함치다, 외치다	* fragile	• 깨지기 쉬운, 부서지기 쉬운
* accumulate	• 모으(이)다, 양/크기가(를) 늘(리)다	* linger	• 남아있다, 서성거리다
		* plump	• 통통한, 보기 좋게 살찐
* commend	• 칭찬하다	* sacrifice	• 희생하다, 바치다
* dispatch	• 발송하다, 급파하다		

ancestor [ǽnsestər, -səs-] 　　　　　　　　　　　　　　　　　　　　명

- 코끼리의 **ancestor** 는 맘모스다.(= an early kind of animal from which later kinds have developed)

complex [kəmpléks, kámpleks] → 명 complex 　　　　　　　　　　형

- 천문학에 관한 그 책은 너무 **complex** 해서 보통 사람이 이해하기가 힘들다.(= difficult to understand ; complicated ; not simple)

dizzy [dízi] 　　　　　　　　　　　　　　　　　　　　　　　　　　형

- 그녀는 고층 빌딩 꼭대기에서 아래를 내려다 보자 곧 **dizzy** 한 것을 느꼈다.(= affected with a spinning or unsteady feeling)

fury [fjúəri] → 형 furious 　　　　　　　　　　　　　　　　　　　명

- 새로 산 자동차에 긁힌 자국을 아버지가 봤을 때, 아버지의 **fury** 를 상상해봐라.(= wild angry ; great rage)

luxury [lʌ́kʃəri] → 형 luxurious 　　　　　　　　　　　　　　명 명

- 그들은 비싼 옷을 입고, 고급차를 타고 다니며, 대 저택에서 **luxury** 하게 살고 있다.(= great comforts of life beyond that which is necessary)
- 정부는 값비싼 보석, 외제 대형 자동차, 고급 샴페인과 같은 **luxury** 에 높은 세금을 물리고 있다.(= something pleasant that is expensive and not a necessity)

precise [prisáis] 　　　　　　　　　　　　　　　　　　　　　　　형

- 그 사업에 들어가는 비용은 약 100만 달러가 될 것 같다. 상황에 따라 달라질 수 있기 때문에 **precise** 한 비용은 계산하기 어렵다.(= exact ; definite)

scrap [skræp] 　　　　　　　　　　　　　　　　　　　　　　명 명 동

- a **scrap** of paper(종이 쪽지), a **scrap** of information(단편 정보)
- 우리는 먹고 남은 **scraps** 를 강아지에게 주었다.(= pieces of food remaining after eating)
- 그가 15년 동안 타고 다닌 자동차는 볼품도 없고, 또한 안전에 문제가 있다. 이제 그 차는 **scrap** 할 때가 되었다.(= get rid of ; discard)

훔쳐보기

* ancestor	• 조상, 선조	
* complex	• 어려운, 복잡한	• 사치품
* dizzy	• 현기증이 나는	* precise ・ 정확한
* fury	• 격노, 분노	* scrap ・ 조각, 토막, 단편
* luxury	• 사치, 호화, 안락	• 음식 찌꺼기
		• 버리다, 폐기하다

symptom [símptəm] 명

- 고열과 기침, 두통은 독감의 일반적인 **symptom** 이다.(= a change in your body that is a sign of illness; a sign)

appropriate [əpróuprièit] 형

- 테니스 칠 때, 옷의 색깔은 흰색이 **appropriate** 하다.(= proper; suitable; fitting for a particular person, purpose, etc)
- 지금 그 문제를 얘기할 **appropriate** 한 때가 아니다.

conceit [kənsíːt] 명

- 자신이 똑똑하다는 것에 대한 그의 **conceit** 는 모든 사람들의 기분을 상하게 했다.(= too high an opinion of oneself)

drought [draut] 명

- 많은 나무들이 오랜 **drought** 로 말라 죽었다.(= a long period of dry weather)

gorgeous [gɔ́ːrdʒəs] 형

- 그녀는 **gorgeous** 한 이브닝 드레스를 입고 파티에 참석해서 사람들로부터 주목을 받았다.(= very beautiful)

menace [ménəs] → 명 menace 동

- 도둑은 상점 주인을 총으로 **menace** 하여 겁을 준 후에, 돈을 훔쳐갔다.(= threaten; be a danger to)

privilege [prívəlidʒ] 명

- 도서관의 정회원은 책을 빌려볼 수 있는 **privilege** 가 있다.(= a special right or advantage that only one person or group has)

shelter [ʃéltər] → 동 shelter 명

- 우산 없이 걷다가 갑자기 많은 비가 쏟아질 때, 커다란 나무 아래는 좋은 **shelter** 가 될 수 있다.(= something that protects or covers; a place of safety)

훔쳐보기

* symptom	・징후, 증상, 조짐	* gorgeous	・화려한, 멋진
* appropriate	・적당한, 적절한	* menace	・위협하다, 협박하다
* conceit	・자만심, 자부심, 잘난 체	* privilege	・특권, 특전
* drought	・가뭄	* shelter	・피난처, 보호처

terrific [tərífik] → 통 terrify 형 형
- ***terrific*** 한 허리케인이 섬을 강타했다.(= causing great fear)
- 오늘 본 영화는 ***terrific*** 한 영화였다. 그 영화를 보면 결코 후회하지 않을 것이다.(= very good; excellent; wonderful)

attach [ətǽtʃ] → 명 attachment 통
- 편지를 보내려고 편지 봉투에 우표를 ***attach*** 했다.(= fasten)

conscience [kɑ́nʃəns] → 형 conscientious 명
- 그는 돈을 훔친 후에 ***conscience*** 의 가책을 느껴서 주인에게 다시 돌려주었다.(= a sense of right or wrong ; a feeling of obligation to do right or be good)

elementary [èləméntəri] 형
- 너는 영어를 잘 하지 못하니까 ***elementary*** 과정부터 들어야 할 것이다.(= basic; fundamental; simple)

gross [grous] 형 형
- ***gross*** 한 언어를 사용하지 말아라. 다른 사람들이 너를 나쁘게 생각할 것이다.(= rough; vulgar; coarse)
- 그 강아지는 먹기만 하고 운동을 전혀 하지 않아서, 보기 싫을 정도로 ***gross*** 해졌다.(= unpleasantly fat)

mob [mɑb] 명
- 정부의 정책에 반대하는 성난 ***mob*** 들이 시청 앞 광장으로 모여들었다.(= a large group of excited people)

pronounce [prənáuns] → 명 pronunciation 통
- 영어 선생님은 학생들이 잘 받아 적을 수 있도록 영어 단어를 명확하고 천천히 ***pronounce*** 했다.(= make the sounds of a word)

slant [slænt] → 명 slant 통
- 벽에 걸려 있는 그림이 왼쪽으로 ***slant*** 되었다. 똑바로 균형을 맞춰야 겠다.(= have or take a direction that is not horizontal or vertical; slope)

훔쳐보기

* terrific	• 무서운, 엄청난 • 훌륭한, 뛰어난	* gross	• 말이나 행동이 상스러운, 거친 • 보기 싫게 살이 찐
* attach	• 부착하다, 붙이다	* mob	• 군중, 폭도
* conscience	• 양심	* pronounce	• 발음하다
* elementary	• 기본적인, 초보의, 초급의	* slant	• 기울다, 경사지다

tolerate [tálərèit] → 몡 tolerance, toleration 휑 tolerant, tolerable 통 통
- 나는 너의 무례한 태도를 더 이상 **tolerate** 할 수 없다.(= allow; permit)
- 나는 옆집에서 발생하는 시끄러운 소리를 도저히 **tolerate** 할 수 없어서, 옆집으로 달려갔다.(= endure; bear)

bait [beit] → 통 bait 몡
- 그는 낚시 바늘에 달 **bait** 으로 지렁이를 사용했다.(= food placed on a hook or in a trap to catch animals and fish)

construct [kənstrʌ́kt] → 몡 construction 통
- 시 의회에서는 시의 중심에 두 개의 학교와 하나의 병원을 새로 **construct** 할 계획을 갖고 있다.(= build; put or fit together)

enormous [inɔ́:rməs] 휑
- 그 건물은 층수가 100층이 넘는 **enormous** 한 빌딩이다.(= extremely large; huge)

heap [hi:p] → 통 heap 몡
- 낙엽들을 끌어 모아서 **heap** 으로 쌓이게 했다.(= a group of things thrown together; a pile)
- 책들이 책상 위에 **heap** 으로 쌓여 있다.

narrate [nǽreit] → 몡 narration, narrator 통
- 우리가 모닥불에 둘러 앉았을 때, 할아버지는 우리에게 옛날에 경험했던 일들을 **narrate** 해 주었다.(= tell a story; give an account of)

purchase [pə́:rtʃəs] → 몡 purchase 통
- 그는 식료품을 **purchase** 하기 위해 가까운 상점에 갔다.(= buy with money)

soil [sɔil] 몡
- 농부는 농기구로 **soil** 을 갈고 난 후, 씨를 뿌렸다.(= the top covering of the earth in which plants grow; ground)

훔쳐보기

* tolerate	• 허용하다, 봐주다	* heap	• 더미, 무더기
	• 참다, 견디다	* narrate	• 이야기하다
* bait	• 미끼	* purchase	• 구입하다, 사다
* construct	• 건설하다, 조립하다	* soil	• 토양, 땅, 흙
* enormous	• 거대한		

transparent [trænspέərənt] 〔형〕

• 사생활이 침해될 수 있다고 판단한 그녀는 **transparent** 한 유리를 밖에서 안이 잘 보이지 않는 유리로 바꿨다.(= allowing light to pass through so images can be clearly seen)

blaze [bleiz] → 〔동〕 blaze 〔명〕〔명〕

• 소방관들이 **blaze** 를 진화시키는 데 4시간이 걸렸다.(= a big fire)
• 자동차 전등의 **blaze** 때문에 잠시 동안 앞을 볼 수 없었다.(= any bright light)

controversy [kántrəvə̀ːrsi] 〔명〕

• 노출이 심한 새로운 유행 패션은 기성세대와 청소년들 사이에 많은 **controversy** 를 불러 일으켰다.(= dispute; debate; argument)

erect [irékt] → 〔명〕 erection 〔형〕 erect 〔동〕

• 오랫동안 허리를 굽혀서 일하다가, 몸을 **erect** 하니 허리에 통증을 느꼈다.(= raise upright)

hush [hʌʃ] → 〔명〕 hush 〔동〕

• "저쪽에서 할아버지가 주무시니까 **hush** 해야 한다." (= make or become quiet)

notable [nóutəbəl] → 〔명〕 notability 〔형〕

• 그녀는 국제 대회에서 여러 번 수상 경력이 있는 **notable** 한 피아니스트다.(= worthy of notice; remarkable; distinguished)

receipt [risíːt] → 〔동〕 receive 〔명〕

• 물건을 사고 나서 받은 **receipt** 를 보관하는 것이 좋다. **receipt** 는 거래를 했다는 증거일 뿐만 아니라, 물건을 교환할 때에도 필요하다.(= a written statement that something has been received)

spectator [spékteitər] 〔명〕

• 심판 판정에 불만을 가진 몇몇 **spectator** 들이 야구 경기장 안으로 들어와서 경기가 중단되었다.(= a person who watches an event but does not take

---

훔쳐보기

* transparent	• 투명한	* hush	• 조용히 하다, 고요해지다(하게 하다)
* blaze	• 큰 화재		
	• 밝은 빛	* notable	• 뛰어난, 주목할 만한
* controversy	• 논쟁, 논의	* receipt	• 영수증
* erect	• 똑바로 세우다, 몸을 일으키다	* spectator	• 스포츠의 관람객, 구경꾼

part in it)

tuck [tʌk]　　　　　　　　　　　　　　　　　　　　　통

- 그는 단정히 보이기 위해 셔츠를 바지 속으로 **tuck** 했다.(= push under the end or edges of)

brood [bru:d]　　　　　　　　　　　　　　　　　통 명

- 그는 직장을 그만둘 것인지, 계속 다닐 것인지를 1시간동안 책상 앞에서 **brood** 했다.(= think deeply and worry)
- 어미 닭은 태어난 지 한 달밖에 안되는 자신의 **brood** 를 위험으로부터 보호하고 있다.(= a group of young ; children)

crawl [krɔ:l]　　　　　　　　　　　　　　　　　　　통

- 아기가 방 안에서 손과 무릎으로 엉금엉금 **crawl** 하고 있다.(= creep)

exchange [ikstʃéindʒ] → 명 exchange　　　　　통

- 그는 옆에 앉아 있는 사람과 자리를 서로 **exchange** 했다.(= give and receive ; trade)

impact [ímpækt]　　　　　　　　　　　　　　　　　명

- 운전 부주의로 자동차가 나무에 **impact** 하는 바람에 차의 앞유리가 깨졌다.(= the action of one object hitting another with force; collision)

obstruct [əbstrʌ́kt] → 명 obstruction　　　　　통

- 태풍으로 인하여 가로수가 길 위로 넘어져서 교통을 **obstruct** 했다.(= block ; be in the way of ; hinder)

refresh [rifréʃ] → 명 refreshment　　　　　　　통

- 9시간 동안 푹 자고 나서 샤워를 했더니 **refreshed** 해졌다.(= make fresh again)

stagger [stǽgər]　　　　　　　　　　　　　　　　　통

- 상대편 선수에게 강편치를 맞은 그 권투 선수는 **stagger** 했다. 한 번만 더 맞으면 다운될 것 같다.(= walk or stand in an unsteady way)

훔쳐보기

* tuck	• 집어 넣다	* impact	• 충돌, 충격
* brood	• 곰곰이 생각하다	* obstruct	• 방해하다, 막다
	• 새끼, 아이들	* refresh	• 상쾌하게 하다, 기운나게 하다
* crawl	• 기다	* stagger	• 비틀거리다, 휘청거리다
* exchange	• 교환하다, 바꾸다		

universal [jùːnəvə́ːrsəl] 형

• 이제 '환경'은 누구나 관심을 갖는 **universal** 한 주제가 되었다.(= of, for, or by all people)

calculate [kǽlkjəlèit] → 명 calculation 동

• 집을 짓는 데 필요한 비용을 **calculate** 해 보니 약 5억원이 나왔다.(= compute ; estimate)

deliberate [dilíbərèit] 형 형

• 그것은 우연히 발생한 사고가 아니라 그를 죽이려는 **deliberate** 한 시도였다.(= intentional ; done on purpose)

• 그녀는 말과 행동에 있어서 매우 **deliberate** 하다. 결코 성급하게 행동하지 않는다.(= slow and careful)

expert [ékspəːrt] 명

• 어떤 한 분야에 **expert** 가 되기 위해서는 그 분야에서 많은 지식과 경험을 쌓아야 한다.(= a person who has great knowledge or skill in some particular area ; an authority)

infinite [ínfənit] → 명 infinity 형

• 밤하늘에는 셀 수 없을 정도로 **infinite** 한 별들이 있다.(= without limit ; endless ; vast)

outlook [áutlùk] 명 명

• 내년의 경제에 대한 **outlook** 은 밝다.(= prospect)

• 그녀는 삶에 대해 언제나 긍정적인 **outlook** 을 갖고 있다.(= one's point of view ; an attitude)

reluctant [rilʌ́ktənt] → 명 reluctance 형

• 그는 운전을 험하게 하기 때문에, 그에게 차를 빌려주기가 **reluctant** 하다.(= unwilling ; hesitant)

stout [staut] 형

• 그는 나이가 들어감에 따라 **stout** 해져서, 과거에 입었던 옷들이 맞지 않

훔쳐보기

* universal	• 보편적인, 일반적인, 전체적인	* infinite	• 무한한, 거대한, 끝없는
* calculate	• 계산하다, 산출하다, 어림잡다	* outlook	• 전망
* deliberate	• 의도적인, 계획적인		• 견해, 태도
	• 신중한	* reluctant	• ~하기를 꺼리는, 내키지 않는
* expert	• 전문가	* stout	• 다소 살찐, 뚱뚱한

왔다.(= rather fat)

vast [væst]   형
- 지금 내 앞에는 끝이 안보일 정도로 **vast** 한 사막이 펼쳐져 있다.(= very great in size, amount, degree, etc.)

chaos [kéiɑs] → 형 chaotic   명
- 그녀의 방은 책과 옷들이 잘 정리되어 있지만, 나의 방은 **chaos** 상태이다.(= complete confusion; great disorder)

deserve [dizə́:rv]   동
- 열심히 일하는 사람은 많은 월급을 **deserve** 할 만하다.(= be worthy of; merit)

fatal [féitl]   형
- 칼에 찔린 상처는 **fatal** 해서, 그 군인은 그날 밤에 사망했다.(= causing death; deadly)

intellectual [ìntəléktʃuəl] → 명 intellect   형 형
- 네가 책을 많이 읽는다면 **intellectual** 한 능력이 향상될 것이다.(= of the intellect or understanding)
- 바둑과 체스는 **intellectual** 한 게임이다.(= requiring use of brain)

patron [péitrən]   명
- 그는 그 오케스트라의 **patron** 으로서 오케스트라의 운영을 위해 매년 얼마의 돈을 기부하고 있다.(= a person who supports or helps another person, a group, or an institution)

resolution [rèzəlú:ʃən] → 동 resolve   명 명
- 그는 그 문제에 있어서는 **resolution** 을 보여 주고 있다. 그의 이런 태도는 변하지 않을 것이다.(= the quality of being firm and determined)
- 새해에 담배를 끊기로 한 **resolution** 을 지키기 바란다.(= a firm decision)

훔쳐보기

* vast	• 거대한, 광활한	• 머리를 쓰는, 지적인
* chaos	• 혼란, 무질서	* patron • 후원자
* deserve	• ~할 가치가 있다, 받을 만하다	* resolution • 단호함, 확고함, 결의
* fatal	• 치명적인, 중대한	• 결심, 결정
* intellectual	• 지적인, 지성의	

stubborn [stʌ́bərn]　　　　　　　　　　　　　　　　　　형

• 그 *stubborn* 한 아이는 어느 누구의 말도 들으려 하지 않는다.(= insisting on having one's own way; obstinate)

wage [weidʒ]　　　　　　　　　　　　　　　　　　　　　명

• 그가 회사에서 받는 *wage* 는 주당 500달러다.(= money paid to an employee for work done)

clarify [klǽrəfài] → 명 clarification　　　　　　　　　　동

• 학생들이 이해를 못했기 때문에, 그녀는 도표를 보여줌으로써 그녀가 말하고자 하는 것을 *clarify* 했다.(= make clear or easier to understand)

diminish [dəmíniʃ]　　　　　　　　　　　　　　　　　　동

• 그 부대에서는 식량 공급이 원활하지 않자 일인당 배급량을 *diminish* 했다.(= make or become smaller in size, amount or importance)

flap [flæp]　　　　　　　　　　　　　　　　　　　　　　동

• 깃발이 바람에 *flap* 하고 있다.(= swing loosely and noisily ; flutter)

junk [dʒʌŋk]　　　　　　　　　　　　　　　　　　　　　명

• 그는 낡고 사용하지 않는 *junk* 들을 고물상에게 팔아 약간의 돈을 얻었다.(= old or worthless material)

permanent [pə́:rmənənt] → 명 permanence　　　　　　　형

• 그는 임시 일자리가 아니라 *permanent* 한 일자리를 원하고 있다.(= lasting for a long time ; forever)

rigid [rídʒid]　　　　　　　　　　　　　　　　　　　　　형

• 어떤 학생들은 학교의 *rigid* 한 규칙에 대해 불평하고 있다. 학생들에게 자유가 없는 것처럼 보인다.(= strict ; not changing)

succession [səkséʃən] → 동 succeed 형 successive　　명 명

• 최근 며칠 동안은 찌는 듯한 더위의 *succession* 이었다.(= a number of persons or things that follow one after another)

훔쳐보기

* stubborn	• 완고한, 고집센	* flap	• 펄럭이다, 나부끼다
* wage	• 임금	* junk	• 폐품, 쓰레기
* clarify	• 분명하게 하다,	* permanent	• 영구적인, 지속되는
	이해하기 쉽게 하다	* rigid	• 엄격한
* diminish	• 줄이다, 작아지다, 약화시키다	* succession	• 연속, 계속

• 왕위의 ***succession*** 에서 찰스 왕자가 첫 번째고, 윌리엄 왕자가 두 번째 다.(= the order, right, or act of succeeding to a title, throne, or estate.)

yield [ji:ld]　　　　　　　　　　　　　　　　　　　　　　　　통 통

• 비옥한 이 땅은 매년 좋은 곡식들을 ***yield*** 한다.(= produce; bear)
• 우리는 최신 무기로 무장한 적들과 맞서 싸우다가 결국 그들에게 ***yield*** 하고 말았다.(= surrender)

acknowledge [əknɑ́lidჳ, ik-] → 명 acknowledgment　　　통

• 그는 솔직하게 자신의 실수를 ***acknowledge*** 했다.(= admit to be true)

commercial [kəmə́:r/ʃəl] → 명 commerce　　　　　　　　형 명

• 동해 바다에서 유전이 발견되었지만 ***commercial*** 한 가치는 없는 것으로 판명되었다.(= mainly concerned with making money)
• TV 프로그램 사이의 수많은 ***commercial*** 때문에 시청자들이 짜증을 내는 경우가 많다.(= a radio or TV advertisement)

dispose [dispóuz] → 명 disposal　　　　　　　　　　　통 통

• 10여 개의 의자를 원형으로 ***dispose*** 했다.(= arrange)
• 냄새 나는 쓰레기를 빨리 ***dispose of*** 해라.(= get rid of)

fragrance [fréigrəns] → 형 fragrant　　　　　　　　　　　　명

• 커피의 ***fragrance*** 가 방안을 가득 채웠다.(= a sweet or pleasant smell)

liquid [líkwid]　　　　　　　　　　　　　　　　　　　　　　　명

• 물은 섭씨 0도 이하일 때는 고체 상태고, 섭씨 0도와 100도 사이에 있을 때는 ***liquid*** 상태다.(= substance not solid or gas)

plunge [plʌndჳ]　　　　　　　　　　　　　　　　　　　　　　통

• 어떤 사람이 물에 빠진 아이를 구하려고 절벽에서 물 속으로 ***plunge*** 했다.(= dive or rush; throw oneself)

훔쳐보기

	• 계승, 상속권	* dispose	• 배열하다
* yield	• ~을 낳다, 산출하다		• 처리하다, 제거하다
	• 굴복하다, 항복하다	* fragrance	• (좋은) 냄새, 향기
* acknowledge	• 인정하다	* liquid	• 액체
* commercial	• 상업적인, 이윤의	* plunge	• 뛰어들다, 던져넣다
	• TV, 라디오 광고		

salute [səlú:t] 통

- 국기가 올라갈 때, 군인들은 그 자리에 멈춰 서서 국기를 향해 **salute** 했다.(= honor by raising the right hand to the forehead)

surmount [sərmáunt] 통

- 그 회사는 작년에 몇 가지 어려움을 **surmount** 하고, 지금은 안정된 상태로 계속 발전해 가고 있다.(= get the better of; overcome)

anguish [ǽŋgwiʃ] 명

- 그녀의 사랑스런 강아지를 잃어버린 것은 그녀에게 참을 수 없는 **anguish** 였다.(= strong pain; suffering of body or mind)

complicate [kámpləkèit] → 명 complication 통

- 그는 그의 생일 날, 애인뿐만 아니라 과거의 여자 친구를 초대해서 상황을 **complicate** 했다.(= make more difficult or more complex)

dodge [dɑdʒ] 통

- 그 권투 선수는 몸을 숙여서 상대방의 펀치를 **dodge** 했다.(= move quickly to one side)

gasp [gæsp] 통

- 그 마라톤 선수는 42.195km를 뛰고 난 후에 **gasp** 했지만 곧 호흡이 정상으로 돌아왔다.(= take short quick breaths with difficulty)

magnificent [mægnífəsənt] → 명 magnificence 형

- 그 산의 정상에서 내려다 본 경치는 평생 잊을 수 없을 만큼 **magnificent** 했다.(= very beautiful or impressive; splendid)

predict [pridíkt] → 명 prediction 형 predictable 통

- 어느 누구도 **predict** 하지 못했던 결과가 나왔기 때문에 우리는 깜짝 놀랐다.(= say what will happen in the future; foretell)

scrape [skreip] → 명 scrape 통

- 그는 딱딱한 찌꺼기가 붙어 있는 프라이팬을 깨끗이 **scrape** 했다.(=

훔쳐보기

* salute	• 거수경례하다	* gasp	• 숨을 헐떡이다
* surmount	• 극복하다, 이겨내다	* magnificent	• 웅장한, 화려한, 인상깊은
* anguish	• 고뇌, 고통	* predict	• 예언하다, 예고하다
* complicate	• 어렵게 하다, 곤란하게 하다	* scrape	• 문질러 닦아내다, 깨끗이 하다
* dodge	• 재빨리 피하다		

make smooth or clean by rubbing with a tool or with something rough)

tactful [tǽktfəl] → 명 tact 　　　　　　　　　　　　　　　　　형
- 네가 그녀에게 말할 때는 ***tactful*** 해야 할 것이다. 얼마 전에 그녀의 남편이 사망했기 때문이다.(= careful not to say or do things that could offend people)

approximate [əprάksəmèit] → 동 approximate 　　　　　　　　形
- 그 학교의 ***approximate*** 한 학생 수는 500명이다. 정확한 학생 수는 알지 못한다.(= almost correct but not exact ; very similar)

conceive [kənsíːv] → 명 conception 　　　　　　　　　　　　　동 동
- 이전의 발명가들은 새의 비행 모습을 관찰함으로써 '비행기'의 개념을 ***conceive*** 했다.(= think of and develop an idea)
- 그 기계의 작동 원리를 ***conceive*** 하기가 어렵다.(= understand)

duck [dʌk] 　　　　　　　　　　　　　　　　　　　　　　　　　동
- 그는 키가 커서 천장이 낮은 곳에 들어갈 때는 ***duck*** 해야만 했다.(= move or lower the head or body)

gossip [gάsip / gɔ́s-] 　　　　　　　　　　　　　　　　　　　名
- 그들이 나를 보자마자 얘기를 멈춘 것을 보면, 그들이 나에 관한 ***gossip*** 을 하고 있는 것임에 틀림없다.(= useless and sometimes harmful talk, often not true, about other people)

mend [mend] 　　　　　　　　　　　　　　　　　　　　　　　동
- 그녀는 바늘과 실로 양말의 구멍난 곳을 ***mend*** 했다.(= repair; fix)

procedure [prəsíːdʒər] 　　　　　　　　　　　　　　　　　　名
- 초보자가 프린터를 설치하는 것은 복잡한 ***procedure*** 인 것처럼 느껴진다.(= a way or method of doing something)

shiver [ʃívər] 　　　　　　　　　　　　　　　　　　　　　　동
- 추운 날씨에 얇은 옷을 입은 그는 버스 정류장에서 버스가 빨리 오기를

훔쳐보기

* tactful	• 요령있는, 신중한	* gossip	• 험담, 쑥덕공론
* approximate	• 대략적인, 근사의	* mend	• 고치다, 수선하다
* conceive	• 생각해내다, 상상하다	* procedure	• 방법, 과정, 행위
	• 이해하다	* shiver	• 추위 또는 공포로 떨다
* duck	• 몸을 수그리다		

기다리며 **_shiver_** 하고 있었다.(= shake, often from cold or fear; tremble)

terrify [térəfài] → 웹 terrific   동

- 그녀가 비행기를 타는 것에 **_terrified_** 해서, 어쩔 수 없이 우리들은 기차를 타고 갔다.(= frighten greatly; cause terror or great fear)

attain [ətéin] → 웹 attainment   동

- 그녀는 몇 권의 베스트셀러 책을 써서, 작가로서의 명성을 **_attain_** 했다.(= accomplish or reach by efforts)

consent [kənsént] → 웹 consent   동

- 그녀의 아버지는 그녀가 톰과 결혼하는 것을 흔쾌히 **_consent_** 했다.(= agree; give approval)

elevate [éləvèit] → 웹 elevation   동

- 거인은 한 손으로 자동차의 뒷부분을 위로 가볍게 **_elevate_** 했다.(= raise; life up)

grumble [grʌ́mbəl]   동

- 그가 TV를 한참 재밌게 보고 있을 때 어머니가 그에게 심부름을 시켜서 그는 **_grumble_** 했다.(= complain in a low unpleasant manner or voice)

mock [mɑk]   동

- 이전에는 많은 사람들이 코페르니쿠스의 지동설을 말도 안되는 엉뚱한 소리라고 **_mock_** 했다.(= make fun of; ridicule)

property [prɑ́pərti]   명 명

- 형이 결혼한 후에 형의 컴퓨터는 나의 **_property_** 가 되었다.(= something that is owned)
- 그는 도시 근교에 사두었던 **_property_** 값이 올라서 부자가 되었다.(= land and buildings; real estate)

slaughter [slɔ́:tər] → 웹 slaughter   동

- 그 나라의 군인들은 이웃 나라에 침입하여 그곳에 사는 사람들을 총과

훔쳐보기

* terrify	• 두렵게 하다, 무섭게 하다		투덜거리다
* attain	• 얻다	* mock	• 비웃다, 조롱하다
* consent	• 동의하다, 허가하다	* property	• 소유물, 재산
* elevate	• 들어올리다		• 땅, 건물, 부동산
* grumble	• (낮은 소리로) 불평하다,	* slaughter	• 학살하다

칼로 무참하게 ***slaughter*** 했다.(= kill in large numbers, especially in a cruel way)

toll [toul]　　　　　　　　　　　　　　　　　　　　　　명

• 그 섬과 육지를 연결하는 다리를 통과하는 차량은 ***toll*** 을 지불해야 한다.(= a tax or fee paid for the use of a bridge, highway, etc.)

banish [bǽniʃ]　　　　　　　　　　　　　　　　　　　　통

• 독재 정권 시절에는 정부를 비판한 사람들은 국외로 ***banished*** 당했다.(= force to leave a country or place ; exile)

contaminate [kəntǽmənèit] → 명 contamination　　　　통

• 공장에서 나오는 폐수는 하천을 ***contaminated*** 했다.(= make dirty, impure, unfit for use)

entertain [èntərtéin] → 명 entertainment　　　　　　통 통

• 그는 그의 집을 찾아온 친구들에게 저녁 식사를 ***entertain*** 했다.(= give a party ; have as a guest)

• 그는 파티에 마술사를 초대해서 아이들을 ***entertain*** 했다.(= amuse)

heir [ɛər]　　　　　　　　　　　　　　　　　　　　　　명

• 그가 사망했을 때, 그가 남긴 재산의 유일한 ***heir*** 는 그의 딸이었다.(= a person legally in line to receive property when someone dies)

naughty [nɔ́:ti]　　　　　　　　　　　　　　　　　　　형

• "동생이 아끼는 인형의 목을 부러뜨리다니, 너는 정말 ***naughty*** 한 아이구나."(= behaving badly; not obeying)

quiver [kwívər]　　　　　　　　　　　　　　　　　　　통

• 나뭇잎이 산들바람에 ***quiver*** 하고 있다.(= shake slightly ; tremble)

sole [soul]　　　　　　　　　　　　　　　　　　　　　형

• 비행기 추락 사고에서 살아 남은 ***sole*** 의 생존자는 15세의 소년뿐이다.(= only; single)

훔쳐보기

* toll	• 통행료, 사용료	* heir	• 상속인, 계승자
* banish	• 추방하다, 쫓아내다	* naughty	• 못된, 행실이 나쁜,
* contaminate	• 오염시키다		말썽꾸러기인
* entertain	• 대접하다, 음식물을 내놓다	* quiver	• 떨다, 떨리다
	• 즐겁게 하다	* sole	• 유일한

tread [tred] → 명 tread   동 동
- 그녀는 버스에서 나의 발을 ***tread*** 했는데, 나에게 미안하다는 말 한마디 하지 않았다.(= press with the feet)
- 그녀는 구두를 신고 한 시간 동안 진흙탕의 길을 ***tread*** 했다.(= walk on, over, or along)

blot [blɑt] → 동 blot   명
- 내 친구가 나의 옷에 잉크를 쏟아서 옷에 ***blot*** 이 생겼다.(= a spot; stain)

convention [kənvénʃən] → 형 conventional   명 명 명
- 처음 만난 사람끼리 악수를 하는 것은 사회의 ***convention*** 이다.(= a traditional way of behaving or of doing something)
- 그는 서울에서 열리는 영어 교사의 전국 ***convention*** 에 참석했다.(= a large meeting for a particular purpose)
- 두 나라는 무역에 관하여 새로운 ***convention*** 을 맺었다.(= a formal agreement among countries)

establish [istǽbliʃ] → 명 establishment   동
- 그 회사는 1950년경 그의 아버지에 의해 ***established*** 되었다.(= set up; found)

identical [aidéntikəl, i-] → 명 identity   형
- 너와 네 동생의 목소리가 ***identical*** 하기 때문에, 전화로 들으면 구별할 수 없다.(= exactly alike)

notion [nóuʃən]   명
- 비행기가 기차보다 안전하다는 것이 그의 ***notion*** 이다.(= an opinion or belief; an idea)

recipe [résəpì:]   명
- 네가 만든 음식은 매우 맛있다. 어떻게 만들었는지 나에게 그 음식의 ***recipe*** 을 알려달라.(= directions for cooking food)

훔쳐보기

* tread	• 밟다		• 협정
	• ~을 따라 걷다	* establish	• 설립하다, 창립하다
* blot	• 얼룩, 더러움	* identical	• 동일한, 똑같은
* convention	• 관습, 관례	* notion	• 생각, 견해, 의견
	• 회의, 모임, 집회	* recipe	• 요리법

sphere [sfiər] 영

- 지구, 화성, 목성 등과 같은 행성은 기둥이나 육면체가 아니라 **sphere** 의
  형태로 되어 있다.(= any round object shaped like a ball)

tug [tʌg] → 명 tug 동

- 두 마리의 말이 마차를 언덕 위까지 **tug** 했다.(= pull hard at with much
  effort)

brook [bruk] 명

- 아이들이 동네 근처의 **brook** 에서 작은 물고기를 잡고 있었다.(= small
  stream of water)

creep [kri:p] 동

- 아기들은 걷기 전에 엉금엉금 **creep** 한다.(= crawl; move with the body
  close to the ground)

exclaim [ikskléim] 동

- 그는 큰 소리로 "그녀가 다쳤어요! 도와주세요"라고 **exclaim** 했다.(= cry
  out or speak suddenly with anger, surprise, pleasure, etc)

implement [ímpləmənt] → 동 implement 명

- 열쇠가 없어도 적당한 **implement** 만 있으면 잠겨 있는 문을 열 수 있
  다.(= something used for a particular task; a tool or instrument)

obvious [ábviəs] 형

- 그의 얼굴 표정과 말투를 보니, 그가 거짓말을 하고 있음이 **obvious** 하
  다.(= easy to see or understand; clear; evident)

refuge [réfju:dʒ] → 명 refugee 명

- 산에서 걷고 있을 때 갑자기 소나기가 쏟아지자, 우리는 소나기를 피할
  수 있는 **refuge** 를 찾았다.(= a shelter or protection from danger or trouble)

stain [stein] → 명 stain 동

- 그는 자신의 옷에 커피를 쏟아서 옷을 **stain** 했다.(= make dirty)

훔쳐보기

* sphere	• 구(球)	* implement	• 도구, 기구
* tug	• 세게 끌다, 잡아당기다	* obvious	• 분명한, 명백한
* brook	• 시내, 개울	* refuge	• 피난처, 보호소
* creep	• 기다	* stain	• 더럽히다, 얼룩지게 하다
* exclaim	• 외치다		

• 그녀는 케첩을 엎질러서 테이블 보를 *stain* 했다.

uphold [ʌphóuld]　　　　　　　　　　　　　　　　　　　　　　　　동

• 고등법원은 피고가 무죄라는 1심의 판결을 그대로 *uphold* 했다. 원고는 고등법원의 판결에 불복해서 대법원에 상고했다.(= support; agree with; declare to be right)

campaign [kæmpéin]　　　　　　　　　　　　　　　　　　　　　　명

• 많은 사람들(유권자)과 악수하는 것은 선거 *campaign* 의 중요한 부분이다.(= organized activity to gain a goal)

delicate [délikət, -kit]　　　　　　　　　　　　　　　　　　　형 형

• 일반적으로 접시는 *delicate* 하기 때문에 조심해서 다루어야 한다.(= easily broken ; fragile)

• 기본 예제들을 학습하고 나서, 선생님은 학생들이 이해하기가 *delicate* 한 문제를 다루었다.(= needing careful handling)

exploit [éksplɔit, iksplɔ́it / iksplɔ́it]　　　　　　　　　　　　동 명

• 그 악덕 경영자는 근로자에게 많이 일을 시키고, 보다 적은 임금을 지급함으로써 그들을 *exploit* 했다.(= treat unfairly)

• 그 군인은 간첩 두 명을 사살하는 *exploit* 으로 훈장을 받고 1계급 특진했다.(= a brave or heroic act)

ingredient [ingríːdiənt]　　　　　　　　　　　　　　　　　　　명

• 그 빵의 주요 *ingredient* 들은 밀가루, 우유, 버터다.(= one of the parts of a mixture or combination)

outrage [áutrèidʒ] → 형 outrageous　　　　　　　　　　　　　동

• 지역 감정을 자극하는 그의 발언은 그 지역 주민들을 *outrage* 했다.(= make very angry ; shock)

remarkable [rimáːrkəbəl] → 동 remark　　　　　　　　　　　형

• 그 대형 사고에서 아무도 다치지 않은 것은 *remarkable* 한 일이다.(=

훔쳐보기

* uphold	• 지지하다, 정당하다고 확인하다	* ingredient	• 업적, 공적 • 요소
* campaign	• 정치 행동, 캠페인	* outrage	• 몹시 화나게 하다, 기분을 상하게 하다
* delicate	• 약한, 깨지기 쉬운 • 주의를 요하는, 하기 어려운	* remarkable	• 주목할 만한, 현저한, 놀랄 만한
* exploit	• 착취하다, 부당하게 이용하다		

worthy of attention ; unusual ; noticeable)

strategy [strǽtədʒi] 명

- 회사에서는 신상품의 판매를 증가시키기 위하여 효과적인 ***strategy*** 를 세웠다.(= planning in order to achieve a goal)

venture [véntʃər] → 동 venture 명

- 그의 비즈니스 ***venture*** 가 성공한다면, 그는 부자가 될 것이다.(= an activity with risk or danger)

characteristic [kæ̀riktərístik] → 명 character 명 형

- 그 동물의 수컷은 암컷과 구별되는 몇 가지 ***characteristic*** 이 있다.(= a special feature or quality)
- 나뭇잎을 태우면 나뭇잎만의 ***characteristic*** 한 냄새가 난다.(= showing a special feature or quality ; typical)

designate [dézignèit] → 명 designation 동 동

- 도면 위에 동그랗게 표시된 것들은 우리 회사의 지점들을 ***designate*** 한 것이다.(= point out)
- 모임의 회장은 내년 회계 담당으로 그녀를 ***designate*** 했다.(= appoint ; choose)

fate [feit] 명

- 우리가 이 곳에서 다시 만난 것은 우연이 아니라 ***fate*** 다.(= the power that some people believe controls everything that happens ; destiny)

intention [inténʃən] → 동 intend 명 intent 형 intentional 명

- 나는 이 계획을 바꿀 ***intention*** 이 전혀 없다.(= purpose ; plan)
- 우리의 처음 ***intention*** 은 아침 일찍 출발하는 것이었다.

pave [peiv] → 명 pavement 동

- 도로를 새로 ***pave*** 하기 위해 차선 두 개를 막는 바람에 그 도로와 주변 도로가 매우 혼잡하다.(= cover over a road or path with cement or asphalt)

훔쳐보기

* strategy	• 전략, 책략		• 임명하다, 지명하다
* venture	• 모험적 시도, 모험적 사업	* fate	• 운명, 운수, 숙명
* characteristic	• 특성, 특징	* intention	• 생각, 의도, 의향, 의사
	• 독특한, 특유의	* pave	• 도로를 포장하다
* designate	• 가리키다, 칭하다		

resource [rí:sɔ:rs, -zɔ:rs, risɔ́:rs, -zɔ́:rs] 명

- 내가 얻고 있는 정보의 **resource** 는 신문이다.(= something that a person or country has or can use)

stuff [stʌf] → 통 stuff 명

- 그는 주머니의 모든 **stuff** 들을 꺼내서 책상 위에 놓았다.(= a number of different things)

clash [klæʃ] → 명 clash 통

- 아군과 적군은 국경 부근에서 **clash** 해서 아군과 적군 모두 100여명이 전사했다.(= fight or disagree seriously)

dip [dip] 통 통

- 그녀는 수영장의 물이 얼마나 차가운가를 알아 보려고 발끝을 물에 **dip** 했다.(= put something into a liquid for a moment)
- 오후 6시쯤 바다를 보니 태양이 지평선 너머로 **dip** 하고 있었다.(= go down; drop slightly)

flatter [flǽtər] 통

- 그는 언제나 직장 상사에게 **flatter** 한다. 예를 들면 상사의 '옷이 멋있다', '젊어 보인다', '뛰어난 능력을 가지고 계신다' 등이다.(= compliment someone in order to win favor)

laboratory [lǽbərətɔ̀:ri] 명

- 노벨상을 받은 과학자는 실험을 하기 위해 대부분의 시간을 **laboratory** 에서 보냈다고 한다.(= a room or building with scientific equipment for doing scientific tests and experiments)

perplex [pərpléks] 통

- 그녀는 남편의 갑작스런 이상한 행동에 **perplexed** 되었다.(= confuse; puzzle)

riot [ráiət] → 통 riot 명

- 그 도시에서 발생한 **riot** 을 진압하기 위해 경찰과 군대가 투입되었

훔쳐보기

* resource	• 자원	* flatter	• 아첨하다
* stuff	• 여러 물건	* laboratory	• 연구소, 실험실
* clash	• 충돌하다	* perplex	• 당황하게 하다, 혼란시키다
* dip	• 살짝 담그다	* riot	• 폭동
	• 내려가다, 떨어지다		

다.(= a disturbance created by a large number of people)

sufficient [səfíʃənt] 　　　　　　　　　　　　　형

- 그는 벽에 칠할 페인트가 부족하지 않도록 **sufficient** 한 양을 구입했다.(= enough for the need; adequate)

vocabulary [voukǽbjəlèri] 　　　　　　　　　　　명

- 영어 독해를 잘하려면 기본적으로 **vocabulary** 를 늘려야 한다.(= all the words that someone knows, learns, or uses)

zealous [zéləs] 　　　　　　　　　　　　　　　형

- 어머니는 매일 교회에 갈 정도로 교회 다니는 것에 **zealous** 하다.(= enthusiastic; eager)
- 정부 정책의 가장 **zealous** 한 지지자들은 정부의 세금 인상안에 찬성했다.

부 록

관련어 훔쳐보기

A

able 혱 할 수 있는

absent 통 결석하다

absorption 명 흡수

abstention 명 자제, 기권

abstinence 명 금욕, 절제

absurdity 명 불합리, 모순

abundance 명 풍부, 다수, 부유

abuse 명 남용, 악용, 학대

acceptable 혱 받아들일 수 있는,
만족스러운

acceptance 명 받아들임, 승인

accidental 혱 우연한, 사고의

accommodation 명 수용설비, 적응,
조정

accomplishment 명 성취, 완성,
업적

accord 명 일치, 조화

accordance 명 일치, 조화

accumulation 명 축적, 누적

accuracy 명 정확(성)

accusation 명 고발, 고소

accused 명 피고인

achievement 명 성취, 업적

acknowledgment 명 승인, 인정,
감사

acquaintance 명 아는 사이,
알고 있음

acquisition 명 획득

adaptable 혱 적응할 수 있는

adaptation 명 적응, 적합, 개조

adherence 명 고수, 집착

adjustment 명 조정, 조절

admiration 명 감탄

admission 명 입학, 입장

admittance 명 입장허가, 입장권

adoption 명 양자입양, 채택, 채용

advance 명 전진, 진보

advanced 혱 진보한, 진보적인

advantageous 혱 유리한, 이로운

advertisement 명 광고

advice 명 충고, 조언, 권고

affectation 명 가장, 꾸밈

affectionate 혱 애정이 깊은, 다정한

agitation 명 뒤섞기

aim 통 겨누다, 목표삼다

alarm 통 놀라게 하다

alert 통 주의하다, 경고하다

alert 명 경계, 경보

allocation 명 배당, 배급

alteration 명 변경, 개조

alternate 통 교대시키다, 교체하다

amusement 명 즐거움, 재미

announcement 명 발표, 공고

annoyance 명 성가심

anticipation 명 예상

apology 명 사과, 사죄

appeal 명 애원, 간청, 호소

applause 명 박수 갈채

appliance 명 기구, 장치

applicable 혱 적용(응용)할 수 있는

applicant 명 신청자, 지원자

application 몡 적용, 응용, 신청

appreciable 톙 감지할 수 있는

appreciation 몡 감상, 이해, 감사

appreciative 톙 감사하는,
　　　　　　　　식별할 수 있는

approach 몡 접근

approval 몡 찬성, 승인

approximate 퇭 접근하다, 가깝다

argument 몡 논의, 주장, 논쟁

arrangement 몡 정돈, 배열, 협정

array 몡 정렬

arrest 몡 체포

assembly 몡 집회, 모임

assent 몡 동의, 찬성

assignment 몡 할당, 임명

assimilation 몡 동화, 융화

assistance 몡 도움, 지원

association 몡 연합, 협회, 연상,
　　　　　　　　교제

assumption 몡 가정, 가설

assurance 몡 보증, 확신, 보장

astonishment 몡 경악

atomic 톙 원자의

attachment 몡 부착

attack 몡 공격

attainment 몡 달성

attempt 몡 시도

attendance 몡 출석, 시중

attention 몡 주의, 주목

attentive 톙 주의 깊은

attraction 몡 끌어당김, 매력

authoritative 톙 권위 있는

authorize 퇭 권한을 부여하다

avoidable 톙 피할 수 있는

avoidance 몡 도피, 기피

awareness 몡 자각, 인식

awe 몡 두려움

B

bait 퇭 미끼를 달다, 유혹하다

bankruptcy 몡 파산

bargain 퇭 흥정하다, 계약하다

base 몡 기초, 기반

battle 퇭 싸우다

beat 몡 때림, 박자, 규칙적인 소리

behavior 몡 행동, 행실

bend 몡 굽음, 굽힘, 인사

beneficent 톙 친절한

beneficial 톙 유익한, 이로운

betrayal 몡 배반

bid 몡 입찰, 시도

bitterly 튁 몹시, 심하게

blame 퇭 비난하다,
　　　　　　－의 탓으로 돌리다

blank 몡 공백, 여백

blaze 퇭 타오르다, 빛나다

blindness 몡 맹목, 무분별

bloom 몡 꽃, 개화

blossom 몡 꽃, 개화

blot 퇭 더럽히다

blow 몡 바람, 강풍, 강타

blunder 퇭 실수하다

blur 몡 흐림, 더러움

boast 몡 자랑

boastful 톙 자랑하는

boom 몡 쿵 소리, 인기

bow 명 절, 인사

bravery 명 용감

breath 명 호흡

breeze 통 산들바람이 불다

bribe 통 뇌물을 주다, 매수하다

bridegroom 명 신랑

brute 명 짐승

budget 통 예산을 세우다

bulge 명 부풀기, 팽창

bump 명 충돌

burial 명 매장(식)

C

calculation 명 계산, 추정

calm 통 가라앉(히)다

capability 명 능력, 재능

carelessness 명 부주의

celebration 명 축하

ceremonial 형 의식의

challenge 명 도전

chance 통 우연히 일어나다

charitable 형 자비심 많은

charm 명 매력

charming 형 매력적인

chase 명 추적, 추격

cheerful 형 명랑한, 유쾌한

chill 명 냉기, 한기

circulation 명 순환

civilize 통 문명화하다

claim 명 요구, 청구, 주장

clamor 명 외침, 부르짖음

clap 명 박수

clarification 명 맑게 함, 설명

clash 명 충돌, 부딪치는 소리

classification 명 분류

cluster 명 무리, 집단

clutch 명 꽉 잡음, 움켜쥠

collapse 명 붕괴

collection 명 수집(물)

collision 명 충돌

colonial 형 식민(지)의

combat 통 싸우다

combination 명 결합, 연합

comfortable 형 편안한, 마음편한

command 명 명령

commendable 형 칭찬할만한

comment 통 비평하다, 논평하다

commerce 명 상업, 통상

comparable 형 —와 비교할 수 있
는, 유사한

comparative 형 비교의, 상대적인,
상당한

comparison 명 비교, 유사

compensation 명 배상, 보상

competition 명 경쟁, 시합

competitive 형 경쟁의

complaint 명 불평, 불만

complete 형 전부의, 완전한

completion 명 완성

complex 명 합성물, 컴플렉스

complication 명 복잡

compliment 통 칭찬하다

composition 명 구성, 작문, 작곡

comprehension 명 이해(력)

comprehensive 형 이해가 빠른,
포괄적인

compression 몡 압축, 요약

compromise 통 타협(화해)시키다

concealment 몡 숨김, 은폐

concentration 몡 집중

conception 몡 개념, 생각, 착상

concern 몡 관련, 관계

conclusion 몡 결론, 결말

condensation 몡 응축, 응결

confer 통 협의하다, 수여하다

confession 몡 자백, 고백

confirmation 몡 확정, 확증, 확인

conflict 몡 투쟁, 충돌, 모순

conformity 몡 비슷함, 적합

confusion 몡 혼동, 혼란, 당황

congratulation 몡 축하

conquest 몡 정복

conscientious 혱 양심적인

consciousness 몡 자각, 의식

consent 몡 동의, 승낙

conservation 몡 보존, 보호

conservative 몡 보수주의자

consideration 몡 고려, 숙고

consistency 몡 일관성

consolation 몡 위로, 위안

construction 몡 건설, 건축, 구조

consultant 몡 상담역

consultation 몡 상의, 상담

consumer 몡 소비자

consumption 몡 소비, 소모

contact 통 접촉하다, 연락하다

contamination 몡 오염

contemplation 몡 숙고, 명상

continual 혱 계속적인, 빈번한

continuous 혱 끊임없는, 연속적인

contradiction 몡 부정, 모순

contradictory 혱 모순된

contribution 몡 기부, 기고

convenience 몡 편의, 편리

conventional 혱 전통(관습)적인

conversion 몡 전환, 개조

conveyance 몡 운반, 전달

conviction 몡 설득, 확신, 유죄판결

cooperation 몡 협력, 협동

copy 통 베끼다, 복사하다

cordiality 몡 진심, 충정

correspondence 몡 일치, 조화, 통신

correspondent 몡 통신인, 특파원

corrupt 통 타락시키다

corruption 몡 타락, 부패

counsel 몡 상담, 조언

courageous 혱 용감한

crack 몡 갈라진 금, 틈

crash 몡 추락, 충돌

creation 몡 창조, 창조물

creative 혱 창조적인, 독창적인

creature 몡 창조물, 생물

criminal 몡 범인, 범죄자

critic 몡 비평가

cruelty 몡 잔인(성)

cultivation 몡 경작

cure 몡 치유, 치료

curiosity 몡 호기심

D

damage 통 손해를 입히다

damp 통 축축하게 하다

damp 명 습기

deafness 명 귀먹음

debate 명 토론, 논쟁

decay 명 쇠퇴, 부식

deceit 명 사기, 기만

deception 명 속임

decision 명 결정, 결심, 결단(력)

declaration 명 선언, 발표

decline 명 감퇴, 쇠퇴

decoration 명 장식

decrease 명 감소

dedication 명 바침, 헌납, 헌신

defeat 명 패배

defense 명 방어, 수비

defiance 명 도전, 무시

defiant 형 도전적인, 반항적인

definition 명 정의, 한정

delay 명 지연, 연기

delight 명 기쁨, 즐거움

delightful 형 즐거운, 매우 기쁜

deliverance 명 구출, 구조, 석방

delivery 명 배달

demand 명 요구, 요청, 수요

demolition 명 파괴

demonstration 명 논증, 증명, 시위

denial 명 부정, 부인

density 명 밀도

departure 명 출발

dependence 명 의존

dependent 형 의지하는, 의존하는

deposit 명 예금, 침전물

depression 명 우울, 불황

description 명 묘사, 서술

designation 명 가리킴, 임명

desire 명 욕구, 갈망

desolation 명 쓸쓸함, 황량함

despair 통 절망하다

destruction 명 파괴

detection 명 탐지, 발견

detective 명형 탐정, 탐정의

determination 명 결심, 결정, 결단

development 명 발달, 개발

devotion 명 전념, 헌신

diagnosis 명 진단

dictation 명 구술, 받아쓰기, 명령

dictator 명 독재자, 구술자

difference 명 다름, 차이

different 형 다른, 별개의

digest 명 요약, 개요

digestion 명 소화

dim 통 흐려지다

direction 명 방향, 관리, 명령

disappearance 명 사라짐, 소멸

disappointment 명 실망

disastrous 형 재난의, 비참한

discharge 명 발사, 방출, 해방

discipline 통 훈련하다, 징계하다

disclosure 명 폭로

discovery 명 발견

discussion 명 토론, 토의

dismay 명 당황, 놀람

dismissal 명 해산, 해고

display 명 전시, 진열

disposal 명 처분, 처리

dispute 명 논쟁, 언쟁, 싸움

distant 형 거리가 먼

distinction 명 구별, 차이

distinctive 형 특이한, 독특한

distortion 명 왜곡, 뒤틀림

distress 동 괴롭히다

distribution 명 분배, 배포

disturbance 명 방해, 소란

division 명 분할, 분배

document 동 서류로 입증하다

domination 명 지배, 군림

doubt 명 의심

doubtful 형 의심스러운

drain 명 배수, 배출

dreadful 형 무서운

drift 명 표류

drip 명 방울져 떨어지기,
　　　　물방울 소리

drop 명 (액체) 방울

dump 명 쓰레기 버리는 곳

duplicate 동 복사하다

dusty 형 먼지가 많은

dutiful 형 의무감이 있는

dwarf 동 작게 하다, 위축시키다

dye 명 염료

E

earnings 명 소득, 수입

echo 동 울려 퍼지다

edition 명 (초판 등의) 판

editor 명 편집자

editorial 명 사설, 논설

education 명 교육, 훈련

efficiency 명 능률, 효율

elaborate 형 공들인, 정교한

election 명 선거

elevation 명 높이, 높임, 들어올림

elimination 명 제거

embarrassment 명 당황, 난처

embrace 명 포옹

emigrant 명 이주자

emigration 명 (외국으로의) 이주,
　　　　　　　이민

emission 명 발산, 내뿜음

emotional 형 감정적인

emphasize 동 강조하다

employee 명 종업원

employer 명 고용주

employment 명 고용, 사용

engagement 명 약속, 계약, 약혼,
　　　　　　　고용

entertainment 명 환대, 연예, 오락

enthusiastic 형 열광적인

envious 형 부러워하는, 질투하는

envy 명 질투, 선망

equality 명 같음, 평등

erect 형 똑바로 선

erection 명 직립

establishment 명 설립, 제정

estimate 명 평가, 견적

eternity 명 영원, 영구

excellence 명 우수

exception 명 제외, 예외

excessive 형 지나친, 과도한

exchange 명 교환

excitement 명 흥분

exclusion 명 제외, 배제

execution 명 실행, 집행, 사형집행

executive 명 행정관, 행정부

executive 형 행정적인, 집행력이 있
는, 실행의

exercise 동 운동시키다, 훈련하다

existence 명 존재, 생활

expansion 명 확대, 팽창

expectation 명 기대, 예상

expenditure 명 지출, 경비

experience 동 경험하다

experiment 동 실험하다

explanation 명 설명

exploration 명 탐험, 답사

explosion 명 폭발

export 명 수출

exposure 명 드러냄, 노출

extension 명 연장, 확장

extraction 명 뽑아냄, 채취

finance 동 융자하다

financial 형 재정상의, 재무의

fitness 명 적합, 적절

flaming 형 불타는

flavor 동 맛을 내다

flex 동 구부리다

flexibility 명 유연성, 융통성

flow 명 흐름

fluency 명 유창

flush 명 홍조

forceful 형 힘있는, 강렬한

forgetful 형 잊기 쉬운,
잘 잊어버리는

fragment 동 산산조각이 되다

fragrant 형 향기로운

frame 동 틀에 끼우다, 만들다

frequently 부 자주

frustration 명 좌절, 실패

fulfillment 명 이행, 수행

F

failure 명 실패

faithful 형 성실한, 충실한

fake 동 위조하다

fake 형 가짜의, 모조의

familiarity 명 친함, 잘 앎

famous 형 유명한

fashionable 형 최신유행의

favor 명 찬성, 편애, 친절

fear 동 두려워하다

fearful 형 무서운, 두려운

fertility 명 비옥, 다산

fertilize 동 비옥하게 하다

fictional 형 꾸며낸, 허구의

G

gain 명 이익, 이득

gamble 명 도박

glance 명 흘끗 봄

glare 동 빛나다

gleam 명 섬광, 번쩍임

glimpse 명 흘끗 봄

gloom 명 어둠, 우울

glorious 형 영예로운, 훌륭한

glow 명 불꽃없이 타는 빛

grade 동 등급을 매기다

graduation 명 졸업

grasp 명 꽉 쥐기, 붙들기

greedy 형 욕심많은, 폭식하는

grieve 통 몹시 슬프게 하다

grip 명 붙듦, 잡음

grow 통 성장하다, 자라다

guard 명 감시, 경계, 호위병

guess 명 추측

guilty 형 유죄의

H

habitual 형 습관적인

harmful 형 유해한

harmless 형 해롭지 않은

harmonious 형 조화된, 화목한

harmonize 통 조화하다, 일치하다

harness 명 마구(馬具)

harvest 통 수확하다

hasten 통 서두르(게 하)다

hate 명 미움, 증오

hateful 형 미운, 싫은

hatred 명 증오, 미움

hazard 통 위험을 무릅쓰다

hazardous 형 위험한

heap 통 쌓아 올리다

hesitation 명 망설임

hindrance 명 방해

honorable 형 존경할 만한

horizontal 형 지평(수평)선상의, 수평의

hostility 명 적의, 적대행위

humiliation 명 굴욕, 창피

hurt 명 상처, 아픔, 손해

hush 명 침묵, 고요

I

ideal 명 이상

identification 명 동일함, 신원확인

idle 통 하는 일 없이 지내다

ignorance 명 무지, 무식

illumination 명 조명

illustration 명 실례, 예증, 삽화

imaginative 형 상상력이 풍부한

imitation 명 모방, 모조(품)

immediately 부 즉시, 즉각

immigrant 명 이주민

immigration 명 이주, 입국

implement 통 이행(실행)하다, 도구를 주다

import 명 수입

imposition 명 부과, 세금

improvement 명 개량, 개선, 향상

impulsive 형 충동적인

incidence 명 (사건의) 발생(률)

incidental 형 부수적으로 일어나는

inclination 명 경사, 기울임, 경향

inclusion 명 포함

increase 명 증가

individual 명 개인

industrial 형 산업의, 공업의

infection 명 전염, 감염, 오염

inferiority 명 열등

infinity 명 무한 (시간)

influence 통 영향을 끼치다

influential 형 영향을 미치는, 유력한

inhabitable 형 살기에 적합한

inhabitant 명 주민, 거주자

inheritance 명 상속, 유산

initiative 몡 시작, 독창력

injury 몡 상해, 손상

innocence 몡 무죄, 결백

insistence 몡 주장, 고집

insistent 혱 고집하는, 우기는

inspection 몡 점검, 검사, 조사

inspector 몡 검사자

inspiration 몡 영감

instinctive 혱 본능적인

institute 동 설립하다

instruction 몡 지도, 가르침, 명령

instructor 몡 교사, 지도자

insult 동 모욕하다, 욕보이다

integration 몡 통합

intelligence 몡 지능, 지성

intentional 혱 고의의, 계획된

interest 동 관심을 갖게 하다

interested 혱 마음을 끄는

interesting 혱 재미 있는,
　　　　　　관심을 일으키는

interference 몡 간섭, 방해, 참견

interpretation 몡 해석, 통역

interruption 몡 방해, 중단

intervention 몡 중재, 개입

intimacy 몡 친밀

introduction 몡 도입, 소개, 서론

invasion 몡 침략, 침입

invention 몡 발명(품), 허구

inventive 혱 발명의, 독창적인

investigation 몡 조사, 연구

investment 몡 투자

invitation 몡 초대(장)

involvement 몡 관련시킴, 연루

irritation 몡 짜증나게 함

isolation 몡 격리, 고립

issue 동 나오다, 유래하다

J

jam 몡 꽉 들어참, 혼잡

jealousy 몡 질투

just 혱 올바른, 정당한

K

knock 몡 두드리기, 구타

knowledgeable 혱 박식한, 총명한

L

lack 몡 부족, 결핍

lament 몡 비탄, 한탄

lash 몡 채찍 끈, 채찍질

launch 몡 (미사일, 로켓) 발사, 진수

laziness 몡 게으름

leak 몡 새는 구멍, 새는 물

leap 몡 뜀, 도약

lecture 동 강의하다

legendary 혱 전설의

legislation 몡 법률 제정

lengthen 동 길게 하다

level 몡 수평, 평지, 높이

liability 몡 책임

lift 몡 들어올림

limit 동 한정하다, 제한하다

limitation 몡 한정, 제한

limp 몡 절뚝거림

link 동 연결하다

literary 혱 문학의, 문어적인

loan 통 대부하다, 빌려주다

local 명 지방사람

localize 통 한 지역에 한정시키다

location 명 위치, 장소

lock 명 자물쇠

lodge 명 오두막, 여관

loosen 통 풀다, 느슨하게 하다

loss 명 분실, 손실

loudness 명 큰 목소리, 소란

loyalty 명 충성

lucky 형 행운의

luxurious 형 사치스러운

M

magnification 명 확대

magnificence 명 장엄, 호화

maintenance 명 유지, 보존, 지속

management 명 취급, 경영, 감독, 관리

manufacture 명 제조, 제품

marvel 통 이상하게 여기다

marvelous 형 놀라운, 훌륭한

match 명 짝, 상대, 시합

material 형 물질의, 물질적인

mature 통 성숙하다(시키다)

measurement 명 측량, 측정, 치수

menace 명 협박, 위협

mentality 명 지성, 사고방식

mention 명 언급, 진술

merchandise 명 상품

merciful 형 자비로운

mess 통 뒤죽박죽으로 만들다

migration 명 이주, 이동

military 형 군대의, 육군의

mine 통 광물을 파내다

miraculous 형 기적적인

mischievous 형 장난을 좋아하는

miserable 형 불쌍한, 불행한

missionary 형 전도의, 선교의

misty 형 안개가 짙은, 희미한

mix 명 혼합

moan 명 신음, 울부짖는 소리

modesty 명 겸손

modification 명 변경, 개조

monitor 명 모니터, 충고자, 반장

monotony 명 단조로움

monstrous 형 기괴한, 거대한, 끔찍한

monumental 형 기념비의

morality 명 도덕, 품행

mortality 명 죽을 운명

motivate 통 ―에게 동기를 주다

motivation 명 자극, 동기부여

mournful 형 슬퍼하는

mourning 명 비탄, 애도

muddy 형 진흙투성이의

multiplication 명 곱셈, 증가

murderous 형 살인의

mysterious 형 신비한

N

narration 명 서술, 이야기함

narrator 명 이야기하는 사람

navigation 명 항해, 항공

neglect 명 태만, 소홀, 무시

neglectful 형 태만한, 부주의한

negligent 형 태만한, 무관심한

negotiation 명 협상, 교섭

neighborhood 명 지역, 근처, 이웃

nobility 명 고결, 숭고

noisy 형 시끄러운

nomination 명 지명, 임명

notability 명 유명함

notice 명 통보, 주의

noticeable 형 눈에 띄는, 현저한

notification 명 통지, 공고

notoriety 명 (나쁜 뜻의) 평판

nourishment 명 영양, 자양

nutritious 형 영양이 되는

O

obedience 명 복종, 순종

objection 명 반대

obligation 명 의무, 책무

obscurity 명 모호함, 불분명, 어둠

observance 명 (법률, 관습의) 준수

obstruction 명 방해, 장애(물)

occupation 명 직업, 의무

occurrence 명 (사건의) 발생

official 명 공무원

omission 명 생략

operation 명 작용, 작동, 실시, 수술

opposition 명 반대

optimism 명 낙관(낙천)주의

organization 명 조직, 구성, 단체

orphan 동 고아로 만들다

outrageous 형 난폭한, 무례한

P

painful 형 아픈, 힘든

pains 명 노력, 수고

pale 동 창백해지다

panic 동 공포를 일으키다

pardon 명 용서

part 명 부분

participation 명 참여, 관여

passionate 형 격렬한, 정열적인

patch 동 수선하다, 고치다

patriotic 형 애국의

patriotism 명 애국심

pause 명 중지, 중단

pavement 명 포장 도로

peep 명 엿봄

penalize 동 벌을 주다

penetration 명 관통, 침투

perception 명 인식, 인지, 지각

perfect 동 완성하다

performance 명 실행, 연기, 연주,
성능

perilous 형 위험한

permanence 명 영구, 불변

permission 명 허가

persecution 명 박해

persistence 명 끈기, 고집, 지속성

persistent 형 고집센, 끊임없는

personality 명 개성, 성격, 인격

personalize 동 개인화하다

persuasion 명 설득

persuasive 형 설득력 있는

pile 동 쌓아올리다

pitiful 형 가엾은

plead 통 변호하다, 변명하다,
간청하다

please 통 즐겁게 하다, 만족시키다

pledge 통 맹세하다

poet 명 시인

poisonous 형 유독한

politeness 명 공손, 정중

political 형 정치의

pollution 명 오염, 공해

poor 형 가난한

popularity 명 인기, 대중성

portray 통 (인물, 풍경을) 그리다

possession 명 소유(물), 재산

practice 통 연습하다, 실행하다

praise 명 칭찬

prayer 명 기도, 기도자

precedence 명 앞섬, 상위

precedent 명 전례, 관례

predictable 형 예언할 수 있는

prediction 명 예언, 예보

preferable 형 보다 나은, 바람직한

preference 명 더 좋아함, 선택

prejudice 통 편견을 갖게 하다

prescription 명 규정, 처방

preservation 명 보존, 보호

pressure 명 누르기, 압력

pretense 명 가식, 허위

prevalent 형 유행하는, 널리퍼진

prevention 명 방해, 예방

prick 명 찌름, 아픔

pride 통 자랑하다

production 명 생산(량)

productive 형 생산적인

professional 형 직업적인, 전문의

profit 통 이익을 얻다

profitable 형 유리한, 유익한

progress 명 진보, 전진, 발달

progressive 형 진보적인, 전진하는

prohibition 명 금지

promise 통 약속하다

promotion 명 승진, 촉진

prompt 통 자극하다, 재촉하다

pronunciation 명 발음

prophesy 통 예언하다

prophet 명 예언자

proportional 형 비례하는

proposal 명 신청, 제안

prospective 형 기대되는, 예기된

prosperous 형 번영하는

protection 명 보호, 옹호

protest 명 항의, 주장

provisional 형 일시적인

provocation 명 화남, 분노

publication 명 발표, 출판(물)

publicity 명 널리 알려짐, 광고

punishment 명 처벌, 징계

purchase 명 구입, 획득

purify 통 깨끗이 하다, 정제하다

purity 명 맑음, 청결

pursuit 명 추적, 추격

Q

qualification 명 자격, 자격부여,
제한

quotation 명 인용

R

radiant 형 빛나는, 밝은

radiation 명 방열, 발산

rage 명 격노, 격렬

rarely 부 드물게, 좀처럼 않는

rationalize 동 합리화하다

realization 명 깨달음, 실현

rebel 명 반역자

rebellion 명 반란, 반항

recall 명 소환, 회상

receipt 명 영수(증)

reception 명 받음, 환영회

recognition 명 인식, 인정, 승인

recollection 명 회상, 기억, 추억

recommendation 명 추천, 권고

reconciliation 명 화해, 조정

recovery 명 회복, 회수

recruit 명 신입생, 신참

reduction 명 축소, 감소

refined 형 정제된, 세련된

reflection 명 반사, 반영, 숙고

reform 명 개정, 개혁

reformation 명 개선, 개혁

refreshment 명 상쾌함, 원기회복

refugee 명 피난민, 망명자

refusal 명 거절

regard 명 고려, 배려, 존경

register 명 등록, 기록

regret 명 유감, 후회

regulation 명 규제, 조절, 규정

rejection 명 거절

relaxation 명 풀림, 이완

release 명 해방, 석방, 구제, 구출,

발표

relevance 명 관련(성), 적절

reliance 명 신뢰, 신용

reliant 형 신뢰하는, 의지하는

religious 형 종교상의, 종교적인

reluctance 명 싫음, 꺼림

remark 명 의견, 비평

removal 명 제거, 이동

rent 명 집세, 지대

repair 명 수리, 수선

repetition 명 반복

reply 명 대답, 응답

representation 명 표현, 설명, 주장,
대표

representative 명 대표자, 대표하는

request 동 신청하다, 요구하다

requirement 명 요구, 필요

rescue 명 구출, 구조

research 동 연구하다, 조사하다

resemblance 명 닮음, 유사

resentful 형 분개한

resentment 명 분개, 분노

reservation 명 보류, 예약

reserve 명 저축, 예비, 제한

residence 명 주거, 주소

resident 형 거주하는

resignation 명 사직, 사임

resistance 명 저항

respect 동 존경하다

respectable 형 존경할 만한, 훌륭한

respectful 형 존경을 표하는

responsibility 명 책임, 의무

rest 동 쉬다

restoration 명 회복, 복구

restraint 명 억제, 억압

restriction 명 제한, 한정

result from ➜ 바퀴벌레 영숙어 참조

result in ➜ 바퀴벌레 영숙어 참조

resumption 명 재개, 회복

retention 명 보유, 보류, 유지

retirement 명 은퇴

retreat 명 후퇴, 은퇴

revelation 명 폭로, 누설

revenge 통 복수하다

reverse 통 거꾸로 하다

review 명 복습, 재조사, 회고, 비평

revision 명 개정, 수정

reward 통 보답하다, 보상하다

riot 통 폭동을 일으키다

risky 형 위험한

roar 명 포효

robber 명 강도, 도둑

robbery 명 강도(질)

rotation 명 회전

rotten 형 썩은, 부패한

routine 형 일상의, 틀에 박힌

ruin 명 파괴, 파멸

rust 통 녹슬다

rusty 형 녹슨

S

sacrifice 통 제물(을 바침), 희생

satisfaction 명 만족

satisfactory 형 만족스러운

savings 명 예금 계좌

scan 명 대충 훑기, 정밀 검사

scarcely 부 간신히, 거의 —아니다

scare 명 공포, 두려움

scheme 통 계획하다, 음모를 꾸미다

scorn 통 경멸하다

scornful 형 경멸하는

scrape 명 문지름, 긁음

scratch 명 긁음, 긁은 자국

scrub 명 문질러 닦기

search 명 조사, 수색

secure 통 안전하게 하다

security 명 안전, 안심, 보증

selection 명 선발, 선택

sensational 형 선풍적인, 놀라운

sense 명 감각, 느낌, 분별

sentimental 형 감상(감정)적인

separate 형 격리된, 따로따로의

separation 명 분리, 독립

settlement 명 정착, 해결

shadowy 형 그림자가 많은, 희미한

shelter 통 보호하다, 제공하다

shield 통 보호하다

shift 명 변화, 교대, 교체

shudder 명 떨림, 전율

silent 형 조용한

similarity 명 유사, 비슷함

skillful 형 숙련된, 능숙한

slant 명 경사, 기울기

slaughter 명 도살, 학살

slave 통 노예처럼 일하다, 부려먹다

slip 명 미끄러짐

smooth 통 반반하게 하다,
매끄럽게 하다

snap 명 깨물기

sorrow 통 슬퍼하다

sour 통 시어지(게 하)다

spare 명 예비품, 저축

specification 명 상술, 열거, 명세(서)

spiritual 형 정신의, 숭고한

splash 명 (물이) 튀김

spray 통 물보라를 일으키다, 뿌리다

spread 명 퍼짐, 유포

spur 명 자극, 격려

stack 명 더미, 다량

stain 명 얼룩, 오점

stare 명 응시

starvation 명 궁핍, 결핍

stimulation 명 자극

stimulus 명 자극(물)

storm 통 폭풍이 불다

stray 형 길을 잃은

stretch 명 뻗침, 긴장

strong 형 강한, 힘센

stuff 통 —에 채워 넣다

subject 통 복종시키다

subject 형 지배를 받는,
영향을 받기 쉬운

subscription 명 정기구독료,
기부(금)

substantial 형 실재의, 실질적인

substitute 명 대리인

subtraction 명 뺄셈, 삭감

successful 형 성공한

successive 형 연속하는, 계속적인

suggestion 명 암시, 시사, 연상,
제안

supply 명 공급

support 명 받침, 지지, 부양

survey 명 바라보기, 개관, 검사

survival 명 생존

suspension 명 매달기, 부유

sweat 통 땀흘리다

sweep 명 청소, 휩쓸기

swing 명 흔듦, 흔들림

T

tact 명 재치, 재주

tame 통 길들이다

tap 명 가볍게 두드림

temper 통 부드럽게 하다

temptation 명 유혹

tenderness 명 유연함, 친절

tense 명 시제

terrify 통 무섭게 하다

testimony 명 증언

thirsty 형 목마른, 갈망하는

thread 통 실을 꿰다

thrill 명 스릴, 전율

throng 통 떼지어 모이다

tolerable 형 참을 수 있는

tolerance 명 관용, 관대

tolerant 형 관대한

toleration 명 관용, 묵인

torture 통 고문하다

tour 명 여행

traditional 형 전통적인

tramp 명 방랑자, 발걸음소리,
도보여행

transfer 명 이전, 이동, 환승

translation 명 번역

transmission 몡 전달, 전염

transportation 몡 수송, 운송

trap 통 덫으로 잡다, 덫을 놓다

tread 몡 밟음, 걸음

treatment 몡 처리, 대우, 치료(법)

trifling 휑 하찮은, 어리석은

triumphant 휑 승리한, 성공한

trust 몡 신뢰, 신용

tug 몡 힘껏 당김

tune 통 악기를 조율하다,
　　　(엔진을) 조정하다

twist 몡 꼬임, 비틀림

tyranny 몡 폭정, 학대

U

unanimity 휑 만장일치

uniform 몡 제복, 유니폼

unity 몡 단일, 개체, 통일

upset 몡 뒤집힘, 전복

urge 몡 자극, 충동

utter 휑 완전한, 철저한

utterance 몡 발언, 말씨

V

vacancy 몡 공허, 빈자리

validate 통 유효하게 하다

validity 몡 정당성, 합법성

variable 휑 변하기 쉬운

variety 몡 변화, 다양성

venture 통 모험하다

vibration 몡 진동, 떨림

vicious 휑 나쁜, 악의 있는

violation 몡 위반

violence 몡 폭력, 격렬

virtuous 휑 덕 있는, 고결한

visualize 통 시각화하다

vitality 몡 활기, 생명력

volunteer 통 자발적으로 하다

vote 몡 투표, 투표권

voyage 통 항해하다

W

warning 몡 경고

warrant 통 허가하다, 보증하다

waste 몡 낭비

wealthy 휑 부유한, 풍부한

whip 통 채찍질하다

whirl 몡 회전

witness 통 목격하다

worship 몡 예배, 숭배, 존경

wound 몡 상처, 부상

찾 아 보 기